할머니들

그·리·스·비·극·에·서·넷·플·릭·스·까·지

김 방 옥

책머리에

할머니란 무엇인가?

익숙한 것 같지만 낯설고 복잡한 질문이다.

그러면 할머니로 잘 산다는 것은 무엇인가?

내 한 몸뚱이 생각하면 답은 단순할 수도 있다. 덜 아프고, 제 마음 편하게 다스리다가, 적당할 때 주변 힘들게 하지 않고 떠나는 것이다. 자손들의 배웅까지 받으면 더 좋을 것이다.

다른 할머니들은 어떻게 살고 있을까? 우선 암담한 통계자료부터 떠오른다. 한국 노인의 빈곤율은 40%에 달하며 이는 OECD 국가 중 1위라고 한다. 노인 자살률이 세계 1위라는 것 역시 너무 자주 언급된 통계라서 누구나 알고 있을 정도다. 국내 세대별 자살률 중에서도 1위다. 남성노인이 조금 더 많다고 한다.

당장 내 앞의 우려와 당면한 이런 현실들을 무겁게 받아들이면서도 이 책은 관점을 바꿔 늙어 감을 조금 다르게 조명해 보고자 한다. 내가 할머니이다 보니, 노인 중에서도 일단 여성 노인인 할머니에 초점을 맞춰 가면서 말이다.

참담한 노인현실에도 불구하고 이 시대의 많은 할머니들이 지내기 꽤 괜찮아 보인다는 것 역시 틀린 얘기는 아니다. 그들은 예전의 할머니들보다 더 젊어 보이고, 기대수명이 늘어났으며, 남편이나 자녀에게 덜 의존하면서 살 수 있게 되었고, 가사로부터도 많이 벗어났다. 여성이라는 종래의 편견이나 족쇄들로부터도 거의 해방되어가고 있다. 소위 베이비부머 세대를 전후한 할머니들 중 많은 사람들은 근대화 이후 한국 사회의 경제적 발전, 문화적 개방성, 교육의 균등화, 가치관의 다양화, 사회적 약자에 대한 배려 등의 혜택을 누리게 되었다. 이 세대의 노인들은 '산업화라는 성장의 과실'을 독차지한 세대로 눈총까지 받으면서 '실버세대' '슈퍼 에이지' '액티브 시니어' '파워 컨슈머' 등으로도 불리며 예전에 비해 급격히 더 여유롭고 활기찬 삶을 영위하게 된 것이다.

요즘 할머니들은 손자 돌보기를 거부하는 사람이 꽤 있을 정도로 자신을 위한 시간을 중요시 한다. 활동적인 할머니들은 '카톡'이나 유튜브를 적극적으로 활용하면서 충분한 정보력을 갖추고 온·오프라인상의 다양한 인간관계를 맺으며 지역문화센터로, 종교단체로, 여행지로 돌아다닌다. 때로는 충분한 성찰 없는 과도한 거리정치의 주역으로 몰려 따가운 눈총을 받기도 한다. 최근 몇 년 사이에는 각종 미디어에서도 할머니들에 관해 언급하는 횟수가 급격히 늘어났다. 할머니를 주요 인물로 하는 기사나 다큐멘터리는 물론 연극, 뮤지컬, 소설, 드라마, 영화 등 예술작품도 갑자기 많아졌다. 70대 후반의 여배우가 세대를 가로질러 전 국민의 호감을 얻는 셀럽으로 자리 잡았는가 하면, 80대까지 시니어 패션모델이나 보디빌더처럼 특별한 분야에서 활동하는 할머니들도 소셜미디어에 종종 등장한다.

이 책이 주목하는 부분은 이처럼 겉으로 활기차 보이는 면에도 불구하고 대부분의 할머니들 이 내심으로는 상당히 막막하거나 당혹하고 있을 거라는 점이다. 수명이 갑자기 늘어나면서 너무 길어진 황혼의 삶이 갑자기 펼쳐졌기 때문이다. 세상은 급속도로 변하는데 그 길게 펼쳐진 삶을 어떤 '콘셉트'로, 어떤 '콘텐츠'로 채워야 할지 알려줄 만한 앞선 '선배'가 있을 수도 없는 상황이다. 게다가 할머니가 할아버지 보다 더 오래 산다. 요컨대 현재의 할머니들은 누구도 경험해보지 못한 '급격하게 길어진 노년의 삶'의 출발점에 서게 된 첫 세대라고도 말할 수 있다. 카톡을 하고, 친구들을 만나고, 운동을 하고, 노년 생활의 각종 팁을 얻기 위해 유튜브를 열심히 들여다보고, 소위 마음공부라는 것을 해봐도 그 밑에 깔린 노년의 공허하고 불안한 마음은 십 년, 이십 년 전보다 더 크면 컸지 작지 않을 것이다.

퇴임 후 시간이 흐르면서 나 역시 어느 날 당연히 할머니라는 범주에 속하게 되었다는 사실을 더 분명히 깨닫게 되었다. 할머니가 되는데 따른 불편함이나 걱정거리들은 받아들일 수밖에 없다. 그런데 도무지 '할머니'가 뭔지 모르겠는 거다. 노인인구는 늘어난다는데 막상 '할머니란 무엇인가'라는, 기본적인 정체성의 문제에 눈을 돌려보는 사람은 많지 않다. 물론 현실 속에서 할머니 자신들은 돈, 건강, 자식 뒷바라지 등 눈앞의 불안과 걱정에 끌려 다니기도 바쁘고, 사회적 관점에서는 노인취업이니 노인 돌봄이나 고독사니 하는 노인문제 등이 산적해 있다. 그러나 그런 팍팍한 현실에도 불구하고 가끔은 할머니란 어떤 존재인가? 하는 생각을 한 번쯤 떠올려 봄 직하지 않은가? 그 긴 시간을 제대로 할머니로 살다 죽기 위해서는 '할머니임', '할머니 됨'에 대한 성찰 같은 것도 필요하지 않을까?

우물쭈물하다 앞으로 수십 년을 더 살아야 할지 모르는데 아프지 않은 것으로 감사만 하기에는 남은 인생이 너무 길다. 자손들 뒤치다꺼리며 가족관계는 그렇다 치더라도, 내 삶은 이렇게 아무 생각 없이 위축되다가 어느 날 슬그머니 마감되는 건가? 할머니로서 내가 속해있는 사회와 나는 어떤 관계를 맺고 있었으며 사회에 돌려줄 것은 없는가? 할머니라는 나이가 되면 '보여도 보이지 않는 존재'로 치부되고 수십 년이 될지 모르는 남은 시간을 부유하다 사라져야하는 걸까? 그런 유령 같은 존재들이 압도적인 대다수를 차지할 미래의 사회는 얼마나 끔찍할까? 이런 질문들을 아주 외면하기는 어렵다.

어느 날 문득, 지난 세월 연극비평가로서 연극무대에서, 그리고 집 컴퓨터 앞이나 소파에 누워 드라마나 영화 속에서 봤던 할머니들에 생각이 닿았다. 요즘 들어 조금씩 조명 받기 시작하고 있지만 불과 얼마 전까지 놀랍도록 아무에게도 주목받지 못했던 존재들, 연극이나 드라마나 영화의 이 구석 저 구석에 배치되어 있었지만 그 자체로는 공감과 존중과 의미 있는 조명을 거의 받지 못했던 존재들이 떠올랐다.[1] 근육질이나 동안(童顔)의 할머니만 부러움을 받을 것이 아니라, 시대와 장소 마다 나름의 밀도 있는 삶을 살았고, 살고 있는 그 수많은 할머니들에게도 눈길을 돌리게 하고 싶었다. 각자 자기 나름의 절망과 슬픔과 설렘과 열정과 갈등을 지녔고, 현재도 지니고 있을 그들의 삶을 떠들썩하게 모아 펼쳐주고 싶었다. 이 할머니들이 관심 받고, 공감 받고, 때로는 비판도 받음으로써, '할머니'에 대한 전반적인 인식의 지도가 조금씩이나마 형성되지 않을까?

그들을 찾아내어 나열했다고 해서 당장 할머니란 무엇인가에 대한 뾰족한 답이 나오거나 그들이 의미 있게 살아갈 해결책을 제시할 수는 없을 것이다. 하지만, 모든 할머니의 삶과 가치관은 다 '할머니스럽고' '비슷할 것'이라는 기존의 통념으로부터 벗어나는 일, 그렇게 함으로써 할머니라는 존재에 대해 관심을 얻고 성찰을 시작하는 일이라도 우선 필요하다고 생각했다. 할머니가 존경받는 일이 흔하지는 않겠지만, 영화감독이자 싱어송라이터이자 청년 여성작가인 신승은도 작은 책 『아무튼, 할머니』에서 말한 바 있다. "할머니라는 호칭으로 내가 존경하는 사람들을 묶어서는 안 된다."[2] 라고.

이런 의욕과 할머니란 존재에 대한 의문을 품고서 서점도 가보고 인터넷 검색도 해보았다. 최근 한 십 년 가까이 할머니에 관한 이런저런 책들이 조금씩 출간되기 시작했다. 그러나 할머니가 인류사나 동시대의 삶에서 차지하는 실제 비중에 비하면 할머니 담론은 다양성이나 심도 면에서 충분하지는 않은 듯하다. 시몬 드 보부아르가 오십 여 년 전인 1970년에 『노년』이라는 책을 내면서 늙음에 대해 아무도 얘기하지 않으려는 '침묵의 음모'를 깨버리기 위해서 그 책을 낸다는 서문을 쓴 적이 있는데 그 '침묵'이 아직도 계속되고 있는지도 모를 일이다.

일단 서점에 가보면 할머니들은 어린이들의 따뜻하고 유쾌한 친구로 아동도서나 그림책 속의 단골손님이다. 그다음으로 할머니를 위한 일종의 처세서 들도 있다. '멋진 할머니로 늙는 법', '나는 이렇게 늙어감에 대처 합니다' 하는 식의 행복하고 욕먹지 않는 노인이 되기 위한 매뉴얼이다. 젊어서 열심히 일하고, 아들, 딸, 손자 잘 키워낸 후, 여유롭고 지혜롭게 만년의 시간을 보내는 백 점짜리 할머니들의 멋진 에세이들도 가끔 있다.

반면, 거친 현실 속에서 할머니들의 삶에 정면으로 뛰어든 활동가들의 글과 마주치기도 했다. 아무도 돌아보지 않는 죽음, 소외, 질병, 치매, 돌봄 노동, 여성 노숙자, 아직 해결되지 못한 위안부 할머니 문제 등, 여성 노인으로서의 고통스러운 체험과 처절한 삶의 현장들로부터 우러난 치열한 작업들이었다.[3] 가끔 소설 속에 등장하는 일상 속 할머니들의 황폐한 내면묘사를 읽으면서 가슴 서늘함과 전율을 느낄 때도 있다. 그런 글들에 비하면 노년을 대하는 내 발상은 너무 팔자 편하고 관념적인 게 아닌가, 할머니로서의 실전 경험도 너무 부족하지 않은가….

이 책은 학술서적은 물론 아니고 전문서적이라고 하기도 힘들다. 전공이 연극비평이었지만 내게 드라마나 영화에 대한 전문가 수준의 지식이 있다고 하기 어렵기 때문이다. 매체와 표현방식은 다르지만 '할머니를 주요 인물로 하는 광범위한 의미의 드라마 모음'으로 생각하고 작품들을 대했다. 연극 속 할머니들에 대해 더 자세히 써야했겠지만 일반 독자에게 덜 친숙한 분야이기에 영화나 드라마와 비중을 맞추었다. 그리스 비극 〈헤카베〉의 주인공인 비운의 할머니 왕녀 헤카베로부터 동시대의 〈미나리〉나 〈죽여주는 여자〉 등에서 윤여정이 연기했던 할머니들까지, 그리고 넷플릭스 드라마 〈그레이스 앤 프랭키〉에 이르기까지의 동서고금의 수많은 작품과 인물들을 빠르게 섭렵하며 지도를 그리다보니 각 작품에 대해 충분한 관심을 할애하지는 못했다.[4] 수많은 작품 얘기를 하다 보니 꼭 필요한 경우 외에는 일일이 각주를 달지도 못했고 인용된 내용인 경우 본문에서 간단한 인용부호(작은따옴표, 큰따옴표) 정도로만 표시했다.

서론 격인 첫 장, '할머니란 무엇인가?'에서는 작품 속의 할머니들을 살펴보기 전에 '할머니'가 도대체 어떻게 정의되고, 불리고, 개념이 구성될 수 있는가, 할머니에 관련된 담론 등, 작품 속 할머니들을 만나기 전의 간단한 도입부를 시도해 보았다. 좀 딱딱할 수도 있다.

그 다음 본론으로 들어가서는 '연극', '영화', '드라마'로 장을 나눈 후 국내와 해외 작품들을 포함해 그리스 비극부터 오늘날 넷플릭스를 통해 보는 시리즈들까지 그야말로 동서고금의 연극, 영화, 드라마 속 할머니들을 통틀어 살펴보았다. 물론 단역의 할머니들까지 모두 언급할 수는 없었다. 비중 있게 다뤄진 할머니들만을 모시기는 했지만 20세기가 끝날 무렵까지도 생각보다 그들의 절대적 숫자 자체가 많지 않았다. 별다른 선별이 필요 없을 정도다. 21세기 이후 갑자기 그 양이 크게 늘어나고 있으나 불과 20~30년 전까지 동서고금의 연극, 영화, 드라마 속에서 비중이 큰 할머니 인물을 찾기가 얼마나 힘들었는지, 할머니들의 존재감이 얼마나 미미했는지, 알게 되면 놀랄 것이다.

시기적으로 2500년 전 그리스부터 오늘날의 한국까지, 그리고 장르로서 연극, 영화, 드라마 까지 섭렵하려니 서술의 순서와 분류에 대해 많이 고민했다. 특정 주제에 맞게 작품을 선별해 편집하기 보다는 좀 무겁더라도 시대와 상황에 따른 '할머니'의 '변화'를 거칠게나마 독자와 함께 느껴보고 싶었다. 그렇다고 무조건 작품연대 순으로 나열하자니 2500년의 역사를 지닌 연극과 20세기 이후 등장한 영화, OTT 드라마들 사이의 역사적 무게 면에서 균형이 맞지 않았고, 연극, 영화, 드라마 같은 장르 별로 만 나누어 나열하는 것도 의미가 없었다. 결국 크게는 시대 순으로 사적 흐름을 따르되 장르 별로, 그리고 국내 작품과 해외 작품을 나누어 서술하기로 했다. 기원전 5세기 이래 현재까지 가장 긴 역사를 가진 '서구 연극'부터 시작해서 20세기 초반부터 시작된 '한국 연극', 비슷하게 짧은 역사를 지닌 '한국 영화'와 '해외 영화', 그리고 오늘날 TV 및 OTT의 '한국 드라마'와 '해외 드라마' 속의 할머니들 순으로 얘기를 풀어냈다.[5] 가장 편수가 많은 영화의 경우 무거운 흘러간 명화 보다는, 의미가 있으면서도 독자들이 최근 접할 기회가 있었던 작품들을 우선 골랐다. 앞부분의 연극 얘기가 지루한 분들은 일단 영화나 드라마 항목으로 뛰어넘었다가 되돌아와도 좋겠다.

할머니는 그나마 이 시대의 '할아버지'보다는 조금 더 흥미로운 존재일 수도 있다. 한 때는 한국 근대사의 주역이자 역군이었다지만 이제 가정 내에서는 가부장 제도가 흔들리고, 사회적으로는 늙기도 전에 젊은이들에게 밀려나며, 정처 없이 거리로 내몰리는 남성 노인, 혹은 할아버지의 위상 역시 크게 변화를 맞고 있다. 지하철 경로석에 항상 불만스러운 얼굴로 앉아 있는 외로운 그들은 어쩌면 할머니보다 더 주목받지 못하고 잊혀가는 존재일 수도 있다. 오늘날의 할머니들이 과거의 어두운 질곡으로부터 벗어나 변화를 적극적으로 추구하려는 상승곡선을 타고 있다면 할아버지들의 경우는 과거의 위용을 뒤로 하고 추락하는 경향마저 있다. 같은 황혼열차를 탄 처지이고 늙으면 곁에 남는 것은 자식도, 친구도 아니요, 늙은 배우자뿐이라는 세간의 일설도 있으니 할아버지와 할머니들의 새로운 관계 정립들도 중요한 과제일 것이다. 아쉽게도 이 책에서 할아버지는 지면 사정상 가끔씩만 등장한다. 누군가 이 시대의 할아버지에 대해서도 따뜻한 관심을 보여주면 좋을 것 같다.

*

1 영화나 드라마를 여성 노인의 문제와 연관시킨 기존의 개별적 글들은 꽤 있다. 여성 노인과 관련된 특정한 논제를 개별 영화나 드라마를 통해 다룬 다수의 학술논문과 학위청구논문들이 있고, 에세이나 칼럼에서 특정 영화 속의 노년 여성에 대해 언급한 글들이 다수 있다.

2 신승은, 『아무튼, 할머니: 그래, 사는 게 지겨워질 리가 없어』, 제철소, 2022, 20쪽. 저자는 젊은 여성인데 글 내용이 부분적으로 관심과 착안 면에서 이 책과 비슷한 면이 있었다. 이 책의 서론에 해당하는 '할머니의 정의'를 쓴 부분, 그리고 맺음말에 해당 하는 부분, '나도 할머니가 될 수 있을까?'가 그렇다.

3 예를 들어 김영옥 작가의 『흰머리 휘날리며: 예순 이후 페미니즘』(교양인, 2021)과 『늙어감을 사랑하게 된 사람들』(위즈덤하우스, 2023)을 읽게 되었는데 그 치열한 현실성과 경험의 무게에 압도되었다.

4 맥락에 따라 많은 작품을 다루다보니 짧게 언급하고 지나간 작품 중에는 직접 보거나 대본을 읽지 못하고 논문이나 리뷰 같은 2차 자료에 의존한 경우도 몇 편 있음을 밝힌다.

5 연극의 경우는 압도적으로 긴 역사를 지닌 서구연극사의 특성 상 해외 연극이 국내 연극보다 먼저 배치되었다.

차
례

책머리에 003

할머니란 무엇인가?

할머니라는 정의, 이미지, 범주, 호칭 019

할머니를 둘러싼 개념들 025

작품 속 할머니들을 만나기 전에 039

연극

해외 연극 속 할머니들

그리스 연극 이후 이천 년 이상
할머니는 서구극 무대에 거의 존재하지 않았다 050

사실주의극이
나이 든 여인들을 무대 위로 끌어내기 시작했다 059

부조리극: 삶의 허무 앞에서
할머니는 비로소 평등한 존재에 가까워졌다 066

페미니스트 극작가의 출현과
동시대 연극의 다양한 할머니들 078

한국 연극 속 할머니들

일제 강점기와 6.25 전쟁과 할머니들 098

옛날, 옛적으로부터 온 할머니:
최인훈 희곡의 '한국적 할머니'들 103

오태석과 이윤택의 할머니들 114

할머니에 접근하는 청년여성작가들의 신선한 방식 123

영화

한국 영화 속 할머니들

할머니, 다큐멘터리와 독립영화의 중심존재로 부상:
〈낮은 목소리〉 외 137

할머니, 드디어 극 영화의 히로인이 되다:
〈아이 캔 스피크〉 〈소풍〉 외 146

문제적 할머니 영화 세 편: 〈시〉 〈죽여주는 여자〉 〈69세〉 154

해외영화 속 할머니들

연애하는 할머니:
〈밤에 우리 영혼은〉 〈그리움과 함께 사는 법〉 169

간병, 조력자살, 안락사, 존엄사: 〈아무르〉 외 177

자기정체성과 할머니: 〈노매드랜드〉 외 188

드라마(TV, OTT)

한국 (TV) 드라마 속 할머니들

〈전원일기〉, 그 이전 201

노희경 작가의 등장:
할머니도 내면이 있다: 〈디어 마이 프렌즈〉 외 207

김혜자, 윤여정과 할머니 연기자들의 무게 215

해외 (OTT) 드라마 속 할머니들

〈그레이스 앤 프랭키〉 228

〈올리브 키터리지〉 232

나가며: “무사히 할머니가 될 수 있을까?” 239

작품명 색인 _ 246

할머니란 무엇인가?

할머니라는 정의, 이미지, 범주, 호칭

할머니는 얘기를 시작하기에 매우 넓고 모호한 대상이다. 일단 인터넷의 『한국어 사전』[1]을 찾아보면 '할머니'는 1) 부모의 어머니, 그리고 2) 친척이 아닌 늙은 여자를 친근하게 부르는 말 정도로 설명되어 있다.

우선 첫 번째 설명인 1) '부모의 어머니'는 왠지 과거 효(孝)사상에 기반 한 느낌을 준다. 그보다 객관적으로는 자식을 생산하고 그 자식이 다시 자식을 생산하게 될 때 그 생물학적 의미의 여성을 할머니라고 부를 수 있을 것이다. 손주와 눈을 맞추며 버둥대는 무게를 두 팔로 느낄 때 여성은 진화생물학적으로도 부모 못지않게 사랑, 헌신, 보살핌의 욕구 등의 감정이 끓어오르게 되어 있다고 한다. 첫 손주에게서 느끼는 황홀감은 제 자식과는 또 다르게 압도적인 경험이라고들 한다. 양육의 일차적 의무에서 한걸음 물러난 대신 생명의 귀함을 아는 나이가 되었기 때문일 것이다. 현실적으로는 젊은 부부에게 맞벌이가 당연해지면서 할머니는 본인이 망설이는 경우에도 손주 길러주기의 중노동에 끌려 들어가게 되며 늦게까지 돌봄 노동에서 해방되지 못하는 경우도 적지 않다. 요즘은 여러 가지 요인으로 가족이 해체되고 재구성되면서 성인이 될 때까지 할머니 손에 양육되는 아이들도 꽤 많다.

이런 생물학적 의미의 할머니는 자연스럽게 어떤 기존의 이미지를 형성해왔다. 우선 떠오르는 것은 나이 들어 불편해진 몸, 그럼에도 불구하고 돌봄 노동에서 우러나온 따뜻함과 이타적 감성으로 가득 찬 이미지이다. 대부분의 옛날이야기에서 할머니는 뜨개질을 하거나 음식을 만들며 늘 인자한 존재로 등장한다. 어떤 동화나 민담에서는 남을 해치는 사악한 할머니도 있기는 하지만 대체로 할머니는 아낌없이 베푸는 존재이다. 또한 지혜롭고 강한 존재이기도 하다. 할머니는 많은 이야기를 알고 있고 아이들에게 들려준다. 오랜 가부장제 문명 속에서도 세상을 꿰뚫어 보는 혜안과 강인함으로 가부장 부재의 대가족을 이끌어가는 여장부형 할머니도 이런 저런 서사들 속에서 심심찮게 만날 수 있다.

꼭 능력 넘치는 할머니가 아니더라도 할머니는 모성을 뛰어넘는 무한한 사랑과 헌신의 집적체로서 현실에 부대끼는 후손들의 마음의 고향이 되어왔다. 너무 똑똑한 부모 등쌀에 무한경쟁에 시달리는 요즘 일부 MZ들은 '할매니얼(할머니+밀레니얼)'이니 '할머니 시대(grandma era)'니 '할머니 시크(grandma chic)'니 하면서 할머니 문화를 기웃거린다고 한다. 할머니는 특히 예술가들에게 어떤 영감을 주는 존재가 되기도 한다. 작가들은 어머니와는 애증관계를 보이면서도 한 세대를 뛰어 넘어 무조건적으로 자신을 품어주는 어린 시절의 할머니를 삶의 위로와 영감으로 삼는 작품을 쓰는 경우가 많다. 그러나 기본적으로 이미지란 타자의 시선으로 형성되는 것이다. 할머니의 이런 보편적인 이미지가 할머니의 전부가 아니라는 게 이 책의 요점이기도 하다. 할머니의 삶은 이 세상에 존재하는 할머니의 숫자만큼이나 다양하게 열려있다고 봐야 할 것이다.

둘째로, 2) '늙은 여자를 친근하게 부르는 말'이라는 설명에서 보듯 '할머니'란 넓고 막연한 명칭이다. 여성들은 몇 살부터 '늙은 여자' 혹은 '할머니'가 되는가? 언제부터 할머니라고 누가 정해주지는 않는다. 그날따라 한껏 차려입었던 어느 화창한 날, 눈치 없는 누군가에 의해 생애 처음으로 "할머니~"라고 불린 당혹스런 기억들이 있을 것이다. 올 것이 왔다는 체념과 함께 그 이후 여자로서 인생의 또 다른 챕터를 시작하게 된다. 할머니는 생식능력이 끝나는 그 무렵부터 자의 반 타의 반으로 성적 매력의 대상에서 탈락되는 아픔을 감수해야 한다. 물론 이것은 매우 상대적이며 개별적인 사항이기는 하다.

나도 그중 하나지만, 아이를 낳아 본 경험이 없거나 가족을 이루지 않은 여성도 있기 마련인데 사회적으로는 지하철이나 고궁 입장 등에서 경로우대를 받게 되는 65세를 전후로 해서 할머니로 분류될 수 있다. 이는 아마도 전반적 건강상태나 체력이나 경제력 면에서 자타가 공인하는 사회적 약자의 범주에 자신을 기꺼이 위치시키는 결과일 것이다. 건강상태가 좋아지면서 요즘은 노인의 기준을 75세나 80세 정도로 올려야 한다는 의견도 나오는 추세다. 할머니로 호명되는 기준 역시 당연히 상대적이다. 옛날에는 생애주기가 다르고 수명이 짧아서 사오십 대에도 할머니 소리를 들었다지만 요즘은 젊은이들이 모이는 사이버공간에서는 30세만 넘어도 할머니 취급을 받는다고 한다.

남들이 부르거나 인정하는 외부의 관점도 중요하지만 할머니 자신의 삶에 대한 인식도 할머니를 규정짓는 중요 요인이 된다. 할머니는 나이 든 사람이다. 결국 황혼이 다가오고 남은 생은 짧아지고 죽음이 기다리고 있다. 사람에 따라 이런 존재론적 관점이나 사실을 외면하거나 부정하며 하루하루 에너지 넘치게 살면서 젊은이 뺨치는 할머니도 있다. 이런 할머니는 개인적 칭송의 대상은 되겠지만 '할머니란 무엇인가'라는 질문에서는 조금 벗어나있다고도 할 수 있다. 이 책 속 할머니의 범주에 속하기 위해서는 그간의 자기 삶의 궤적을 인식하고 삶의 마지막 국면을 지나고 있다는 실존적 측면을 내면화, 체화하며 살아가는 무게감도 필요하기 때문이다.

이 책에서 연극이나 영화에 나오는 할머니 인물을 선별할 때 그 인물이 나이든 중년 부인인지 할머니인지 경계가 불분명한 경우가 적지 않았다. 그럴 때 내가 적용해본 기준은 다음과 같다.

조금 모호한 경우, 위의 사항에서 하나나 둘 이상이라도 해당되면 일단 할머니로 보고 필요한 맥락 속에서 그런 인물을 대상에 포함시키기도 했다.

1) (물론 시대에 따라 탄력적으로 적용되지만) 연령이 대략 60대 이상으로 추정되는 여성.
2) 손주를 볼 만큼 장성한 자식을 가지고 있거나 손주를 본 여성. 당장 자신의 미성년 아이를 돌봐야 하는 당면한 모성 책무로부터는 한 단계 물러 선 나이의 여성. (실제 작품 속에서 나이 들어가는 혹은 지난 시절의 어머니와, 아주 많이 나이 든 할머니 사이의 경계가 모호한 경우가 꽤 많았다.)
3) 체력, 경제력 면에서 사회적 약자에 속하게 되는 나이 든 여성.
4) 더 이상 성적 매력과 관계가 없다고 깨닫기(간주되기) 시작한 나이 든 여성.
5) 자신이 살날이 살아 온 날보다 짧다고, 긍정적인 의미건 부정적인 의미건 죽음이 그리 멀지 않다고 '인식' 하고 있는 여성. 개인사 뿐 아니라 세상사를 이런 기본적 맥락에서 이해하고 있는 나이 든 여성.

'할머니'라는 명칭이나 호칭은 물론 객관적인 것은 아니다. 많은 선입견, 통념, 이미지 들을 통해 재의미화가 되어버린 단어다. 어떤 학자는 「'할머니'는 어떻게 소비되는가?」라는 논문에서 '할머니'라는 호칭을 '한국사회의 연령주의적, 성차별적, 계급적 시선과 맞물린 호명의 정치학'과 연관시켜 분석한 바 있다.[2] 시대나 상황의 변화에 따라 '할머니'는 '친근하게'라기 보다는 다소 함부로 부르는 호칭이나 단어가 되어버린 면이 없지 않다. 예컨대 요즘은 호칭 인플레 현상에 따라 뭐라도

'있어' 보이면 '할머니'라고 불리지 않는다. 미묘한 뉘앙스 차이에 따라 '노인' '어르신' '여사님'이 활용되고 재력이나 '배경'이 좀 있어 보이면 '선생님' '회원님' '고객님' 같은 호칭이 '할머니'를 대신하게 된다. 문화센터에서 수강생끼리는 60~70대도 '언니'로 통일된다고 한다. 이런 점에서 '할머니'는 '엄마'나 '아버지'와 달리, 멸칭으로 자주 쓰이는 '아가씨'나 '아줌마'나 '아저씨'와 같은 선상에 놓이는 경우가 많다고 봐야 한다. 보다 객관적인 시선으로 할머니를 보기 위해서는 할머니가 아닌 '노년 여성'이나 '여성 노인'이라는 용어를 사용해야 맞을 것이다. 그러나 학술서적이 아닌 이 책에서는 삶에 녹아있는 다양한 의미가 얽히고 열려있다는 점에서 '할머니'를 더 자주 사용하고자 한다.

할머니를 둘러싼 개념들

지구생태계가 빠른 시간 안에 완전히 파괴되거나 핵전쟁이 일어나거나 수십 년 안에 AI들이 반란을 일으켜 인류의 종말이 오지 않는다면, 머지않아 숫자상으로는 '할머니 세상'이 올 확률이 크다. 늘 듣는 통계이지만 한국의 경우 2035년이 되면 인구가 줄어 65세 이상의 노인의 비율이 30%를 점하게 된다고 하는 데 그 중 아마도 할머니들의 비율이 할아버지보다 더 많을 테니까.

인류학적 관점에서 보면 할머니는 아동과 마찬가지로 문명화가 본격적으로 시작된 이래 오랫동안 제대로 존재하지 않던 존재였다. 성인남자 중심의 사회에서 그들은 인간으로서의 기본적인 권리도 보장받지 못했던 것이다. 심지어 강한 혐오의 대상이 된 기간도 있었다.[3] 노인과 아동의 평균 수명 자체가 길지도 않았지만, 고대나 중세 초기의 어떤 사회에서는 일정 연령 이전의 어린아이나 폐경이 지난 노파들은 살해해도 법적 처벌을 받지 않았다는 기록들까지 있다. 기독교가 지배하는 중세 서구사회에서 나이 든 여성은 가족의 부양받지 못하거나 아프거나 가난하거나 사회질서에서 조금이라도 벗어날 경우, 혐오와 기피의 대상이 되어 심지어 '마녀'로서 처형되고 제거되기도 했다. 할머니는 약간의 예외를 제외하면 출산이라는 생산력을 상실한 존재로서 생물학적으로나 사회적으로나 경제적으로나 문화적으로 더 이상 사회에서 쓸모없는 존재, 주변적 존재로 오랜 시간 방치되어왔다. 다만 진화생물학과 문화인류학에서 말하는 '할머니 가설(grandma hypothesis)'이 인류의 오랜 진화과정에서의 할머니의 역할을 긍정적으로 언급하고 있어 흥미롭다. 인간 할머니는 폐경으로 생식을 마친 후에도 자식이 낳은 아기를 돌봐줌으로써 자신의 유전자를 더 잘 보전하고 젊은이들의 생존을 지원하는 활동을 오래 지속했으며 그에 따라 인간수명의 연장과 인류문명의 발달에 이바지했다는 이론이다.[4]

시대와 환경을 불문하고 주변을 이끌며 주목이나 존경을 받아온 할머니들은 있었을 것이다. 그러나 할머니 일반에 대한 관심이 생겨나고 그 사회적 지위와 의미를 본격적으로 새로운 관점으로 보기 시작한 것은 아주 한참 세월이 흘러 20세기 후반 이래, 소위 탈근대사회(postmodern society)가 세계적인 흐름이 된 이후라고 할 수 있다. 이성과 권력과 이데올로기가 주도하는 강자 중심의 사회로부터 감성적이고 일상적이며 권력의 주변부에 밀려나 있던 정치적, 사회적 약자들에게로 관심이 이동하기 시작한 것이다. 그런 과정에서 할머니 담론과 연관시킬 수 있는 몇 가지 개념들이 나타난다.

이 시기의 대표적인 흐름의 하나는 물론 페미니즘(feminism), 혹은 여성주의이다. 주지하듯이 여성주의는 과거 남성중심의 가치관과 사회 구조 하에서 억압받던 여성들을 해방시키고 새롭게 평가하자는 생각과 운동이다. 20세기 후반부터 본격화된 여성주의는 복잡한 논쟁의 과정을 거치면서 형성되는데 남녀평등과 투표권, 낙태 등의 허용을 요구한 자유주의적 여성주의('1 세대'), 여성의 경제적, 계급적 평등을 주장하는 사회주의적 여성주의와, 여성의 생물학적 특징 자체가 남성보다 우월하다고 주장하며 여성의 몸과 섹슈얼리티, 자매애 등을 중시하고 남성위주의 가부장제를 강하게 비판하는 본질주의적(급진적, 문화적) 여성주의('2세대')로 나뉘어 발전해왔다.

이런 20세기 후반의 여성주의가 여성 억압의 원인을 찾기 위해서 관념적이고, 본질주의적이며, 이론 투쟁적 분위기에 몰두해있었다면, 1990년대 이후, 혹은 21세기 들어선 오늘, '3세대'로 불리는 여성주의는 보다 다원적이고 교차적이며 현실적이고 낙관적인 편이다. '3세대 페미니즘'은 과거 백인 여성 위주의 논쟁에서 소외되었던 유색인종 여성들의 목소리에 귀를 기울이고(서구의 경우), 성이나 젠더 면에서 여성과 남성의 정체성 구분 자체를 넘어서는 퀴어 이론을 지지하며, 현실과 결부된 다양한 분야에서 특히 젊은 여성들 중심으로 적극적 행동을 보이고 있다. 2010년대 이후의 온라인을 활용한 페미니즘, 장애 페미니즘, 세계적으로 불붙었던 미투 운동 등을 '4세대' 페미니즘으로 칭하기도 한다.[5] 그러나 국내외를 막론하고 현재 여성주의에서 노인 여성에 관한 관심이나 논의는 아직 드물다.[6]

할머니도 여성이다. 여성 노인인 할머니도 당연히 여성주의의 논의대상이어야 한다. 그런데 이게 간단한 문제는 아닐 수도 있다. 정희진은 여성 노인에 대해 발언하는 몇 안 되는 여성학자인데 그는 자신의 정체성을 여성보다는 장애인, 건강약자, 노인에서 찾아왔다고 말한다. '여성'보다 '노인'으로 살기가 더 힘들며 노인은 여성, 장애인과 같은 하나의 별개의 종(種)으로 봐야한다는 것이다.[7] 여성 노인문제는 (남성 중심적인) 노인학이나 (젊은 여성 중심의) 페미니즘으로 환원될 수 없으며 여성 노인문제를 노인문제라는 '일반'론의 '특수'사례라고 생각하는 것은 기계적 사고라고 지적한다. 그보다 미시와 거시, 개인적인 것과 정치적인 것 등의 경계에 도전하는 정치적 사회운동으로서의 여성 노인운동이 필요하다고 주장한다.[8] 매우 귀기울일만한 의견이지만 여성주의의 맥락에서 볼 때 할머니 역시 억압받아오던 여성이었으며, 젊은 여성들보다 더 지워져 있었고 잉여적 존재였던 것이 여성 노인이고 할머니였다.

잠시 샛길로 빠져보면, 흥미롭게도 여성주의의 역사와 계보 안에는 할머니를 대단히 강하고 긍정적인 존재로 보는 견해도 있다. 할머니는 특히 '2세대' 페미니즘에 속하는 20세기 후반의 급진주의적 여성주의(radical feminism) 이론의 긍정적 주목을 받았다. 여성성의 본래적 우월함을 강조하는 급진주의적 여성주의는 가부장제 이전의, 혹은 가부장제를 전복한 모계사회를 이상화한다. 영화와 소설로 유명한 〈안토니아스 라인〉이나 『이갈리아의 딸들』에서 보듯이 모계사회에서는 할머니나 나이 들고 강력한 여성이 공동체의 중심에 서게 된다. 할머니는 경험과 지혜로 한 공동체를 이끄는 존경받는 인물이 되며 딸들이 그 자리를 물려받게 되고 남성들은 여성보다 못하거나 여성에 의해 지배당하는 사회가 묘사되거나 거론된다. 원시사회나 상상 속의 이런 가모장 제도를 오늘날의 현실에 적용하기는 쉽지 않지만 주변에도 비슷한 움직임이 없지는 않다. 예컨대 요즘 한국 사회에서는 가정 내의 여성의 목소리가 커지면서 자녀의 결혼생활이 아들-시부모라는 '본가' 중심에서 딸-장모라는 '처가' 중심으로 이동하는 경향이 나타나고 있다. 몇 해 전 이슬아라는 젊은 작가가 펴낸 『가녀장의 시대』라는 도발적이고 전복적인 소설은 실력과 경제력을 갖춘 능력 있는 딸이 부모를 자기 회사직원으로 채용하며 집안의 명실상부한 가장 역할을 하는 모습을 유쾌하게 그려낸다. 과연 그녀는 미래에 어떤 할머니가 될 것인가?

현실은 다르다. 지금이라도 논문 검색 사이트에 들어가 '여성 노인'이나 '노년 여성'을 쳐보면 상당 부분의 연구는 사회복지나 의료제도에 관한 것이고 그들이 도움이 필요한 약자라는 인식에서 출발한다. 근대 자본주의 사회가 젊은이와 남성과 가정과 효용성과 생산성 중심으로 더 급속히 재구성되면서 할머니/노인들은 무력한 사회적 약자라는 점이 더 부각되었기 때문이다. 20세기 이후 사회와 문화 속의 인간 행동을 심층적으로 이해하려는 사회학이나 문화인류학적 연구방법론들은 다양한 방식으로 여성 노인들의 삶에 접근하는데 객관적인 시각을 제공하기도 했다. 그러나 더 나아가, 할머니를 자기 삶을 주도하고 행동하는 인간적 주체로 보는 관점 역시 필요한데, 할머니를 구속해온 여러 억압을 해체해 할머니를 자유로운 주체로 거듭나게 하는 여성주의적 관점이 필요한 이유가 여기 있다.

아쉬운 점은 여성주의 연구가 활발했던 지난 세기가 끝날 무렵까지 국내외를 막론하고 여성주의에서 여성노인에 대한 연구가 거의 공백 상태였다는 사실이다.[9] 여성, 몸, 젠더 등의 개념은 당연히 젊은 여성들을 중심으로 전개되고 논의되었으며 페미니즘 연구에서 할머니 소외는 여성에 의한 여성차별이라는 지적까지 나왔다[10] 시몬 드 보부아르, 베티 프리단, 저메인 그리어 같은 저명한 페미니스트들도 자신이 늙은 후에야 피치 못해 나이든 여성에 관심을 돌린 듯 하며 자신의 늙어 감을 받아들이지 못하는 경우도 많았다고 한다. 그러나 소위 선진사회일수록 고령화 사회가 급속도로 진행되면서 여성노인에 대한 관심이 늘어갈 수밖에 없게 된다. 21세기에 들어서면서 노인학(gerontology)과 연계된 여성 노인학(feminist gerontology)에 대한 연구들도 활발하게 진행되기 시작했다.

앞서 말한 3세대 여성주의는 교차성(intersectionality)이라는 개념을 중시한다. 여성의 문제들을 그 자체가 아니라 젠더, 계급, 인종, 섹슈얼리티, 문화적 재현 등을 통한 '억압의 구조적 고리들'이라는 관점에서 접근해야한다는 인식인데 이는 당연히 노인여성 문제들에도 해당되어야 할 것이다. 여성주의와 여성노인학이 교차성을 통해 관심 가져야 할 여성 노인의 문제는 의료나 사회 복지적 접근 뿐 아니라 늙어가는 신체, 경제적 취약성, 죽음의 공포, 안티-에이징이 지배적인 사회로부터 여성 노인들이 받는 압력과 소외, 여성혐오, 주체성과 자존감의 회복, 욕망, 돌봄 행위, 작품에 재현된 여성 노인 연구 등 무궁무진 할 것이다.

여성주의는 여전히 매우 혼란스러운 논쟁의 여지를 지니고 있고 일부의 오해나 반감을 사고 있기도 하다. 그럼에도 불구하고 동시대 정치, 사회, 문화의 기본 값이 되는 추세이다. 여성주의의 학문적 확장인 여성학(feminist studies) 역시 여성주의 뿐 아니라 인문학, 정치 사회학, 문화인류학, 예술학 등 다양한 분과적 학문들과 연계된 학제간 학문(interdisciplinary studies)으로 발전하면서 이데올로기, 젠더, 정체성, 몸, 노동, 장애, 퀴어 이론, 포르노그래피, 소수자, 지역학, 세대론, 노인학, 신유물론, 환경, 생태계, 생명공학, 테크놀로지 등의 수많은 이슈들을 다루고 있다. 여성주의는 대단히 난해하고 논쟁적이고 복잡하기는 하지만 앞으로도 할머니의 이해에 큰 도움이 되리라고 본다.

할머니와 관련 있는 탈근대의 또 다른 이론으로 신역사주의(new historicism)를 들 수 있다. 여성주의를 통해 할머니도 '여성'이라고 주장했다면, 신역사주의는 오랜 세월 각자의 힘든 하루하루를 헤쳐 온 할머니들의 삶을 또 다른 '역사'라고 본다. 신역사주의는 권력자들이 주인공들인 사실 중심의 전통적인 역사관을 비껴가며, 역사를 다양한 담론적 해석과 문화적 구성물로 파악하고, 공적이고 단선적인 역사적 기록보다 소소한 주변적 기록, 주변인들의 개인적 기억, 문화적 제도, 풍습, 기념물들의 두께를 중시하며 재조명하는 새로운 관점을 말한다.[11] 사회적 소외층과 약자가 호출되고 지난 역사 속에 묻혀있던 삶들이 다양한 관점으로 발굴되면서 할머니 역시 관심의 대상으로 떠올랐다. 국내의 경우만 보더라도 일제 강점기와 6.25 전쟁과 같은 근대사의 거대비극의 피해자로 그늘 속의 삶을 살았던 할머니들의 생생한 경험, 회고, 증언, 구술을 담은 미시적인 생애사연구가 진행되기 시작했고 개인적인 기록물이 제작되기도 했다. 위안부 할머니를 다룬 개인적 다큐멘터리 영화들이 대표적인 예이다. 요즘 관심을 끌고 있는 해녀 할머니의 생애사 연구 역시 역사의 이면에서 생존을 위해 극한적 삶을 영위했던 비주류들의 개인적 기억과 일상의 역사를 길어 올려 다시 의미화 하는 작업이다. 이 밖에도 할머니들의 삶의 디테일을 공감하면서 정치 경제 사회 문화 심리적인 맥락들 속에서 담론화하거나 사적 기록화 하는 다양한 작업들이 진행되고 있으며 이는 예술창작에도 큰 영향을 미치게 된다.

비슷한 시기의 더 광범위한 개념인 문화연구(cultural studies) 역시 이 책의 집필 의도나 작품 속 할머니들을 보는 관점을 제공한다. 문화연구 역시 포스트모더니즘에 기반 한 개념이라고 할 수 있는데 문화가 마르크스가 주장했듯이 경제나 생산 같은 하부토대의 반영도 아니고, 근대의 예술지상주의자들이 말하듯 남다른 감성의 고상한 표현도 아니라고 본다. 문화는 일상적 삶의 총체이고 사회변혁의 잠재적 힘이라고 파악했다. 문화연구는 순수예술과 대중예술을 구분하지 않았고 오히려 영화나 TV 드라마 같은 대중매체가 사회의 권력구조나 이데올로기의 형성에 더 큰 영향을 미친다고 보았다. 이 책은 사적 전개에 따른 집필방식을 택했으면서도 그동안 순수예술로 구분되어왔던 연극과, 영화나 TV 드라마 등의 대중매체 속의 할머니를 비차별적인 기준으로 함께 다루었다. 연극이 순수예술이고 고급예술이니 더 의미가 있다는 식의 전제는 없었고 예술작품 자체 못지않게 당대의 사회적 맥락과 관객과의 소통 속에서 가치를 찾으려고 했다. 그렇게 함으로써 할머니라는 극중 인물이 각 시대 속에서 어떤 위치를 점하고 어떤 이데올로기와 갈등했으며 어떤 정체성들을 구성해왔는가를 비교적 한 눈에 훑어 볼 수 있었다. 할머니가 '여성'이고 할머니가 '역사'일 수 있다면, 여러 작품들 속의 할머니는 '문화'가 될 것이다.

할머니를 보는 이런 다양한 시선들을 활성화시키기 위해서 다음의 두 개념을 다시 한 번 강조하고 싶다. 첫째로, 할머니 역시 과거 여성이나 장애인처럼 상대적 약자나 소수자를 논할 때 자칫 범하기 쉬웠던 관념화나 '대상화'나 '타자화'의 대상이 될 위험을 안고 있다는 점이다. 예컨대 문학작품에서 할머니는, 과거 어머니의 모성이 그렇게 다뤄졌듯이, 자신의 삶과 무관하게 주인공의 어린 시절의 그리움의 대상으로만 무턱대고 미화되어왔다. 할머니는 무조건적으로 희생하고 베푸는 존재로 각인되며 여성과 인간으로서, 그리고 몸으로서의 할머니는 타자의 시선 속에서 괄호 속에 갇히거나 소멸된다. 물론 베풂과 돌봄은 할머니가 후손들에게 제공할 수 있는 큰 선물이자 스스로의 기쁨이며 이를 통해 자신의 삶의 주인으로 성장하는 할머니들도 많을 수 있다.

그러나 베풂이나 돌봄이 통념이나 권력구조에 의한 당연함이나 강요로 변질되어서는 안 된다. 최근 한국사회를 보더라도 젊은이들의 신자유주의적, 배타적 가족중심주의 속에서 할머니들은 그들의 개인적인 정서적, 몸적, 사회적 욕구를 무시당한 채 손자를 키워줄 가족 내 돌봄노동 인력으로 취급당하기도 하고, 위안부 할머니들의 경우 각자의 삶의 고통을 충분히 배려 받지 못한 채 특정 역사관이나 정치적 이익을 위한 관점에 치우쳐 언급되는 듯한 느낌을 받을 때도 없지 않다. 할머니를 상투적인 '대상화'나 '타자화'로부터 해방시키는 일이 우선되어야 한다.

둘째로, 비슷한 얘기지만 '할머니'를 '할머니'라는 막연한 개념으로 뭉뚱그리지 않도록 조심해야 한다는 것이다. 그것은 예컨대 '청년'을 뭉뚱그려 말하는 것만큼이나 위험한 일이기도 하다. 할머니들도 각자 다른 삶을 살아왔고 살고 있다. 비교적 젊은 할머니, 아주 늙은 할머니, 불행하다고 자포자기한 할머니, 이만하면 행복하다고 생각하는 할머니, 도시 아파트촌의 할머니, 농촌의 할머니, 일제강점기 시대와 6.25 전쟁을 직접 겪은 할머니, 운 좋게 전쟁 이후 태어나 전후 최빈국에서 선진국의 대열에 끼는 과정만 함께 한 할머니, 미국 할머니, 한국 할머니, 경제적으로 부유한 할머니, 생존 선상에서 허덕이는 할머니, 교육수준 높은 할머니, 한글도 못 깨친 할머니, 손주를 도맡거나 가족과 친구가 많고 바쁜 할머니, 혼자 사는 심심한 할머니, 남편이나 남자친구가 있는 할머니, 없는 할머니, 많이 아픈 할머니, 비교적 건강한 할머니 등 수많은 '차이'를 지닌 할머니들이 존재하기 때문이다. 이런 차이들에 입각한 많은 작품들과 다양한 연구들이 나와야 할 것이다. 물론 이 책도 연극이나 영화나 드라마를 즐겨 볼 만큼의 경제적, 시간적 여유와 문화적 자산을 지닌 중산층 이상의 할머니들을 주 독자로 상정했다는 한계가 있음을 인정한다.

지금까지 할머니라는 존재를 보다 새롭고 긍정적으로 보고자 하는 태도로 얘기했지만 사실 미래의 할머니나 노인층 일반에 대한 전망은 그리 밝다고는 할 수 없다. 오랜 세월 대접받지 못하던 존재였던 할머니들은 개개인의 삶의 질이라는 면에서 조금씩 여유를 얻고 있다. 그러나 고령화시대로 접어들면서 노인 일반을 보는 사회의 시선은 오히려 차갑고 부담스러워하는 쪽으로 바뀌고 있다. 나이가 많다는 이유로 고령자 일반을 혐오하는 노인차별주의(Ageism)도 심화되고 있다. 자원은 바닥이 나고 인구는 줄고 경제는 나빠지면서 젊은이 한 명이 노인 몇 명을 부양해야 하는 구조로 급속히 바뀌고 있기 때문이다. 사회 전반의 탈근대성과 후기 자본주의가 심화되는 가운데 디지털 기반의 첨단기술과 친숙한 젊은 층이 경제활동을 주도하는 구조로 바뀌고 있기 때문이기도 하다. 감각적이고 쾌락적인 소비생활, 정치의 양극화, 타자 혐오, 외모지상주의들이 사회 전반에 만연하면서 할머니든 할아버지든 나이 든 사람들은 젊은이들로부터 무조건 기피 대상이 되고 있는 것도 현실이다.

늙고 죽는 것은 피할 수 없다. 그러나 한 숨 돌리고 존재론적으로 시야를 넓혀보면, 인생의 마지막을 향해 간다는 것, 노인이 된다는 일이 반드시 나쁘지만은 않을 수 있다. 아니, 나쁘지 않도록 만드는 편이 나을 것이다. 좀 오래전 책들이기는 하지만 키케로는 유명한 에세이 『노년에 관하여, bc.44)』에서 늙는다는 것이 두려운 것이 아니니 그 원숙함을 겸손하게 받아들여야한다고 설파한 바 있다. 보부아르는 『노년, 1970』에서 생물학적으로나 사회적으로나 '노년이란 자신의 뜻과 관계없이 외부로부터 주어지는 개념'이라면서 노인으로서 겪는 신체적, 내면적, 사회적 어려움들에 관해 길게 나열한 후에, 결국 노년이 할 수 있는 것은 '우리의 삶에 의미를 주는 목표들을 계속하여 추구하는 것이다'[12]라는 좀 평범한 결론을 맺는다. 프리단 역시 『나이의 샘, 1993』에서 뒤늦게 자신이 할머니임을 감지하고 노년이란 퇴행이 아니라 '성장과 성숙'이라고 봤다. 기세등등한 무정부주의자 페미니스트였던 그리어도 『변화: 여성, 나이듦, 그리고 폐경, 1992』에서 나이 듦을 긍정적으로 받아들이며 이 단계에서는 평온, 성숙, 재생, 영성 등 명상의 차원에 도달할 것을 권유했다.[13]

원래 비서구권 문화에서는 나이 드는 것에 대해 상대적으로 포용적인 경향이 있기도 하지만 고전평론가 고미숙은 원래 나이 듦을 가장 당당하게 받아들이는 사람 중의 하나일 것이다. 그녀는 나이 든다는 것은 '충만한 어른'이 됨을 뜻한다고 한다. 생로병사, 인생의 봄, 여름, 가을, 겨울의 시간들을 제대로 겪어내고 관통한 사람만이 제대로 늙었다고 할 자격이 있다는 것이다. 그리고 오직 공부와 자기 성찰만이 인생 말년의 고독과 허무함을 이기게 해준다고 설파한다. 심지어 노년의

'질병과 죽음은 인생이 주는 선물이다' 라고까지 말한다.[14] 고미숙은 출생년도 상으로 분명 할머니에 속하지만 특별히 여성이나 할머니에 한정해 글을 쓰거나 하지는 않는다. 『주역』이나 『동의보감』이나 『청년 붓다』 등 고전을 연구했으니 굳이 말하자면 오히려 기존의 남성 중심적 텍스트를 다룬다고도 할 수 있다. 그런데도 할머니인 작가 자신의 관점과 경험으로 이런 고전들을 친근하지만 새롭게 해석해주는 면이 있다. 팍팍한 서구의 근대주의나 정신 위주의 문명사나 근대성의 사회 심리적 근간이 되는 상투적이고 억압적인 발상으로부터 탈주해서 동서고금을 횡단하며 몸, 운명, 우주 만물들이 서로 접속되고 상호 변화하는 광활한 역동성과 깨달음의 장으로 우리를 안내한다. 탈근대철학의 바탕에서 한의학과 명리학 등을 재해석하면서 우리의 몸과 운명을 우주의 역동적 원리로 풀어주는 것이다. 좀 어렵기는 하지만 그의 책을 읽다보면 여성의 몸을 가지고 있는 것, 나이 먹는다는 것이 세상천지만물의 변화와 조응하는 멋지고 당당한 일로 생각되며 기분이 좋아진다.

늙음의 괴로움이자 특권은 생각할 시간이 너무 많아진다는 것이다. 그렇다고 누구나 철학자나 예술가가 될 수는 없다. 그렇다면 이제 가상 속의 현실인 연극이나 영화나 드라마 같은 예술작품으로 눈을 돌려보자. 작품이 반드시 진실을 말하지는 않는다. 그러나 지금까지 할머니의 정의, 호칭, 개념 들은 할머니를 객관적으로 바라보는 타자성의 관점에 기반 했고 여성 노인을 객체로 보는 경우가 대부분이었다면, 연극이나 영화는 할머니를 보다 주도적인 행동을 하는 주체적 존재로서 중심에 세우는 경우가 많다. 대상이나 객체로서의 할머니가 아니라 할머니의 마음에서 느끼고 바라보는 세상은 어떤 것일까? 할머니는 자유롭고 복합적인 정체성을 추구할 수 없는가? 희생과 돌봄 노동을 제외하면 삶의 목표도, 자존감도, 사회적 관계도, 존재론적 사유도, 타인과의 관계도, 각종 욕망과 어떠한 섹슈얼리티로부터도 배제된 텅 빈 존재로 살아가야 하는 걸까? 할머니의 기쁨과 고통도 그 나름의 의미를 지닐 수 있지 않은가?

작품 속 할머니들을 만나기 전에

이제 작품들로 들어가기 전 마지막 문턱이다.

긴 인류역사상 남성노인은 집안의 어른이었을 뿐 아니라 문명과 역사를 주도해왔고 인류를 대변하면서 그들의 삶과 사유를 예술이나 철학으로 승화시켜왔다. 그들의 강인함과 지혜가 인류에 도움이 되기도 했고 때로는 그들의 탐욕으로 인류가 고생하기도 했지만 말이다. 위대한 할아버지들 역시 욕망과 좌절, 희로애락, 나이 들어 병들고 외롭게 죽는 것을 피할 수 없는데 예술작품들 역시 인간존재의 이런 불완전함을 남성이나 남성노인 중심으로 전개하고 묘사해 왔다. 인류의 고뇌를 대변한다고 할 수 있는 〈오이디푸스왕〉 〈리어왕〉 〈세일즈맨의 죽음〉의 윌리 로먼…, 대부분이 그렇다. 할머니가 연극이나 영화의 의미 있는 주 인물로 나타나게 된 것은 수 천 년의 문명이 흐른 후 20세기 중반을 넘기면서이다. 얼핏 고리타분하게 생각 될 수 있는 할머니라는 극중 인물은 적어도 작품 안에서는 놀랄 정도로 현대적인 창조물이라고도 할 수 있다. '할머니'는 21세기 예술작품에서 아마도 가장 빠르게 변화를 보이고 있는 존재의 하나일 것이다.

오랜 역사를 가진 고대의 연극에서부터 근현대의 영화 속에서, 그리고 순수예술과 대중예술의 벽이 무너진 오늘날의 안방극장이나 넷플릭스에 이르기 까지 할머니들은 어떤 모습으로 그려져 왔는가? 이천오백년 전의 그리스의 비극을 시작으로 셰익스피어 극, 입센이나 아서 밀러를 거쳐 베케트의 작품들 속에서 비중 있는 할머니 주인공은 당연히 소수다. 그러나 그 나름의 인상적인 존재감을 펼친 경우도 있다. 동시대 한국인이 쓴 연극들에서 할머니들은 어떤 모습으로 등장했을까? 오늘의 수많은 아주머니들과 할머니들, 그리고 일부 아저씨들의 정신세계와 무의식마저 지배하고 있는 TV 드라마와 OTT 드라마에도 할머니들이 꽤 많이 등장하기 시작했다. 예컨대 노희경은 한국에서 최초로 드라마 전면에 할머니들을 배치한 드라마 작가로 기억될 것이다.

한쪽 귀퉁이에 할머니가 나오는 영화나 연극은 헤아릴 수 없이 많다. 그러나 연극이나 영화에 나오는 모든 할머니가 모두 다 언급의 대상이 될 수는 없을 것이다. 일단 할머니가 작품 속에서 어느 정도의 비중을 차지해야 할뿐더러 그 할머니의 삶과 행동에 상당한 의미가 실려있어야 한다. 그러나 그것을 가려내기란 쉽지 않다. 이를 위해서는 그 할머니의 삶이 얼마나 그녀 자신과 당대적 삶의 진실의 한 면모를 보여주는가를 가리는 것이 최종 관건일 것이다. 다만 그 판별을 위한 기준의 설정 역시 모두가 동의하기 어려운 작업이 될 수밖에 없다. 이 글에서 할머니의 의미 있는 삶과 행동을 위해 잡은 중요한 기준의 하나는 그 할머니가 스스로 주체로서의 의식이 있고 자기 주도적으로 사고하고 행동하고 있느냐 였다. 그러나 할머니가 주체적인 삶을 살기 위해서는 시대 사회적인 여건이 받쳐줘야 한다. 아주 예외적으로 잘난 할머니가 아니라면 시대적 한계를 완전히 깨부수고 주체적 삶을 살기란 쉽지 않다. 또한 주체적으로 의미 있게 행동한다는 것이 무슨 철학이나 교육이 필요하거나 결연하게 무슨 일을 벌인다는 뜻만은 아니다. 흔히 얘기하듯이 자기 삶의 주인공이 됨으로써 자신을 의미 있게 만들어야 한다는 뜻과 멀지 않다. 또한 분명하게 적극적으로 행동하지 못한다고 해서 극중 인물로서의 의미가 없는 것은 아니며, 조용한 돌봄과 헌신의 행위 속에서 주체적인 자기인식이 싹틀 수 있다. 같은 인물을 두고도 작가나 연출가가 어떤 관점으로 접근하느냐도 물론 문제가 된다. 당연히 관객도 매우 중요하다. 작품 속의 인물은 어떤 관객(시청자)들이 어떻게 접하는가에 따라 의미나 평가가 달라질 수도 있다.

연극 〈만선〉의 구포댁은 가난과 가부장의 횡포에 희생되는 수동적 인물일 수도 있지만 생존을 위해 몸부림치는 가난한 어촌의 나이든 여성으로서 전형성을 드러냈다는 점에서 의미 있는 행동을 보여준다는 평을 받기도 한다. 드라마 〈전원일기〉의 김혜자는 작품 자체가 체제 순응적인데다가 목소리도 크지 않은 인물이지만 대가족 내의 인간관계 속에서 균형 잡으며 개성 있고 디테일 있는 한국의 할머니 상을 만들어냈다. 영화 〈아무르〉에서 갑자기 뇌졸중과 반신마비를 겪게 된 피아니스트 할머니는 이렇다 할 능동적인 행동을 보여주지 못했지만 할아버지가 고통을 끝내주기 전까지 최소한의 일상적 품위를 지키려던 할머니라는 잔상으로 남아있다. 요즘 주변에 치매에 걸린 노인들이 엄청나게 증가하고 있다. 치매에 걸린 할머니에게는 주체성이 있기 힘든데 그런 할머니도 극의 의미 있는 주인공이 될 수 있을까? 젊은이가 갑자기 조발성 치매에 걸리면서 주변을 눈물바다로 만드는 작품들은 흔하지만 노년에 상당히 진행된 치매는 죽음과 같아서 그 경험을 진지하게 작품화하기는 쉽지 않다. 이창동 감독의 〈시〉, 노희경 작가의 〈디어 마이 프렌즈〉와 김석윤 연출의 〈눈이 부시게〉에서 고(故) 윤정희와 김혜자는 멋지게 이 문제에 도전했다.

현대로 올수록 여성 노인으로서의 주체성을 강하게 행동으로 옮기는 할머니들도 당연히 많아진다. 용감하고 유쾌한 서구영화 속의 할머니들 뿐 아니라 한국영화 중에도 〈아이 캔 스피크〉 처럼 할머니들의 진취성이 완연히 드러나는 작품들도 있다. 드라마 〈디어 마이 프렌즈〉나 영화 〈소풍〉의 할머니들은 별로 배우지 못했거나 안락사를 생각할 정도로 병든 몸이지만 상당부분 자신의 삶을 주체적으로 일궈가는 모습을 보인다. 같은 노인 안락사를 다루면서도 서양영화는 주체성을 강조하는 경향이 있다. 영화 〈아무르〉의 할머니는 사랑받는 존재로 할아버지에 의해 안락사를 당하지만 영화 〈마지막 레슨〉이나 〈완벽한 사랑〉의 나이든 여주인공들은 놀랄 정도로 가족에게 당당히 자살을 예고해서 설득하거나 동의를 얻어내고 이별식까지 치른 후 죽음을 맞기도 한다. 제93회 아카데미상 수상작 〈노매드랜드〉에서 프랜시스 맥도먼드가 분한 주인공 할머니는 안주하는 삶을 거부하고 낡은 밴을 타고 혼자 사막을 떠도는 삶을 택함으로써 노년의 주체적 존재감에 대한 강한 충격과 울림을 준다.

끝으로, 이런 할머니들을 그려낸 예술가는 여자인가? 할머니인가? 이런 질문도 가능할 것이다. 아무래도 할머니 예술가의 관점에서 할머니를 그려내면 더 신뢰감이 들것 같아서다. 아쉽게도 할머니를 그리는 작가나 감독[15]이 할머니인 경우는 내가 아는 한 많지 않다.[16] 연극의 경우 역사를 거슬러 올라갈수록 할머니를 그리든, 할아버지를 그리든, 작가는 거의 대부분 당연히 남자로서 남성중심적 관점으로 세상을 그렸다.

현대로 오면서 남자 작가라고 모두 남성중심적 관점으로 남성 인물만 부각시키지는 않는다. 이창동 감독의 영화 〈시〉나 이재용 감독의 영화 〈죽여주는 여자〉는 남성 감독(대본)에 의해 만들어졌지만 할머니의 문제를 주인공 할머니의 관점에서 신선하고 섬세하게 형상화한 경우다. 임선애 감독의 영화 〈69세〉는 역시 여성 감독이 만들었기에 갈등하는 여성 주체를 탁월하게 그려낸 영화로 보인다. 여성 작가라고 해서 모두 할머니의 입장과 행동을 공감을 주게끔, 주체적으로 그리는 것도 아니다. 이 복잡한 문제는 여기서 길게 논하기 어려우니 여성학 연구자들에게 넘겨주는 게 낫겠다. 아무튼 최근으로 올수록 여성 드라마작가, 여성 감독이 많아지고 이에 따라 여성주의적 관점으로 할머니의 비중을 크게 그리는 작품이 많아진 것은 사실이다.

*

1 포털사이트 다음(http://www.daum.net)의 한국어사전.

2 한종태, 「'할머니'는 어떻게 소비되는가?」, 『여성연구논총』, 28집, 서울여자대학교 여성연구소, 2013.

3 팻 테인 엮음, 『노년의 역사』, 안병직 옮김, 글 항아리, 2012를 보면 서구의 경우 고대부터 현대에 이르기까지 노인, 특히 여성노인에 대한 혐오는 계속 존재해왔으며 특히 중세의 경우가 심했다.

4 Kristen Hawkes et al., "The Grandmother Hypothesis and Human Evolution", *Adaptation and Human behaviour: An Anthropological perspective*, ed. Lee Cronk, Walter de Gruyter, New York: Aldine de Gruyter, 2000. 등 참조.

5 로즈마리 퍼트넘 통·티나 페르난디스 보츠, 『페미니즘: 교차하는 관점들』, 김동진 옮김, 학이시습, 2019; 하나 맥켄 외, 『페미니즘의 책』, 최윤희·박유진·이시은 옮김, 지식갤러리, 2019를 참조.

6 비교적 최근 저술된 원서 *Feminism Book*(2019)를 같은 해 번역해 출간한 『페미니즘의 책』, 지식갤러리, 2019에 실린 백 개에 가까운 페미니즘의 의제 중에 노인 여성에 관한 글은 한 편도 포함되어있지 않았다.

7 정희진, 「노인은 누구인가?」, 『나이 듦 수업』, 고미숙 외, 서해문집, 2016, 59, 67쪽.

8 정희진, 『페미니즘의 도전』, 교양인, 2005, 185-186쪽.

9 김현우, 「여성주의의 생애접근법에 대한 연구」, 『젠더와 사회』 제15집, 신라대학교 여성문제연구소, 2004, 120쪽.

10 연점숙, 「페미니즘과 노년차별: 페미니즘 안팎의 타자, 노년여성」, 『영미문학페미니즘』 제17권, 1호, 한국영미문학페미니즘학회, 2009.

11 신역사주의는 같은 맥락에서 텍스트를 새롭게 해석하는 문학비평의 한 개념이기도 하다.

12 시몬 드 보부아르, 『노년: 나이듦의 의미와 그 위대함』, 홍상희·박혜경 옮김, 책세상, 1994, 771쪽.

13 연점숙, 앞의 글, 111-123 쪽 참조.

14 고미숙, 「어른으로 늙어갈 용기: 청춘으로부터의 해방, 몸으로부터의 자유」, 『나이듦 수업』, 앞의 책, 20, 41쪽.

15 연극, 영화, 드라마는 종합예술로서 여러 명이 창작에 협업하는데, 대본작가, 촬영감독, 기획자, 미술담당자 등을 모두 고려하고 언급하지는 못했다. 본문에서도 주로 작가나 연출자를 병기했다.

16 예를 찾아본다면 연극에서는 영국의 카릴 처칠(1938~)과 오스트리아의 엘프리데 옐

리네크(1946~), 영화 쪽에는 벨기에/프랑스의 다큐 계열의 영화감독인 아녜스 바르다(1928~2019)와 독일의 마르가레테 폰 트로타(1942~) 정도를 들 수 있다.

연극

해외 연극 속 할머니들

연극에 대해 구체적인 지식이나 관심이 있는 일반 독자는 별로 없을 것이다. 연극의 역사는 그리스연극부터 따지면 2500년 이상을 거슬러 올라가니까 오늘의 한국 현실에서 너무 멀고 생경한 논의로 들리기 쉽다. 따라서 고대에서부터 현대 이전까지의 연극 속의 할머니는 옛날 일을 얘기하듯이 시대를 훑어가며 잠시 소개하는 것으로 대신하고자 한다.

사실 현대 이전의 연극 속 할머니에 대해서는 별로 할 얘기도 없다. 서구 문화와 서구 문화의 꽃이었던 연극이 발생하고 발전해 온 수천 년 동안은 내내 남성 중심 사회였고 연극 내용은 남성 중심의 이야기로 채워져 있었기 때문이다. 당연히 옛날로 갈수록 처녀나 아줌마도 아니고 할머니가 주인공으로 나오는 작품은 매우 드물었다. 한국도 마찬가지다. 우리에게 익숙한 서구 근대극 형태의 연극이 한국에서 공연되기 시작한 것이 대개 1910년대인데 그 이후 2010년대 이전까지 백년

간 한국에서 발표되었던 연극들도 사정은 비슷하다. 다만 가끔 할머니가 주인공으로 나온 연극들이 있었다면 어떤 시대와 사회 배경과 가치관 속에서 그런 이야기가 나왔는지 잠시 살펴볼 필요는 있을 것이다.

그리스 연극 이후 이천 년 이상 할머니는 서구극 무대에 거의 존재하지 않았다

기원전 500년 무렵 꽃피었던 그리스 문명은 흔히 민주적인 정치체계를 갖춘 도시국가를 기반으로 발전했다고 알려져 있다. 그러나 실은 철저히 남성 중심 사회였다. 여성은 노예와 마찬가지로 취급되어 아예 시민 축에 들지도 못해 신성한 의미를 지닌 극장에 관객으로 입장할 수조차 없었다.[1] 대부분의 문명권에는 다산과 풍요를 기원하는 여성성을 대변하는 원시 설화가 있기 마련이다. 그리스신화에도 많은 여성 신들이 있었고 신들에게 나이는 없더라도 할머니 같은 분위기의 신들도 존재했다. 그리스의 경우 제우스 중심의 올림포스 12신 신앙이 자리잡기 이전에는 1세대 타이탄족에 속하는 대지의 여신 가이아가 있었고, 올림포스 12신 안에 포함되고 풍요의 상징인 농업의 여신 데메테르는 인류의 오랜 생존 수단인 농업을 관장하고 있으며 장성한 딸인 페르세포네의 얘기도 있고 하니, 아마도 다른 젊은 신들에 비해 역사가 깊은 토속적 성격의 여신이었을 것으로 추측된다.

현존하는 그리스 비극 중에서도 오래된 아이스킬로스의 '오레스테스

3부작' 중 〈복수의 여신들〉에도 나이 든 풍요의 여신들이 코러스로 등장 한다 〈복수의 여신들〉에서 풍요와 모권과 모계 혈통을 상징하는 늙은 할머니 신들은 모친 클리타임네스트라를 살해한 아들 오레스테스를 응징해야 한다면서 분노하며 몰려다니다가, 젊고 이성적이며 남성 중심적인 신인 아폴로와 아테네[2]에 논리에 의해 매수당하고 설득당하고 만다. 아폴로와 아테나의 논리에 의하면 오레스테스가 모친을 살해했어도 부친 아가멤논의 원수를 갚은 행동이기에 그의 모친살해는 정당하다는 것이다. 현존하는 그리스 비극 작품은 당시 전성기에 비하면 극히 일부가 남은 것이기 때문에 확언하기는 힘들지만, 일찌감치 젊은 신들에게 패배당해 사라졌기 때문인지 그리스 비극에서 할머니 신들은 더 이상 찾아보기 힘들게 된다. 제우스 중심의 올림포스 12신 신앙체계에는 여성 신들도 포함되었는데 제우스와 맞먹는 부인 헤라, 전쟁과 지혜의 여신 아테네, 사냥의 여신 다이애나, 미의 여신 아프로디테 들이 존재하며 이들은 연극 속 극중 인물로도 가끔 얼굴을 내밀었다. 그러나 그들은 대체로 젊거나 나이를 초월하는 존재들로서 주된 극중 행동이라기보다 대개 프롤로그 같은 연극의 전사(前史) 속에만 잠시 나타나곤 했다.

기원전 534년 첫 공연의 기록이 있는 그리스 연극은 신 중심의 가치관으로부터 인간행동 중심으로 초점이 이동해가는 과정에서 형성되고 발전되었다. 또한 희랍비극의 종교적 배경이 되는 제우스 중심의 올림포스 12신교의 남성적, 가부장적인 측면이 강화되기 시작한 시기였다. 따라서 대부분 연극의 주인공들은 신이나 신적 운명에 도전하는 인간 남성이었고 남성 중심 조직의 위계질서 안에서 행동했다. 남성 주인공은 비록 비극적인 결함과 판단의 착오 등에 의해 비참한 파멸을 당하지만 동시에 윤리적 갈등과 미덕을 갖춘 영웅적이며 긍정적인 존재로 추앙받았다. 오이디푸스 같은 인물이 대표적이다. 클리타임네스트라, 메디아, 안티고네처럼 왕녀들이 극의 주요 인물이 되기도 했는데[3] 그녀들은 욕망이나 질투, 고집 때문에 남성들과 갈등을 일으킨, 흠이 많은 부정적 여인들로 묘사되거나, 당시의 정치적 지형 속에서 권력의 상징인 아테네가 아닌 먼 지방에서 온 이방인으로 설정되곤 했다.

아버지를 죽이고 어머니와 결혼한 오이디푸스가 그리스비극에서 가장 흥미진진한 캐릭터라면 그리스 비극에서 가장 문제적 여인은 오이디푸스의 아내 이오카스테일 것이다. 자신의 남편을 죽인 자기 아들과 결혼해서 네 명의 자식을 낳은 상태에서 자살했기 때문이다. 그리고 모두 알다시피 현대의 심리학자는 이 작품에서 '오이디푸스 콤플렉스'를 만들어냈다. 이 글을 쓰면서 우선 '이오카스테가 할머니인가 아닌가?'를 생각해보았는데 답은 할머니로 보기에는 무리가 있다는 것이다.[4] 오이디푸스에게 아이들이 있으니 이오카스테에게 손주가 있다고 할 수도 있지만 오이디푸스의 자녀들에게 이오카스테는 할머니이자 어머니이기도 하다. 무엇보다 '오이디푸스 콤플렉스'는 우선 모자간의 애착관계로 유명해진 이론이기도 하다. 또한 오늘날 거리를 가지고 보면 초기 가부장 사회에서 가족 내 족보가 얽힌 이 처참한 비극은 모두 과거 신과 조상들의 갈등 과정에서 내려졌던 아폴로의 예언이 그대로 발현되는 과정이었을 뿐이다. 오이디푸스를 비롯한 모든 인간들은 그 신탁의 피해자들일 뿐이며 이 극의 주요 축은 신들의 막강한 힘에 저항하는, 인간의 대변자 오이디푸스의 윤리적 고뇌였다. 따라서 이오카스테라는 캐릭터를 (할머니라는) 인간적 관점에서 논하는 것은 별로 합당하지 않다고 보았다.

그리스 비극에도 주연급으로서 온전한 할머니가 없지는 않았다. 비극의 전성기에서 조금 물러났던 시기에 비교적 여성적 감성을 담아내기 시작했던 작가 에우리피데스 덕분이다. 신의 섭리와 남성적 의지와 논리성을 내세웠던 아이스킬로스나 소포클레스와 달리 에우리피데스의 비극은 나락으로 떨어진 여성 내면의 격정과 고통을 요즘의 멜로드라마만큼이나 간절하고 섬세하게 그리기 시작했다. 그의 극은 여성 주인공이 많았고 때로 할머니를 주인공으로 내세우기도 했는데 그 중 유명한 것은 그리스와의 전쟁에서 진 트로이의 할머니 왕녀 헤카베의 비극적 운명과 슬픔을 다룬 두 편의 희곡이다.

〈트로이의 여인들〉은 트로이 전쟁에 패해서 남편과 자식들과 손자를 잃고 며느리와 함께 적장들의 노예로 팔려가는 늙은 왕족여인 헤카베의 무력한 슬픔을 절절하게 그렸다. 아들들은 죽임을 당하고 딸들은 적장의 첩이 되거나 제물로 바쳐지고 맏아들 헥토르와 며느리 안드로마케 사이의 어린 손자마저 절벽에서 던져져 살해된다. 불타는 트로이를 배경으로 손자의 시체 앞에서 울부짖는 왕족이자 할머니로서의 운명에 대한 한탄과 애끓는 슬픔은 그 처절함에서 그 후로도 유례가 없을 정도다. 그녀는 〈헤카베〉에서는 좀 더 강한 모습으로 재등장한다. 헤카베는 아킬레우스의 무덤에 제물로 바쳐지게 된 딸과 생이별을 마친 참이었는데 그 순간 막내아들 플뤼도로스의 시체가 바닷가로 떠밀려왔다는 비보를 듣게 된다. 예전에 막내아들을 지켜달라고 트라케의 왕 플뤼메스트로에게 보물과 함께 맡겼었는데 제물이 탐난 그가 막내아들을 살해한 것이다. 아가멤논에게 복수를 간청했지만 난색을 표하자 헤카베는 직접 복수를 한다. 플뤼메스트로와 그의 아들들을 유인해서 눈멀게 하고 죽인다.

그밖에도 〈탄원하는 여인들〉이나 〈바커스의 여신도〉에서 볼 수 있듯이 그리스 비극의 할머니들은 왕녀로서 신들까지 개입하는 남성들 사이의 권력투쟁과 끊이지 않는 전쟁 속에서 가족을 잃거나 자식을 잃은 슬픔에 빠지거나 복수로 마음을 달래는 나이 든 여성들이다. 그들은 가부장적 신들의 계보와 권위, 그리고 잔인할 정도로 엄격한 가부장제하에서 후손의 불행을 슬퍼하는 어머니나 할머니로 그려졌을 뿐 오이디푸스처럼 확장한 인식을 지닌 능동적 인물로 묘사되기는 힘들었다. 당시 그리스의 일반여성은 사유재산의 일부 정도로 치부될 정도로 사회적 지위가 낮았으며 왕족이나 귀족의 경우에도 여성은 흔히 전리품이나 제물로 처리되었다. 그럼에도 불구하고 극 주인공으로 부족하지 않을 만큼의 강도와 비중으로 그려졌으며 슬픔 속에서도 상황을 이성적으로 파악하고 극복하려는 의지를 보였고 귀족여인으로서의 품위를 잃지 않은 채 운명을 받아들였다.

그런데 여기서 중요한 점은 서구연극에서 나이든 여인이나 할머니가 이 정도나마 비중과 품위를 갖추고 다시 나타나기까지에는 무려 이천년 이상의 세월이 흘러야 했다는 점이다. 물론 서구 연극문화 자체가 기원전 500년을 전후로 그리스 연극의 전성기가 지나고 로마와 긴 중세를 거쳐 다시 15~16세기 르네상스 시대를 맞기까지 약 2000년 동안을 쇠퇴하는 길을 걷기도 했다. 앞 서 말한 몇 작품을 제외하면 그리스나 로마연극에서 할머니는 비극보다는 주로 희극에 시중드는 하녀나 동네 노파 정도의 조조연급 유형적 인물로 존재감 없이 등장했을 뿐이었다. 그리스와 로마 연극 자체가 가면을 쓰고 이루어지기도 했지만 여성은 원칙적으로 무대 위에 설 수 없었기 때문에 그나마 여성의 역할은 가면을 쓴 남성에 의해 연기되었다.

로마 시대는 그리스 문화의 영향권에 있었지만 사람들이 극장 대신 콜로세움에서 벌어지는 잔인하고 쾌락적인 스펙터클로 몰려갔기에 연극 문화가 별로 발달하지 않았다. 그나마 희극이 조금 공연되었는데 가면을 쓴 젊은 여자는 대사도 없는 경우가 많았다. 할머니 역시 가면을 썼지만 하녀나 이웃 노파로서 대사 몇 마디는 있는 정도였다. 로마가 망한 후 연극이 거의 활성화되지 않았던 중세 천 년 간 연극에 관한 기록 역시 많지 않다. 서민들 사이의 일상의 소소한 욕심과 갈등을 다룬 소극이 유행했는데 그 소극에서 억척스럽거나 욕심 많은 아낙들이 희극적으로 등장했다. 인간의 종교적 갈등을 단순하게 그린 도덕극이 교회를 중심으로 존재했으나 여성이나 할머니의 존재는 찾아보기 힘들었다.

그 후 할머니가 말과 행동을 갖추고 비중 있는 인물로 다시 나타난 것은 —비록 그때까지도 남자들에 의해 연기되었지만— 16세기 셰익스피어시대의 몇몇 작품에서 부터였고 나이든 극중 여성 및 진짜 여성

배우가 무대에 서기 시작한 것은 그 후로 부터도 한참 시간이 지난 18세기 무렵부터였다.

1998년에 제작된 〈셰익스피어 인 러브〉라는 영화를 본 독자들은 기억하겠지만 셰익스피어 시대까지도 여성이 직접 무대에 등장하는 것은 허용되지 않았다. 아마도 여성을 부정하게 보거나 공중에게 노출된 여성의 몸을 풍기 문란과 연결시키는 중세기독교의 영향이 남아있기 때문일 것이다. 젊은 여성의 역은 소년이 맡아 연기했으며 할머니는 성인 남자배우가 연기했다. 할머니는 여전히 유모 같은 부수적 인물로만 나왔다. 〈로미오와 줄리엣〉에서 줄리엣의 허풍스런 유모는 로마나 중세의 희극의 유형적 인물에 뿌리를 둔 것이라고 할 수 있다. 셰익스피어는 수많은 걸작을 썼음에도 불구하고 여성을 능동적이며 주체적인 인물로 그렸던 경우가 그리 많지는 않다 특히 비극에서 그렇다. 셰익스피어의 4대 비극의 여주인공들인 〈햄릿〉의 오필리어, 〈오델로〉의 데스데모나, 〈리어왕〉의 세 딸들, 〈맥베스〉의 맥베스 부인은 모두 남자에게 운명을 맡기는 소극적 여성이거나 아니면 극악한 악녀로 그려진다. 그리고 흥미로운 것은 그녀들이 하나같이 어머니가 없는 여성들이며 그녀들의 어머니, 즉 할머니의 존재 대한 언급이 전혀 없다는 점이다. 그러니 셰익스피어 비극에서 비중 있게 그려진 할머니를 찾기 힘든 것도 당연하다.

셰익스피어의 희극은 상황이 조금 다르다. 로맨틱 코미디가 많고 〈베니스의 상인〉의 유명한 포셔, 〈말괄량이 길들이기〉의 케이트, 〈뜻대로 하세요〉의 로잘린드 등 지혜롭고 활발하고 매력적인 젊은 여성들을 보여주지만 결국은 그들도 시대의 한계 속에서 해피엔딩과 함께 맥 빠지게 가부장제에 순응하는 모습을 보여준다. 그러나 인상 깊은 할머니 인물은 별로 기억나지 않는다. 셰익스피어의 사극은 나이든 여성에게 보다 우호적이다. 셰익스피어 사극은 그리스, 로마의 역사나 중세 후기의 영국 역사를 배경으로 씌어졌다. 옛 사극이 그렇듯이 주로 왕위찬탈과 권력투쟁 중심의 궁중 이야기를 그리다보니 노년에 가까운 여성들의 모습이 보다 리얼하게 묘사되기도 한다. 뚜렷한 예가 많지는 않은데 〈코리올라누스〉의 볼럼니아가 그 중 하나다. 로마의 장군으로서 용맹하나 과격한 성품으로 로마를 전쟁으로 몰아넣으려는 코리올라누스에게 그를 달래고 군대를 철수시킬 최후의 방법으로 그의 아내, 어린 아들, 그리고 늙은 어머니가 나타난다. 늙은 그녀는 대단한 언변과 자부심으로 모성을 강조하며 효심을 끌어냄으로써 아들을 설득해낸다. 할머니의 힘으로 로마를 구하고 호랑이 같은 장군을 굴복시킨 것이다. 〈존 왕〉에서는 아들 아서를 삼촌들의 탐욕으로부터 지키려는 열정적인 며느리 콘스탄스와 그녀를 질투하고 증오하는 고령의 엘리너 왕대비의 대결이 화려한 수사의 언어로 펼쳐진다. 엘리너 왕대비는 권력욕의 화신으로 나온다. 〈리처드 3세〉에는 리처드라는 잔인한 괴물 아들을 둔 어머니로서 슬퍼하고 탄식하는 어머니 요크 공작부인이 있다. 리처드는 자신의 핏줄인 형들과 어린 조카, 즉 공작부인의 손자들까지 해치는 등 갖은 악행을 저질렀기 때문이다. 그밖에도 셰익스피어 사극의 대부분의 여인이나 할머니들은 그리스 비극의 헤카베가 그렇듯이 주로 남자들이 벌인 권력투쟁에 희생당하고 고통당하는 모습으로 나타난다.

17세기 프랑스 귀족들의 우아한 취향에 맞춰 그리스와 로마의 희곡을 부활시킨 신고전주의시대 연극은 엄격해진 규범들에 맞춰 옛 작품들을 섬세하게 재해석했다. 궁중 극작가 라신느는 〈페드르〉나 〈안드로마케〉처럼 고대의 비극의 왕녀들을 비극의 주인공으로 우아한 언어를 통해 그린 연극들을 써서 왕의 총애를 받았다. 사랑과 시련에 빠진 젊은 왕족여성의 섬세한 심리묘사는 큰 발전을 보았으나 할머니는 여전히 왕비의 유모나 하녀 역할에 머물고 있었다. 왕비의 비극적 독백을 들어주는 기능적 역할을 하거나 심지어 왕비의 윤리성을 위해 죄를 뒤집어쓰고 죽은 비윤리적인 인물로 처리되기도 했다. 같은 시대 몰리에르는 희극작가로 궁정 중심의 비극과 달리 비교적 시민사회의 자연스러운 모습을 그렸다. 따라서 속아 넘어가기 쉬운 장모님, 허영기 많은 사모님 등 비교적 구체적 성격을 갖춘 할머니들을 등장시켰고 대사도 자연스러워지고 양도 조금 많아졌다. 그러나 그의 코미디가 로마희극이나 중세 소극의 맥을 이었던 탓인지 몰리에르가 그린 할머니 역시 어리석은 노인이라는 희극적 유형 속에서 그려졌다.

18~19세기에도 서구연극은 여전히 부르주아 관객을 위해 귀족사회를 그리는 식이었다. 신흥자본가들이 계급사회와 결탁하고 유산을 통해 부가 대물림되면서 당시 귀족들 사이에서 유행했던 풍속희극(Comedy of Manners) 속 중년부인이나 할머니의 중요성이 갑자기 커진다. 탐욕적이고 변덕스러운 돈 많은 귀족 할머니들은 엄청난 유산을

미끼로 스캔들을 캐거나 젊은 사람들의 순수한 연애를 방해하거나 늙은 나이에 어울리지 않는 연애를 시도하는 비 호감의 인물들로 그려진다. 이들 역시, 심술궂고 젊은이들의 연애를 방해하며 권력을 휘두르는 늙은이라는, 고대와 근대초기 희극의 유형적 인물의 변형이라고도 할 수 있다. 다만 이 시기는 연극사적으로, 진짜 여배우들이 최초로 무대에 서기 시작했으며 재치 있는 대사와 섬세한 인물의 심리묘사를 통해 세련된 연극적 재미를 추구했다는 점에서 평가된다. 이처럼 2000년간의 서구연극사에서 남성, 할아버지들이 〈오레스테스〉〈햄릿〉〈리어왕〉 등 인문주의의 핵을 이루는 눈부신 주인공의 역할을 창조하고 꿰어찬 동안 할머니는 비극의 기능적 부수인물인 노파나 희극의 유형적인 인물인 어리석고 수다스러운 할머니 등의 보잘 것 없는 존재로 지내야 했다.

사실주의극이 나이 든 여인들을 무대 위로 끌어내기 시작했다

연극무대에서 존재가 귀한 할머니 인물을 찾다 보니 어느 틈에 사실주의극이 고개를 드는 19세기 말까지 금세 도달하게 된다. 사실주의극은 사회와 가정을 배경으로 모든 계층의 다양한 인간의 삶을 있는 그대로 그리고자 했다. 따라서 사실주의극이 형성되기 시작하는 19세기 말, 20세기 초가 되자 나이든 여자도 구체적 생활과 자기 나름의 생각을 가진 인물로서 무대에 함께 등장하기 시작한다. 그러나 사실주의극에서도 초반부에서는 완연한 할머니라고 할 수 있는 연령대의 노년 여성은 매우 드물다. 그들은 사실주의 극이 좀 무르익거나 부조리극의 시대가 와서야 등장하기 시작한다. 사실주의극의 시작 무렵, 이야기의 맥을 잇기 위해 할머니의 범위를 좀 넓혀 소개해 본다면 초기 북유럽 사실주의 극 속의 매우 유명한 주연급의 인물들인 입센 작, 〈유령, 1882〉의 알빙 부인과 체홉 작, 〈벚꽃 동산, 1904〉의 라네프스카야를 들 수 있다.[5] 이들은 50대 정도로서, 당시로서도 아직 할머니라고 할 만한 연령은 아니다. 그럼에도 사회적 대변환을 맞았던 유럽사회를 그린 당시 연극들에서 중년여인들이 의미 있는 주인공으로 나타나기 시작했다는 사실은 그 자체로 의미가 있다고 본다.

입센은 가정주부 노라가 집을 나갔다는 내용의 〈인형의 집, 1879〉으로 유명하다. 그런데 만일 노라가 가출을 하지 않고 중년이나 할머니가 되도록 계속 그 남편과 살았다면 그 후에 어떻게 되었을까? 〈유령〉은 이런 질문에 대한 답이 될 수도 있는 작품이다. 즉, 위선적이며 방탕한 남편의 아내가 19세기 노르웨이 중상층 가정의 인습적 삶을 참으며 살아왔으나 죽은 남편이 아들에게 물려준 구시대의 악과 위선의 덫에 걸려 아들과 함께 파멸에 직면한다는 얘기다. 주인공 알빙 부인은 평범한 중상층의 미망인으로 남편의 부도덕과 위선을 눈치 채고 있었지만 구시대의 가족관, 교육, 종교관 등 19세기 서구사회의 전통적인 가치관을 따르며 살아왔다. 다만 남편의 영향을 피해 파리로 유학 보낸 화가 지망생 아들 오스왈드는 남몰래 자유로움을 희구하던 그녀의 숨겨진 희망이었다. 자선 고아원 화재를 계기로 과거 방탕했던 남편의 위선적

행각이 꼬리를 물고 드러나면서 알빙 부인은 과거의 가치관들에 회의를 느끼게 된다.

점잖은 체 하는 목사나 남편이 외도로 낳은 하녀 레지나, 남편 외도의 비밀을 알고 협박을 일삼는 목수들은 알빙 부인을 다각도로 압박한다. 특히 파리에서 돌아온 오스왈드의 외모에서 죽은 남편의 모습을 그대로 발견하고, 그가 죽은 남편의 사생아 레지나와 시시덕거리는 소리를 들으며 그녀는 '모래알 같이 숱한 과거의 유령'들이 자신을 죄어오고 있음을 호소한다. 연극은 아들 오스왈드가 남편이 물려준 매독 균으로 선천적 뇌연화증을 얻었음을 털어놓고 아편으로 자신을 죽여 달라고 어머니에게 호소하는 장면으로, 그리고 알빙 부인이 절망으로 비명을 지르는 가운데 창밖의 설산에 햇빛이 비치기 시작하는 것으로 끝난다. 비록 자신은 아들과 함께 과거의 유령들 속으로 빨려들어 가지만 적어도 그녀는 어디선가 새로운 시대의 새로운 삶이 시작되고 있음을 인지하고 있던 여성이었던 것이다. 입센은 근대극의 아버지라고 불릴 정도로 수 십 편의 희곡을 썼으며 만년 작에서는 인생과 예술에 대해 고민하며 자아가 비대해진 주인공 할아버지들이 많이 등장한다. 그러나 아쉽게도 이들 작품에서 중년 시절 날카로운 시대정신을 지녔던 여인들이 지혜롭게 나이든 주인공 할머니가 된 모습은 찾아보기 힘들다.

〈벚꽃 동산〉의 라네프스카야 역시 혁명 전 러시아의 몰락해가는 귀족여인이다. 다만 알빙 부인과 달리 시대의 변화를 눈치 채지 못하고 지나간 삶의 회한에 파묻혀 사는 여인으로서 구시대 영화의 상징인 벚꽃동산을 신흥부자에게 넘겨주고 만다. 그녀는 유아적이고 어리석지만 과거 구시대 귀족들의 비생산적이고 나른하지만 우아했던 삶을 매혹적으로 구현했다. 그럼으로써 러시아의 새로운 시대를 여는 영리한 상인계층인 로파힌, 진취적 노동자의 삶을 꿈꾸는 딸과 젊은 가정교사와 대비되면서 저물어가는 한 시대의 인간상을 인상적으로 표상해냈다. 역시 체홉의 〈바냐 아저씨, 1899〉에서 바냐의 어머니는 주인공급은 아니지만 중년을 넘어선 진짜 할머니인데 그는 유식한 사위를 추앙하며 많은 독서를 하는 신식 할머니다. 그러나 시대의 지적유행을 좇을 뿐 시대와 인간의 핵심을 꿰뚫어보는 능력은 없는 여인으로 세기말 당시의 또 다른 할머니 상을 보여줬다. 이들은 손주를 둔 할머니까지는 아니며 장성한 자식을 둔 중년의 중상층 부인들이지만 중·노년 여인이 늙은 하녀나 희극적 캐릭터가 아니라 연극의 진지하고 의미 있는 인물로 연극에 등장하기 시작한 것만 해도 주목할 만한 사건들이라고 하겠다.

20세기에 본격 진입하면서 산업화와 자본주의가 가속화되고 유럽에는 전쟁이 일어나며 사회적 모순 속에서 인간의 고통도 심화되기 시작했다. 프로이트로 대표되듯이 외부적 사회 환경 못지않게 인간의 심리에 대한 관심이 높아지면서 사실주의 연극에서도 강한 의지력을 지닌 인물 못지않게 약하고 내성적으로 고통 받는 인물들이 부각되는 경향도 발견된다. 사회 비판의식과 개혁의지를 지녔던 입센과 체홉이 그렸던 여인들이 적극적이고 지적인 분위기를 풍겼다면 유진 오닐, 아서 밀러, 테네시 윌리엄스 등 미국을 중심으로 전개된 그 후의 사실주의극에서는 현실적 삶에 시달린 희생자나 심리적인 고통에 시달리는 약자로서 나이 든 여인들이 발견되기 시작한다. 그러나 자본주의 하의 인간소외와 내향화된 인간심리에 대한 탐구 역시 여전히 사회의 톱니바퀴 속에서 부지런히 돌아가는 남성들이나 피가 끓는 젊은이들을 중심으로 이루어졌기에 이 시기의 서구연극에서 할머니의 존재는 아직 그리 큰 비중을 차지하지는 못했던 것 같다.

아서 밀러는 자본주의가 득세하기 시작한 미국 사회의 소시민의 삶을 그린 〈세일즈맨의 죽음, 1949〉에서 윌리 로먼의 아내 린다 로먼을 조용하지만 인상 깊게 그려냈다. 윌리는 물건을 팔며 미국 전역을 돌아다니는 나이든 영업사원이며 린다는 노쇠해가며 정신조차 오락가락하는 남편의 비위를 맞춰주면서 해진 양말이나 꿰매는 나이든 아내이다. 그러나 자본주의라는 커다란 기계의 부속품으로 소모되어가는 남편이 처한 가정적, 사회적 역경의 핵심을 유일하게 꿰뚫어 보고 있는 현명한 노년 여성이기도 하다. 그들의 두 아들은 아버지의 물질주의적 생활방식과 가치관에 물들고 상처 받은 데다가 변화하는 미국사회를 대변하듯 경박하고 이기적인 존재들이다. 젊은 여자들과 노느라고 늙은 아버지를 술집에 버려두고 온다. 이런 철없는 아들들에게 보험금이라도 남겨준다는 허영심으로 차고에서 자살한 남편의 주검 앞에서 린다가 "여보, 왜 그러셨어요? 이제 집의 마지막 할부금도 다 갚았는데…"하며 독백하는 장면은 유명하다. 린다는 작은 역이지만 자본과 물질이 휩쓰는 소용돌이 속에서 그래도 인간적 가치가 무엇인지 조용히 체득하고 있었던 할머니였음이 드러났기 때문이다.

유진 오닐의 사후에 출판된 마지막 작품인 〈밤으로의 긴 여로, 1956〉는 작가자신의 가족을 그린 자전적 희곡이다. 이 극에 굳이 중심인물이 있다면 오닐 자신이 투사된 둘째아들 에드먼드가 되겠지만 마약 중독자가 된 늙은 어머니 메리도 사실적으로 묘사된 파격적 캐릭터다. 순회극단의 배우였던 이기적인 아버지는 온 가족을 열차에 태워 평생 미국 전역의 이류호텔로 돌아다녔고 오랜 여행 과정에서 출산과 병고를 치룬 심약한 늙은 어머니는 마약으로 통증을 치료하다가 마약 중독자로 전락하고 만다. 공연이 없는 어느 여름 날 미국 동부의 싸구려 별장에서 아버지, 어머니, 그리고 두 아들 등 모든 가족은 알코올과 마약에 빠진 채 서로에 대한 각자의 외로움, 원망, 질투, 회한, 분노 속에서 과거의 상처 속으로 빠져든다. 그리고 그들 가족을 덮쳐오는 불가항력적인 '안개'에 휩싸여 질식해 간다. 극의 음울한 분위기는 2층 침실의 메리가 마약에의 유혹과 싸우면서 서성대며 내는 불안한 발자국 소리와 함께 깊어져간다. 수녀원 출신으로 피아니스트를 꿈꾸던 순결한 어린 시절을 그리워하는 그녀의 궁극적 고통은 가족관계라기보다는 상실감이나 허망함이다. '무엇을 잃어버렸는데 그게 뭔지 모르는 고통'이기에 인간관계나 예술가로서의 인정욕구 등으로 알코올에 젖어 방황하는 남자들과 또 다르다. 마지막에 늙은 어머니가 환각에 젖어 결혼식 당시의 웨딩드레스를 팔에 걸치고 이층 계단을 내려오는 장면이 유명하다.

서구 사실주의극은 주로 가족관계에 바탕 해 가족들의 심리를 파헤친 심리극으로 발전한다. 한국의 사실주의극이 피식민 체험이나, 전쟁이나, 가난 같은 사회적 맥락 위에서 발전하는 것과는 좀 다르다. 마약으로 몽롱한 늙은 여인이 기존의 모성성을 대신한 이 음울한 가족의 이야기는 출구가 없기에 앞으로 올 부조리의 시대를 예감하게도 한다.

사실주의는 현실적 삶의 모순과 고통을 세부적이며 객관적인 관찰을 통해 재현했다. 그러나 현실에 너무 접근하려다보니 연극적 힘이 약해진다는 자기모순에 부딪치게 된다. 따라서 사실주의극에는 유명한 명칭만큼 실제 좋은 작품들의 숫자가 많지는 않다. 오히려 사실주의를 전후한 상징주의나 표현주의나 서사극에 속하는 작품들이 근대연극사를 장식하는데 그 중에도 나이 든 자식을 둔 어머니/할머니 들이 등장하는 몇몇 유명한 작품이 있다. 존 밀링톤 싱의 〈바다로 가는 기사들, 1904〉은 사실주의라기보다 20세기 초 상징주의적 분위기를 지닌 단막극이지만 여섯 아들을 바다에 수장한 아일랜드 어촌의 늙은 어머니의 비참한 심경을 심도 있게 그리고 있다. 바닷가에서 고기를 잡으며 사는 어부의 아내는 모리야는 시아버지와 남편과 장성한 아들 여섯을 모두 바다의 풍랑에 잃는다. 마지막으로 막내아들의 시신이 물을 뚝뚝 떨어뜨리며 들것에 실려 마당으로 들어오는 순간 그녀는 더 이상 폭풍 치는 바다를 보며 가슴을 졸이지 않아도 된다는 말로 슬픔을 대신한다.

비슷한 시기인 20세기 초중반에 사실주의극에 한계를 느끼고 서사극이라는 정치적 교훈극을 창안한 브레히트의 작품들 속에도 나이든 어머니/할머니가 나온다. 브레히트의 목적은 정치적 메시지를 내고 관객의 의식을 일깨우는데 있었으므로 인물들은 사실적이라기보다 작가의 의도를 위해 고안된 성격이 강한데, 개중에는 적극적으로 생존 현장에 뛰어든 할머니/어머니의 모습도 있었다. 〈억척어멈과 그 자식들, 1941〉의 억척어멈은 현대극에서 손꼽히는 나이든 여성 캐릭터로서 브레히트가 자본주의와 전쟁의 모순을 변증법적으로 그려내기 위해 창안한 인물이다. 돈 벌 욕심에 사랑하는 장성한 아들을 둘이나 잃고도 다시 억척스럽게 전쟁물자를 팔며 전쟁으로부터 물질적 이익을 얻으려고 하는 어머니라는 모순적 인간상을 보여준 바 있다. 브레히트는 고리키의 『어머니』를 극화한 동명의 연극 〈어머니, 1932〉에서도 노동자의 어머니인 주인공이 평범한 어머니로부터 혁명전사의 어머니로 의식화되어가는 과정을 그렸다.

부조리극: 삶의 허무 앞에서 할머니는 비로소 평등한 존재에 가까워졌다

어떤 여성 연극평론가가 페이스북에 '늙어서 퍽퍽 먼지 나는 연극이 보고 싶다…'고 쓴 걸 보고 공감한 적이 있다. 내 자신이 노인이 된 탓이겠지만 언젠가부터 '늙은 연극'이 보고 싶어진다. 노인 작가가, 노인에 관해 쓰고, 노인 배우들이 양로원의 백발 관객들 앞에서 공연하는 그런 쉰 연극을, 농익다 못해 시어터진 그런 연극이 보고 싶은 것이다. 언젠가부터 연극이라는 장르가 젊은이들 못지않게 노인에게 어울리는 장르라는 생각을 해 왔다. 연극 선진국인 유럽에서는 극장에 머리 허연 노인층 관객이 많다. 나이 든 배우가 많고 나이 든 극작가도, 등장인물도 많다. 어린 시절부터 대중들 사이에도 연극문화라는 것이 존재해왔고 축적되었기 때문이다. 물론 노인 연금제도도 잘 되어있기 때문이기도 하다.

한국연극은 현재 압도적인 비율로 젊은 관객, 특히 대학생 관객 중심으로 돌아가고 있다. 어쩌다 노인을 위한 연극이라면 노년의 로맨스와 해피엔딩을 훈훈하게 그리는 대중극이나 노년의 스타배우 중심의 연극들이 있는 정도다. 최근에는 〈고도를 기다리며〉처럼 노배우들을 대거 캐스팅한 '명품연극'이 전세대의 호응을 얻기도 했다.

한국 현실에서 연극과 노인 사이의 거리는 아직 멀지만 내 머리 속에서 연극은 왠지 존재가 응축되어 바싹 마른 노년과 닮아있다. 연극에서는 시간과 공간이 두껍게 쌓일수록 그 속의 인간의 의미가 탄탄해지며 특유의 극적 존재감과 긴장감을 얻게 되는데 무대 위의 노인들이라는 존재 자체가 그러하기 때문이다. 이차 세계대전 후 폐허가 된 유럽에서는 밑바닥을 드러낸 인간본성에 대한 환멸을 다룬 부조리극이 성행했다. 부조리극은 노인들의 연극이라고 해도 과언이 아니다. 반드시 노인이 아니더라도 인생을 다 살아 보고 바닥까지 가 봤던 사람들이 노인처럼 퀭한 눈으로 세계의 불가해함과 무의미함을 견디는 그런 연극이 대부분이기 때문이다. 텅 비고 어두운 공간에서 허옇게 빛바랜 노인들이 망령 난 광대처럼 놀거나 띄엄띄엄 힘겹게 과거를 회상하는 독백을 한다.

흥미로운 것은 할머니들의 존재 자체가 없거나, 홀대받거나, 주변부 인물에 머물던 서구연극에서, 할머니가 할아버지와 거의 같은 의미의 동등한 존재로 나타나게 된 것이 이 부조리극 시기부터가 아닐까 하는 점이다. 사실주의극에서도 나이 든 여인들이 구체적인 모습으로 비중 있게 묘사되기 시작했지만 완연한 할머니의 숫자도 많지 않고 사회적 환경과 가부장제의 제약 속에 남성에 부수되거나 행동의 제약이 많은 중·노년여성의 모습이었다. 부조리극에 영향을 미쳤다고 평가되는 상징주의 극 중에서 벨기에의 시인이자 극작가인 모리스 마테를링크의 연극에서도 시적 함축을 지닌 노인들이 등장한다. 그의 희곡 〈틈입자, 1891〉, 〈눈먼 사람, 1891〉, 〈실내, 1895〉에는 무력하게 존재의 혼란에 휩쓸리는 노인들이 인상적인 모습으로 표현되어 있다. 다만 남성 노인의 존재가 지배적이다.

유럽 문명이 폐허로 변한 가운데 삶의 무의미함을 다룬 부조리극에 이르러서야 파삭 늙은 할머니가 보다 평등한 존재론적 모습으로 자주 등장하게 되었는데, 이런 사실이 할머니로서 기분 좋은 일인지 나쁜 일인지는 모르겠다. 원래 부조리극의 인물들은 남녀노소를 불문하고 세상과 맞서 반응하고 대결한다기보다 세계의 부조리함에 지쳐 피동적이거나 기계인형 같은 모습으로 나타나는 경향이 있다. 본의 아니게 이미 이 세상에 존재하고 있기에 그 횡포를 견디고 있을 따름이라는 것이다. 부조리극의 극작가들이 애초에 할머니로부터 기대한 것도 의미 있는 행동이라기보다 그 반대의 것일 수도 있다. 여성, 더구나 할머니는 예전부터 비합리적이고 혼란스러운 존재로 여겨져 오지 않았던가?

아무튼 할머니는 부조리함이라는 인간의 존재론적인 보편적 상황을 그려내기에 나쁘지 않은 선택이라고 작가들은 생각했던 것 같다. 그런데 말을 뒤집어 볼 때, 부조리함이 삶의 막다른 '진실'이라면, 그 부조리함을 내재하고 체득한 나이든 여성들은 오히려 부조리한 삶의 핵심에 더 잘 다가갈 수도 있을 것이다. 삶의 진짜 허무감은 세상의 횡포를 견디면서 일상이라는 진창에서 자손을 낳으며 피를 흘려 본 할머니들이 몸으로, 감각적으로 더 잘 체득하고 있을 수 있지 않을까? 어떤 작가들은 그 것을 감지했고 어떤 작가들은 그렇지 못했던 것 같다. 참고로 이 시기까지의 연극계의 현실이 그랬듯이 부조리극작가들 역시 거의 남성들이다.

부조리극작가로 가장 유명한 사무엘 베케트는 초기작에서는 삶의 절망을 '남성'이라는 '보편성'을 통해 보여주는데서 출발했다. 그들이 비록 '남성다움'이나 '엘리트다움'을 상실한 떠돌이 노숙인 들일지라도 말이다. 〈고도를 기다리며, 1952〉에서 소년을 제외한 네 명의 인물 모두는 부랑인처럼 보이는 허름한 나이든 남성들이며 '알 수 없는 누군가를 기다린다'는 무의미한 행동을 반복한다. 〈엔드 게임, 1957〉에서도 주인물은 나이 든 남성들로, 휠체어에 앉은 카리스마 넘치는 시각장애인 햄과 발이 불편한 하인 클로브이다. 허름한 실내로 제한된 이들의 행동 역시 무의미한 반복이며 그들이 기거하는 공간의 바깥은 이미 폐허이다. 햄의 발치에는 대형 쓰레기통 안에서 비스켓과 사탕으로 연명하고 있는 햄의 부친과 모친인 할아버지 네그와 할머니 넬이 있다. 두 노인은 자식에게 경멸을 받으면서도 가끔 쓰레기통 뚜껑을 열고 과거를 회상하는 무의미한 수다를 떨다가 다시 통 속으로 들어간다. 그들은 햄이나 클로브 보다 더 무력하게 제한된 공간 속에 갇혀 있으며 차차 기력을 잃어간다. 특히 할머니 넬은 극중에서 어느 순간 죽은 것으로 처리됨으로써 가족관계 자체의 종말을 암시한다.

중기 작에 속하는 〈오 해피 데이즈, 1961〉에서부터 베케트 작품에서 여성이 주인공으로 나타난다. 위니는 사실 할머니라기에는 여성성의 흔적이 많이 남은 50대의 중년여성이다. 그러나 그녀의 의미는 나이를 뛰어넘는다. 작가는 관객들이 그녀를 통해 얼마나 오래 살았는지, 앞으로 더 살지 모를 보편적 인간의 무의미한 일상의 벌거벗은 존재성을 마주치기를 기대했을 것이기 때문이다. 위니는 쓰레기통 속에 갇혀 있던 넬 보다 상황이 더 나빠져서 햇볕이 내리쬐는 허허벌판의 흙더미에 산 채로 묻혀있다. 1막에서는 허리까지 묻혀있고 2막에서는 목까지 묻혀있게 된다. 그러나 조폭 영화의 한 장면은 아니다. 제목이 말하듯이 위니는 평범한 중산층 여인의 모습을 하고 자신은 행복하다고 연극 내내 재잘댄다. 그녀는 허리까지 묻힌 상태에서도 예쁘게 화장하고 단장을 하고 양산까지 갖추고 있다. 커다란 손가방에서 립스틱, 거울, 치약, 칫솔, 안경, 뮤직박스, 손톱칼 등을 하나씩 꺼내서 여성스러운 일상을 강조하듯 영위한다. 그러나 그녀는 몸의 많은 부분을 움직이지 못한다. 게다가 허허벌판에 혼자다. 조금 떨어진 구덩이에 엎드려있는 남편 윌리의 관심을 끌어보려고 노력하지만 그는 위니에게 무관심하고 거의 말을 하지 않으며 네 발로 겨우 기어 다니는 형편이다. 따라서 그녀의 언어는 주로 독백이다. 단지 시간을 메꾸기 위한 독백으로 의미 형성이나 인과관계가 거의 불가능한 방식이다. 행복하다는 감탄, 파편적 회상, 중얼거림, 침묵, 기계적 반복, 망각, 인용, 노래 들이 이어진다.

머리만 남기고 다 묻힌 2막에서는 상황이 더 심각해진다. 그녀는 수다 떨 거리가 없어질 까봐 불안하면서도 여전히 행복하다며 더 긴 독백을 늘어놓는다. 그녀의 행복은 관객들이 목격하는 모습과의 배리 때문에 당연히 아이러니를 형성하는데, 위니는 실은 처음부터 존재의 불안에 휩싸여 있었던 것이다. 마지막까지 "오, 오늘은 행복한 날이다. 오늘도 또 다른 행복한 날이길!"이라고 말하고 노래를 부르지만 다가온 남편을 마주보는 마지막 순간에 얼굴에서 미소가 사라진다.

베케트 연극은 말기로 가면서 더 난해한 미니멀리즘의 양상을 띤다. 공연길이도 더 짧아지고 극중 공간도 극단적으로 축소되며 더 늙거나 기동이 불편해진 노인 한 두 명의 회상이 극을 끌고 가면서 대사의 길이도 매우 짧아지고 침묵과 섞인다. 그리고 그 이유는 정확히 연구되지 않았지만, 이 미니멀한 극의 등장인물들은 남성이 아니라 늙은 여성들, 혹은 모호한 나이의 '유령' 같은 여성들이 많다. 〈오며 가며, 1965〉에서 무대의 짙은 어둠 속에 부분적으로만 모습이 드러나는 세 명의 여인 폴로, 바이, 루이는 '연령을 알 수 없는' 여인들이다. 아주 짧은 단막극인 이 작품에서 여인들은 한명씩 기계적으로 퇴장했다가 돌아오며 그 사이에 나머지 두 명은 무대를 나간 한 명이 처한 '두려운 운명'에 대해 귓속말을 한다. 이 행동은 세 차례 반복되며 극의 마지막에 세 여인은 손을 서로 겹쳐서 잡고 앉아 젊었던 옛 시절을 회상한다. 이 연극은 여성들 특유의 평범한 일상을 보이는 듯하지만 그녀들이 겪고 있는 삶의 깊은 환멸과 존재의 덧없음을 암시한다.

〈발자국 소리, 1975〉에서 유일한 등장인물은 메이다. 메이는 대사 속에서는 40대라고 나오지만 무대지시문에는 '부스스한 회색머리에 질질 끌리는 잠옷을 입은 모습'으로 묘사되어 있으며 작가는 메이에게 '유령'처럼 보이기를 원했다고 한다. 평생을 어머니 곁에서 병간호로 보낸 그녀의 유일한 행동은 폭 1미터 넓이와 길이 일곱 발걸음 정도의 기다란 형태의 무대 바닥 위를 느리게 걸으며 서성대는 것이다. 연극은 메이와 90세가 넘었다는 무대 밖 어머니 목소리와의 대화, 어머니의 독백, 메이의 회상과 독백 등을 통해 불규칙적으로 진행되는데 늙은 엄마는 회상한다. 어느 날 메이가 자신이 내는 발자국 소리를 듣고 싶으니 마루의 카펫을 걷어달라고 했다고. 대화나 독백 외에 그녀의 유일한 행동은 혼자 '몇 발자국을 걸으며' 서성대는 것이다. 메이의 유령 같은 존재감은 희미하게 바랜 언어들 못지않게, 좁은 무대 위를 띄엄띄엄 걷는, 지독하게 단조로운 움직임과 극도로 희미한 소리로 각인된다. 〈자장가, 1982〉에서도 외로운 딸과 엄마의 관계가 나온다. '일찍 겉늙은 모습에 헝클어진 머리'를 한 '여인'이 보여주는 행동은 자신의 행동을, 자기 목소리로, 3인칭 방식으로 묘사해 녹음한 목소리를 틀어놓고 가끔 어린아이의 목소리로 "조금 더"라고 말하면서 흔들의자에서 흔들거리다가 죽음에 이르는 것이다. 그녀는 평생 자신을 닮은 누군가를 찾으며 블라인드가 올려진 맞은편 창가를 바라보지만 결국 어머니가 사망했던 바로 그 흔들의자로 돌아오게 되고 '빌어먹을 인생'이라고 내뱉은 후 죽음을 맞이한다.

왜 베케트가 후기작으로 와서 의미 없는 삶을 지탱하는 소름끼치게 외로운 주인공을 여인들과 그들의 어머니로 설정했는지에 관해서는 연구가 많지 않은 듯하다. 베케트는 어머니의 자궁으로의 회피를 추구하는 '요나 콤플렉스'를 가진 것으로 알려져 있다. 아마도 초기의 소설에서 발견되는 이런 모자 관계로부터 거리를 두고 자식과 보다 생래적으로 친밀한 관계를 맺을 수 있는 모녀 관계를 통해 인간관계의 지난함과 존재의 허무함을 더 객관적으로 제시하려는 의도가 아니었나 생각해 본다.

부조리극은 과장된 희극이나 희비극의 모습을 띠기도 한다. 외젠 이오네스꼬는 베케트 못지않은 부조리극의 거장이다. 그의 대표작 중 하나인 〈의자들, 1952〉에서는 가상의 섬에 고립되어 살던 노부부가 세상을 향한 메시지를 던진다. 노부부는 전 세계로부터 초청한 저명인사들에게 변사를 고용해 인류를 구원할 의미 있는 메시지를 전달하기로 계획하고, 손님들을 표상하는 사물로서 빈 의자를 가져와 무대를 가득 채운다. 그리고 변사가 도착하자 바다에 뛰어든다. 그러나 막상 메시지를 전달하기위해 도착한 변사는 듣지 못하고 말을 못하는 농인이자 청인이었다. 그는 빈 의자들을 향해 의미를 알 수 없는 단어를 중얼거리고 의미 없는 단어를 칠판에 끄적거릴 뿐이다. 할머니는 오랜 세월 남편을 아기 달래듯 보살피며 살아왔을 뿐 아니라 할아버지의 행동을 촉구하고 결국 할아버지와 함께 인류를 대표해서 세계의 부조리함을 표명하고 자살을 택함으로써 그의 보호자 내지 동반자 역할을 한다.

프리드리히 뒤렌마트의 〈노부인의 방문, 1956〉은 젊은 시절 자신을 배신했던 애인에게 전 도시 시민을 동원해 철저하게 복수하는 여성 노인을 다룬 작품이다. 그로테스크한 희비극의 분위기로 사실적인 맥락을 지닌 인물은 아니지만, 당시로서 노년 여성을 압도적인 이미지의 여주인공으로 내세운다는 것은 흔한 일은 아니었다. 여주인공 클레어는 전 애인을 살해하는 시민에게 거액의 포상금을 건다. 시민들은 처음에는 거부하지만 결국 집단적으로 살인에 가담한다. 노부인은 혼란, 환멸, 위선, 부조리한 죽음들의 원인 제공자로서 강력한 힘을 과시한다.

인류의 보편적인 실존 인식을 다룬 부조리극에서도 젠더 의식은 아직 성숙하지는 않았던 것 같다. 부조리극에서 여성/할머니는 남성들과 실존적으로 동등하게 무의미한 존재 같지만 여전히 가부장제하의 소유물, 어머니, 성녀, 창녀 같은 오이디푸스적 구조에서 벗어나지 못하는 경우가 있다. 성적 대상이나 심지어 사물 등으로 대상화되거나 폭력적으로 다루어지는 경우가 꽤 있으며 반대로 존재가 이상화된 경우도 없지 않다. 또 다른 부조리 계열 극작가인 영국의 해럴드 핀터는 유대인으로서 핍박당한 경험을 지닌 작가로서 외부 세계로부터 침입하는 알 수 없는 협박과 폭력을 극사실주의적 형식으로 다루었다. 초기작에서 그 상처는 정치성으로 발현되지 못하고 오이디푸스적 구조 하의 여성 인물이라는 기표로 치환됨으로써 그의 여성인물들은 가부장제나 성적 폭력과 관련된 논란의 대상이 되곤 했다. 여성 인물들은 모성/아내/창녀의 상투적 분류 하에 존재하거나 심약하며 불가해한 존재로 그려졌는데 그중에는 할머니 인물도 있다.

그의 첫 희곡인 〈방, 1957〉의 주인공인 할머니 로즈는 집 안에서만 안정을 느끼는 매우 소심한 존재인데 아마도 아버지가 보낸 것으로 짐작되는, 지하실에 새로 세를 들어온 흑인남성과 마주하고 나서 갑자기 두려움으로 눈이 멀게 된다. 그의 첫 장막극인 〈생일파티, 1958〉에서 하숙집 주인 할머니인 메그는 정체를 알 수 없는 청년 스탠리에게 모성과 색정이 뒤섞인 수상한 접근을 시도함으로써 세계의 모호성과 폭력성에 결과적으로 일조한다. 핀터는 초기에는 여성 혐오주의자라는 비난을 받았으나 후기 작품에서는 '은밀한 페미니스트'로 재평가되기도 했다. 그가 후기 작품들에서 진보적인 정치성향과 새로운 세계를 여는 여성상을 제시하기도 했기 때문이다. 그러나 단막극 〈산골 사투리, 1988〉에서 아들을 만나기 위해 침묵으로 저항하는 늙은 어머니 정도를 제외하면 아쉽게도 그들 중에 할머니는 찾기 힘들었다.

미국의 극작가 에드워드 올비는 흔히 부조리극작가로 알려져 있지만 사회비판적 작가, 실존주의적 작가로 평가받기도 한다. 그는 고르지 않은 다양한 스타일의 작품을 썼지만 미국사회와 가정의 병적인 황폐함에 관해 지속적으로 비판했다. 그의 연극들에 대해서 다양한 관점의 해석들이 있지만 그의 대표작 중 많은 작품이 작가의 불우한 가족관계를 담은 자전적 성향으로 해석되는데 그 중 할머니의 존재가 관심을 끈다. 그는 어린 시절 부잣집에 입양되었는데 양부모, 특히 양어머니의 냉정하고 물질주의적인 면모를 혐오했던 반면 인간적 면이 있는 할머니만은 좋아했다고 한다. 〈동물원 이야기, 1959〉 〈누가 버지니아 울프를 두려워하랴?, 1962〉 〈집에서 동물원에서, 2002〉를 포함한 올비의 많은 작품에는 양어머니를 암시하는 강하고 통제적인 중년여성이 등장하며 〈샌드박스, 1960〉 〈미국의 꿈, 1961〉 〈키 큰 세 여자, 1991〉 같은 자전적 성격이 강한인 작품들에는 냉담하고 권위적인 엄마와 나약한 아버지, 그리고 인생을 이해하는 유일한 존재인 할머니가 나타난다. 아울러 작가 자신의 모습을 담은 인물들이 다양한 모습으로 설정되기도 한다.

유럽식 부조리극의 분위기를 풍기는 초기 단막극인 〈샌드박스〉는 80대에 이르러 죽음을 기다리는 할머니가 주 인물인데 할머니는 냉담하고 잔인한 딸과 사위 앞에서도 활기와 재치를 잃지 않고 의연한 태도를 보인다. 다음해 발표된 〈미국의 꿈〉은 이오네스꼬 풍의 부조리극의 분위기가 강한 풍자적 작품으로 외양은 그럴듯하지만 정서적으로 빈껍데기에 불과한 미국 가정을 그린다. 감정이나 인간미가 전혀 없다시피한 양부모는 입양된 아이를 잔혹하게 살해한 전력까지 있고 할머니는 관객에게 이를 비판한다. 극의 말미에 집에 찾아온 잘생긴 청년은 내면이 비어있는 존재로 죽은 입양아의 일란성 쌍둥이로 해석된다. 할머니는 이 청년을 받아들이며 역설적으로 '미국의 꿈'이라고 부른다. 미국 가정의 허상을 비판하는 가운데도 할머니는 유일하게 도덕적 기준을 지닌 인물로 그려진다.

〈키 큰 세 여자〉는 난해한 부조리극은 아니고 독특한 표현주의적 2막 형식이다. 그동안 올비의 희곡에서 자주 등장하던 중년의 양어머니가 죽음에 이른 91세의 할머니가 되어 주인공으로 등장한다. 어쩌면 올비의 양어머니와 유일하게 좋아했던 할머니가 겹쳐지는 순간일지도 모르겠다. 작가는 양어머니의 삶이 결코 물질을 통해 채워지지 못한 실패였음을 지적하지만, 그런 지적 역시 이제는 혐오보다는 관조적으로 때로는 윗트 있게 삶과 죽음에 대한 성찰 속에서 이루어진다.

1막에서 91세의 치매기 있는 돈 많은 할머니 환자가 회상과 불평을 늘어놓고, 까다로운 그녀를 52세의 간병인이 돌보며, 26세의 철없는 젊은 여자 변호사가 그들을 찾아온다. 2막은 분위기가 표현주의적으로 바뀐다. 할머니가 사망한 후, 고인의 침대 앞에 1막과 같은 배우들이 분(粉)한 세 여인이 등장하는데 각각 91세의 현재의 할머니, 과거 52세의 할머니, 과거 26세의 젊었던 할머니들이다. 그녀들은 과거사에 대한 얘기를 나누다가, 아마도 올비 자신으로 생각되며, 성소수자로서 20대에 집을 나갔던 모습으로 돌아와 무대 위 침대에 엎드려있는 양아들에게 말을 걸기도 한다. 그러나 양아들은 흐느끼며 침묵만을 지킨다. 세 여인들은 나이 듦과 다가오는 죽음에 대해서도 대화를 나누며 결국 '가장 행복한 순간은 멈추는 시간'이라며 삶과 죽음을 긍정한다. 물질주의에 의해 가족이 붕괴하는 미국사회를 비판했던 올비가 나이 든 여인들을 통해 타자와의 화해와 삶의 긍정적 가능성을 발견한 것이다. 올비는 그 후에도 노년 여성 조각가의 인터뷰를 다룬 〈거주자, 2001〉를 발표하는 등 노년여성에 대한 관심을 지속했다.

인생에 대해 비관적인 견해에 치우쳤던 부조리극의 전성시대는 곧 지나갔지만 삶과 인간사회의 이성적이고 합리적 만능주의에 대한 회의와 불신은 그 후에도 현대연극의 기조로 깔려있게 된다. 전쟁 후의 호황 속에서 베트남 전쟁과 암살과 거짓말과 폭력으로 얼룩진 1960년대로 들어서면서 젊은 세대의 분노와 반항이 폭발했다. 부조리극이 주로 삶과 죽음을 관조하는 노인들의 연극이었다면 그 후의 세계는 성난 젊은이들이 주인공이 된다. 청년들은 기성체제와 기성세대, 제국주의적 전쟁 등에 온몸으로 저항했으며 파리 68혁명이나 미국의 히피운동 같은 반체제적 운동, 급진적인 페미니즘 운동 등은 이성보다 충동, 정신보다 몸, 문명 보다 원시제의, 소수자와 피해자의 해방 등에 눈을 돌린 과격하고 실험적인 연극들을 낳았다. 그러나 20세기 후반기로 갈수록 급진적인 이상주의는 현실에 부딪쳐 다양한 양상으로 재조정되기도 한다. 연극계에서도 과격한 부르짖음이나 형식적 실험 뿐 아니라, 일상의 단면들을 세밀하게 그림으로써 균열을 포착하는 연극, 다양한 형식과 스타일을 선택적으로 섞는 연극, 평이한 사실적 연극들이 차차 공존하게 된다.

페미니스트 극작가의 출현과 동시대 연극의 다양한 할머니들

제2차 세계대전이 끝나고 68혁명이 지나간 20세기의 늦은 후반부 무렵, 근대 세계를 움직였던 합리적 이성, 역사, 진보, 확장, 자본주의와 공산주의 등 거대 이데올로기들이 해체되기 시작했다. 서구 사회 전반에 해방적 변화가 일어나고 이런 소위 탈근대, 혹은 포스트모더니즘의 흐름은 당연히 연극에도 영향을 미쳤다. 여기서 서구 각국 연극의 이런 움직임들을 두루 살피기는 힘들다. 다만 이 시기 문화계와 연극계에도 이데올로기보다 일상을, 현실적 이성보다 부드러운 감성을, 지배적 단일구조가 아닌 다양성과 차이를 추구하며, 중심부의 권력보다 주변부와 피해자와 약자를 재평가하는 흐름이 자리 잡기 시작했다는 점은 분명하다. 같은 맥락에서, 오랜 기간 억눌려왔던 여성의 권리를 되찾고 그 의미를 재해석하는 페미니즘 역시 사회문화계 전반에 영향을 끼치게 된다. 여성을 보는 시각에 근본적인 변화가 온 것이다. 여성주의와 함께 이차대전이 끝난 후 전범국의 자기반성, 제국주의의 와해, 과거의 식민주의 및 자본주의와 마르크시즘 같은 정치 이데올로기에 대한 성찰의 분위기도 조성되었다.

그런데 이런 변화는 무대 위의 할머니라는 존재에도 영양분이 되었을까? 서구의 페미니즘이 여성 전반을 보는 시각과 표현양식이라는 점에서 연극계에 큰 변화를 불러일으킨 것은 사실이지만 연극 속 할머니라는 존재감의 부피 자체가 커졌던 것 같지는 않다. 20세기 후반 이후 서구 페미니즘이 격렬한 사회운동이나 치열한 내부적 논쟁에 에너지를 쏟은 탓인지, 억눌렸던 젊은 여성들이 너무 할 말이 많았던 탓인지, 페미니즘 내부에서 노년여성 담론이 드물었던 탓인지, 페미니즘을 표방한 작가들의 작품에서도 눈여겨볼 만한 할머니들은 어쩌다 하나, 둘 등장했을 뿐이다. 그들은 주로 소외되어 고통 받는 희생자거나, 목소리를 높이고 몸부림치는 선구자 비슷한 모습으로 나타난다. 서구사회에서 할머니들이 일상 속에서 보다 다양하고 편해진 모습으로 더 많이 등장하게 된 것은 21세기에 들어오면서 부터인 것 같다.

이 시기 연극에 일어난 보다 구체적인 변화는 페미니즘적 인식, 혹은 그와 연관된 진보적 사상을 저변에 깔고 있는 여성 극작가들이 다수 출현하기 시작했다는 것이다. 20세기 중반까지만 해도 여성 극작가는 드문 존재였다. 그런 상황에서 반드시 페미니즘을 표방하지 않더라도 다수의 여성 극작가들이 한꺼번에 등장한 것 자체가 서양 연극사의 새로운 국면이라고도 할 수 있으며 현재까지도 이런 추세는 지속되고 있다. 이 무렵부터 남성 작가들 중에서도 과거의 남성 중심적 관점에서 벗어나 여성 문제에 공감하며 관심을 가지는 경우도 많아지기 시작했다.

페미니즘 연극의 공연형식은 1960~70년대의 과격한 퍼포먼스적 실험부터 다양한 절충주의, 비교적 온건한 사실주의적 극까지 다양하다. 1970~1980년대 무렵 두각을 드러낸 페미니즘 계열의 여성 극작가로는 영미권의 카릴 처칠, 마샤 노먼, 폴라 보글, 오스트리아의 엘프리데 옐리네크, 프랑스의 엘렌 식수와 마르그리트 뒤라스 등이 있는데 이들은 각자 다른 새로운 관점과 형식과 글쓰기로 주목을 끌고 서구 연극계에 활기를 불어넣기 시작했다. 그러나 이들 중 특별히 노년여성의 존재에 관심을 가졌던 작가를 찾기는 쉽지 않다. 엘렌 식수와 마르그리트 뒤라스는 희곡작품 자체가 많지는 않다. 페미니즘 이론가로 더 잘 알려진 식수는 프로이트 식 남근 중심적 정신분석을 해체한 희곡 〈도라의 초상〉이 유명하고, 뒤라스는 〈내 사랑 히로시마〉 〈인디아 송〉 〈연인〉 등, 소설과 영화 등을 통해 자전적 요소와 모더니즘적 허무감과 식민지풍의 감성을 섞어 늦은 나이까지 사랑, 욕망, 죽음, 부재 등에 대해 썼다. 베트남을 배경으로 소녀시절의 광적인 사랑을 자전적으로 회고한 『연인』[6]은 작가가 70세 되던 해 38세 연하의 애인에게 구술해서 쓴 소설이라고 한다. 〈사바나 베이, 1982〉는 뒤라스가 68세경에 쓰고 직접 연출했던 작품인데 당시 83세를 맞은 여성 원로배우 마들렌 르노에게 헌정하기 위해, 희미하게 기억이 해체되어가는 극중 노년여성 마들렌과 실제의 배우로서 마들렌 르노를 오가는 인물을 창출하기도 했다.

2004년 노벨문학상 수상자로 수상작인 소설 『피아노 치는 여자』[7]의 작가인 옐리네크는 마르크시스트 페미니스트로 명명되지만 페미니즘 자체에 대해서도 냉소적이며 가부장제도, 나치즘, 오스트리아의 우경화, 자본주의에 속박되는 예술가 등을 냉소적으로 비판하고 있다. 주로 소설을 썼으며 희곡으로는, 입센의 노라가 가출 이후 자본주의 사회에서 젊은 여성으로서 생존하기 위한 분투를 그린 〈노라가 남편을 떠난 후 일어난 일, 또는 사회의 지주들, 1977〉이 잘 알려져 있다. 이 연극은 뒤늦게 국내 무대에 올려지기도 했으나 아마도 짙은 관념성 때문인지 국내 연극계에서 큰 반향을 얻지는 못했다. 이 작품에서 집을 나온 노라는 자립에 실패하고 다시 남편 품의 소시민적 주부로 돌아가는데 그 과정에서 여전히 성적 매력을 활용하는 젊은 여성으로 그려지고 있다. 옐리네크의 희곡에서 노년여성을 찾기는 힘들지만 〈클라라 S.의 음악적 비극, 1987〉에서는 그 자신이 천재 피아니스트였지만 천재성을 가부장적 경도와 파시즘에 연계해 파멸을 자초했던 7남매의 엄마로서 클라라 슈만을 그렸고, 일인극 〈재키, 2010〉는 죽은 재클린 오나시스가 미디어에 의해 만들어졌던 자신의 허상에 대해 회상하는 작품이다. 고향상실과 방랑의 주제를 현대사회의 삶의 풍경과 섞어 다룬 자전적 성격의 희곡인 〈겨울나그네, 2011〉는 나이 들어가는 이 작가의 정체성에 대한 고민을 보여주며 국내에서도 연극으로 번안해서 공연된 바 있다. 1946년생인 옐리네크는 90년대 이후에는 난민, 스포츠와 전쟁의 유사성, 미디어, 패션 산업, 그리고 최근에는 미국 대통령 트럼프 비판까지 관심분야를 끝없이 넓히면서 현재까지 활발하게 활동 하고 있다.

영미권의 카릴 처칠이 발표한 〈클라우드 나인, 1979〉은 페미니즘 연극의 야심작이자 작가를 유명하게 만든 작품으로, 역시 매우 도발적이고 전복적이다. 다소 낯선 내용과 실험적인 공연양식에도 불구하고 국내에서도 1990년대 이후 여러 번 공연되며 관심을 모았다. 사회주의적 페미니스트로 일컬어지는 1938년생 처칠은 내면과 자의식의 비중이 적지 않은 뒤라스나 옐리네크와는 달리, 객관적이며 현실적이며 사회적인 맥락을 유지하고 있다. 지적이고 냉정하고 논쟁적인 극작가로서 1970년대에 작품을 쓰기 시작해서 현재까지 50여 편의 희곡을 발표하면서 성, 계급, 과학기술, 환경, 전쟁, 난민, 생태 등 동시대의 거의 모든 문제적 이슈 들을 다루며 현존하는 최고의 영국 극작가의 하나로 자리매김 되고 있다. 국내에서도 근래 작들이 가끔 번역, 공연된다. 〈클라우드 나인〉은 그녀의 비교적 초기작으로서 여성의 삶과 가치관과 섹슈얼리티가 권력, 계급, 젠더, 정치적 상황 등에 의해 어떻게 구성되며 억압받아왔으며 그것은 현재도 진행 중인가? 하는 당시로서 도발적인 문제를 던졌다. 형식면에서도 파격적이었는데 배우들과의 워크숍을 통해 브레히트 식의 '거리두기'와 성역할 바꾸기, 일인이역 같은 실험양식을 도입했으며 서구 제국들의 식민통치 같은 과거와 현대를 몽타주 함으로써 비판적 관점을 강화하기도 했다.

〈클라우드 나인〉에는 성적, 계급적, 인종적, 연령적으로 매우 다양한 인물들이 출연하며 할머니도 베티도 그 중의 하나이다. 극은 1부와 2부로 나뉘는데 우선 1부는 빅토리아 시대 영국 식민지인 아프리카이다. 식민지 관리인 클라이브는 아내 베티, 아들 에드워드, 딸 빅토리아, 흑인 하인인 조슈아와 살고 있고 이 가정에 탐험가인 해리, 이웃 미망인인 손더스부인, 가정교사인 엘렌이 방문한다(작가는 브레히트식 고안으로, 아내 베티는 남자가, 아들 웨드워드는 여성이, 딸 빅토리아는 인형이, 흑인 하인 조수아는 백인 배우가 연기하도록 요구한다). 클라이브는 전형적인 백인 우월적이고 가부장적이고 권위적인 인물로서 가족을 지배하려고 하며 베티는 그런 남편의 가치관에 복종하고 그것을 내면화하며 살려고 한다. 하지만 탐험가인 해리에 대한 설렘과 가정교사 엘렌의 동성애적 유혹에 마음이 흔들린다. 흑인 하인 조슈아는 여주인인 베티를 여자라고 은근히 무시하지만 아직 어린 에드워드에게는 복종한다. 아들 에드워드는 인형을 좋아하는 여성적 취향 때문에 아버지에게 혼이 나고 양성애자인 해리의 성적 노리개가 된다. 클라이브는 미망인 손더스와 혼외관계를 맺고 해리에게 신부감으로 추천하지만 해리는 엘렌과 결혼한다.

2부는 100년 후의 영국인데, 등장인물들에게는 25년이 흘렀다. 장소는 런던의 공원. 전쟁이 막 지나갔고 식민통치는 끝났다. 조경사 일을 하고 있는 아들 에드워드는 게이로서 연인 게리와 살고 있고, 페미니스트 공부를 많이 한 빅토리아는, 역시 여성문제에 진보적인 소설가 마틴과 결혼해서 남자아이가 있다. 부부간의 평등과 해방 면에서 둘의 관계는 아직 과도기적이다. 빅토리아의 친구인 린은 레즈비언으로 이혼 후 딸 캐시를 기르고 있으며 린은 빅토리아에게 구애한다. 어린 캐시는 남성적 기질이 강하고 2부에서 유일하게 남자배우가 연기한다. 베티는 1,2부에서 모두 비중 있는 인물로 등장한다.

이 극에서 1,2부를 통해 분명한 변화를 보이며 핵심에 서 있는 인물은 엄마/할머니/중·노년여성인 베티이다. 2부에서 중·노년이 된 베티는 클라이브와의 이혼을 계획하고 있으며 돈을 벌기 시작했고 스스로의 성적 욕망에 관해서도 눈을 뜨기 시작했다. 공원에서의 술과 성적 환상의 향연 장면 이후, 세 남녀, 즉 집을 나온 빅토리아와, 연인 게리와 헤어진 에드워드, 그리고 린으로 이루어진, 즉, 남매와 누나의 레즈비언 애인으로 이루어진 이 세 남녀는 그들의 아이들을 함께 양육하며 성적 관계를 포함한 동거를 시작한다. 베티는 그 사실에 대해서도 판단을 유보한다. 마지막 장면에서 베티는 아들 에드워드의 옛 애인인 게리를 은근히 유혹하고, 남편 클라이브가 갑자기 나타나 답답한 소리를 늘어놓는 가운데, 1막의 베티와 2막의 베티가 서로를 포옹하는 것으로 극은 끝난다. 공연형식도 실험적일 뿐 아니라, 서구에서 60~70년대라는 급진적 페미니즘과 성적 해방의 시대를 경험했던 극 인물들의 행동들은, 신자유주의 이후 신보수의 시대를 산다고 할 수 있는 오늘의 독자/관객의 눈에는 다소 이질적으로 느껴질지 모른다. 그러나 처칠의 〈클라우드 나인〉은 급진적 페미니즘을 비롯한 여러 전복적 가치관을 격렬하게 추구하던 시대의 날카로운 풍경이었고 그 풍경의 경칩의 자리에 아직 어지럼증을 느끼지만 백 년 전보다 훨씬 용감해진 할머니 베티가 서 있었다.

처칠이 이보다 3년 전에 썼던 〈비네가 탐, 1976〉에도 할머니가 나온다. 17세기 영국의 마녀사냥을 그린 작품인데 종교적인 프레임이나 아서 밀러의 〈시련〉에서 보듯 윤리적이며 멜로드라마적인 접근이 아니라, 마녀를 당시의 계급, 젠더, 경제능력. 가족제도, 신흥자본 등에 의해 희생되는 여성들로 보았다. 가난한 늙은 과부, 미혼모, 낙태한 여성, 전통적 기술을 가진 여성들을 마녀로 몰았다는 것이다. 에피소드 방식이나 노래를 통한 브레히트식 기법을 활용했지만 동시에 감각적으로 거리를 좁혀서 관념 보다는 그들의 몸, 섹슈얼리티, 일상의 디테일들을 부각했다. 그 결과 늙었고 가난하고 추하고 남편도 없지만 '성적 욕망이 살아있는 할머니' 조운은 교수형으로 처형된다.

처칠의 비교적 최근작인 〈혼자 탈출했다, 2016〉에는 할머니들이 본격적으로 나온다. 70대의 할머니만 네 명 나오는데 작가가 할머니를 그린 연극이 너무 없어서 맘먹고 썼다는 기사도 읽었다. 네 명의 할머니가 일견 평화롭게 보이는 정원에 앉아서 담소하지만 인류의 무시무시한 종말에 대한 얘기가 으스스하게 끼어드는, 일상적이면서도 묵시론적 분위기가 감도는 단막극이다. 할머니들은 각자의 노년의 힘듦과 외로움과 좋지 않은 과거와 사소한 공포 등을 얘기하지만 그들의 대화는 파편적이며 그들 사이에 진정한 소통은 이루어지지 않는다. 그 중 한 할머니, 자렛 부인이 아무렇지 않은 어투의 독백으로 사이사이 끼어들어 산사태, 홍수, 유해물질들의 누출, 여자들의 유산, 굶주림, 전염병 등 인류의 종말을 디테일하게 보고하듯 말한다. 사실인지 환상인지는 알 수 없지만, 할머니의 입을 통해 인류문명의 마지막 장면들이 담담하게 전해진다는 것이 낯설고 섬뜩하다. 후기 베케트의 단막극을 연상시킨다는 평가도 있다.

옐리네크나 처칠이 극작을 시작했던 1970년대는 여성의 위치를 되찾기 위해 기존의 가치나 제도들과 피를 흘리며 싸워야 했던 시기였다. 때로는 자신의 삶 자체나 깊은 내면의 상처를 드러내야 했다. 그들이 그때부터 반세기가 가깝도록 작품 활동을 계속하며, 21세기의 페미니즘의 변화, 확장과 궤를 맞춰서 사회, 정치, 생태계, 생명공학, 테크놀로지, 인류의 미래 등 다양한 분야로 관심을 넓히고 있다는 점을 주목할 필요가 있다. 그들은 이제 할머니이자 여성이자 인류의 일원이며 우주 속의 가변적 존재이다.

20세기 후반에 급진적인 작품들만 있던 것은 아니다. 페미니스트 여성작가들의 작품 중 국내에 잘 알려진 연극으로 마샤 노먼의 〈출옥, 1977〉과 〈잘 자요, 엄마, 1983〉 같은 사실적인 극도 있고 그 속에도 어머니/할머니가 있다. 노먼은 절망과 고통 속에서도 가부장제 사회의 굴레로부터 탈출하려는 하층사회의 여성과 주변인간들과의 관계를 비교적 사실적으로 그렸다. 극은 어두운 과거와 고통으로부터 탈출하기 위해 몸부림치는 젊은 여주인공들을 중심에 두고 있지만 일차적 주변 인물로서 어머니의 관계를 특별하게 다룬다. 기존의 가부장제 하의 헌신적인 어머니들과 달리 노먼의 어머니/할머니들은 자신의 척박한 생존을 위해 모호하고 이기적인 모습을 보인다.

〈출옥〉에서 교도소를 출감한 알린은 바깥세상의 생활을 위해 어머니와의 관계회복을 원하지만 아들, 딸, 사위, 손주가 도둑, 창녀, 마약밀매자, 입양아가 된 비참한 환경에 놓인 어머니는 딸을 밀어낸다. 역시 암울한 삶을 살아 온 젊은 여성이 엄마의 눈앞에서 자살을 예고하고 실행하는 과정을 다룬 〈잘 자요, 엄마〉는 극단적 상황에 놓인 모녀 관계의 심리적 측면을 사실주의로 밀착해서 그린 작품이다. 1막에서는 딸 제시가 엄마 셀마에게 자신이 오늘 저녁 자살할 것임을 공표하고, 3막에서 제시가 자살을 실행하기 위해 자기 방문을 닫고 들어가고 총소리가 들리는 것으로 극이 끝난다. 딸의 자살은 제지하지 못했지만 대화를 통해 모녀의 관계는 더 깊어졌고 셀마는 제씨와 달리 자신이 더 삶을 지속하고 싶어 한다는 점도 확인하게 된다. 이 극은 딸의 관점으로만 쓰인 것이 아니라 늙은 엄마의 입장도 함께 드러나 있는 것이 특별하다. 그동안 아버지와 아들 관계 중심으로 전개되었던 오이디푸스적 구도를 벗어나 연극이 딸과 어머니의 일상적 관계를 본격적으로 그리기 시작했다는 점에서도 주목된다.

흥미롭게도, 이 시기의 연극 중에서 할머니의 주체적 삶의 문제가 더 선명하고 현실적으로 그려진 예는 오히려 남성 작가의, 그것도 미국이나 서유럽 중심부에서 좀 벗어난 아일랜드나 남아프리카공화국의 작품 중에서 찾아볼 수 있다. 서유럽과는 정치적 맥락과 문화적 배경이 조금 다른 아일랜드에서는 원래 전통 설화와 싱, 예이츠, 오케이시 같은 20세기 초반 작가들의 작품에서 함축적 의미를 지닌 노년여성이 가끔 발견되었다고 한다.[8] 그런 영향을 받은 탓인지 브라이언 프리엘의 〈캐스 맥과이어의 사랑, 1966〉과 마틴 맥도나의 〈뷰티 퀸 오브 리넨, 1996〉에 강렬한 성격의 할머니가 주인공이나 주인공급으로 등장한다. 프리엘은 국내에는 〈루나사에서 춤을, 1992〉로 잘 알려져 있는데 그는 남성작가지만 남성 위주의 가부장적 사회에서 억압 받으며 살아가는 불안정한 여성들의 삶을 많이 그렸다. 억눌린 아일랜드 여성의 삶에 공감했고 그의 작품은 여성주의의 관점에서도 자주 연구되고 있다.

〈루나사에서 춤을〉이 1930년대 아일랜드의 엄격한 카톨릭계 집안에서 답답한 삶을 견디다가 마지막 장면에서 춤으로 폭발하는 미혼의 다섯 자매를 그렸다면 〈캐스 맥과이어의 사랑〉은 나은 삶을 위해 미국에 건너가서 52년 간 뉴욕의 싸구려 식당에서 비참한 삶을 살다가 초라한 알코올중독자로 돌아온 70대의 정서 불안한 할머니가 주인공이다. 그녀가 뉴욕에서 웨이트리스로 일하며 고향의 가족에게 적은 돈이나마 보내는 동안 아일랜드는 경제적으로 오히려 부유해졌고 동생들은 잘 살고 있었다. 그들은 낯설고 거칠어진 캐스에게 당혹해하며 그녀를 노인요양원으로 보내버린다. 그 곳에는 인생의 막다른 곳에서 과거를 미화하며 환상 속에 사는 할머니들이 있었는데 캐스는 처음에는 그 세계에 동참하기를 거부했으나 결국 스스로도 과거의 비참함을 낭만적으로 미화하는 감상의 세계 속에 빠져 들게 된다. 이 작품은 국내에서 공연된 적은 없다고 알고 있다.

맥도나의 〈뷰티 퀸 오브 리넨〉은 여성주의적 관점으로 보기는 힘들지만 아일랜드 시골에서 서로를 구속하고 원망하며 얽혀있는 엄마 매그와 나이든 딸 모린의 이야기다. 외지로부터 온 젊은 남자가 모린과 가까워지면서 모녀 사이가 악화되는데 결국 딸은 끓는 기름을 엄마에게 붓고 부지깽이를 휘둘러 살해한다. 두 작품 모두 아일랜드 특유의 사투리 사용을 비롯해서 지역색이 강해서 아일랜드의 정치사회적 배경의 이해 없이는 전달이 쉽지 않다. 특히 맥도나의 작품은 거친 지방색과 폭력성과 그로테스크한 유머로 악명 높은데 이 역시 아일랜드의 정치사회적 갈등에 대한 은유로 분석되기도 한다.

미국과 서유럽을 떠난 김에 조금 더 멀리 남아프리카공화국까지 가보자. 아돌 후가드의 〈메카로 가는 길, 1984〉은 먼지 풀풀 날리는 남아프리카 시골에 홀로 살고 있는 70세가 되어가는 백인 할머니 조각가 헬렌의 이야기다. 헬렌은 괴상한 이도교적 조각들을 만들며 돌봐주는 사람도 없이 혼자 불안정한 생활을 하고 있다는 이유로 마을에서 따돌림을 받는다. 마을의 교회 단체로부터 의심어린 눈총을 받게 되고 급기야 목사 마리우스는 헬렌을 보호한다는 명분하에 노인요양원으로 보내려고 한다. 노쇠한 헬렌은 목사의 강력한 설득에 마음이 흔들리지만 여전히 '메카'라고 스스로 명명한 조각의 세계에 미련을 갖는데, 도시에서 방문한 이십대 여교사인 유일한 친구 엘사는 헬렌의 이런 예술가로서의 의지를 열렬히 지원한다. 아프리카 거주 백인으로서 죄책감을 지니고 있는 엘사는 헬렌을 보호한다는 명분으로 마을에서 격리하려는 목사의 입장을 '마녀사냥'이라고 비난한다. 헬렌은 엘사와의 연대를 통해 비로소 그녀만의 '메카'를 지키며 '마음속의 촛불 하나를 꺼뜨리지 않는' 그 '자유'가 가장 소중한 것임을 깨닫는다.

아돌 후가드는 〈아일랜드〉 〈시즈위 밴지는 죽었다〉 등 남아공 정치의 억압적 상황을 고발한 연극들로 1970~80년대 군사 독재 하에서 신음하던 국내에서도 알려져 큰 호응을 얻었던 남성작가이다. 이 작품 역시 여성문제보다는 인권이라는 시각이 깔려있지만 탈식민주의 그리고, 앞서 처칠이 〈비네가 탐〉에서 제기했던 마녀사냥의 개념으로 해석될 수도 있다. 〈캐스 맥과이어의 사랑〉의 캐스와 〈메카로 가는 길〉의 헬렌은 가족의 울타리로부터도 외면 받고 공동체에서도 격리당할 상황에 처한 혼자 사는 할머니라는 점에서도 공통된다. 미국과 영국 같은 열강의 그늘 아래 피식민 체험이 있는 아일랜드와, 백인 식민주의자들의 내부적 갈등을 그려낸 남아공화국이라는 배경은 앞 서 처칠의 희곡들과 공통된다. 다만 담론적인 처칠의 희곡과 달리, 이 작품들은 이십 세기말, 아일랜드와 아프리카를 배경으로 인종, 젠더, 종교, 정치, 계급적으로 다중적인 박해와 고통과 삶의 불안정성을 감내해야 했던, 가정과 사회에서 무시당하고 외면 받는 독신의 할머니라는 새로운 존재를 구체적 사실적 맥락 속에서 내면적인 깊이를 견지하며 본격적으로 전경화해서 보여준다. 이들 작품에서 할머니는 가정 안에서 조용히 복종하고 무시당하다가 사라져가는 할머니가 아니라 그것이 허풍이건, 자유에의 열망이건, 깨달음이건 간에 가족과 분리되어 제 목소리를 내려다가 사회 속에서 표류하는 그런 존재로서 새롭게 자리매김 되기 시작했다.

다시 서유럽의 세계로 돌아오면, 보다 더 대중적 인기를 얻은 연극들인 콜린 히긴스의 〈해롤드 앤 모드, 1971〉와 로맹 가리의 원작 소설을 극화한 〈자기 앞의 생, 2020〉에도 할머니 주인공을 발견할 수 있다. 두 작품이 배경이나 분위기는 전혀 다르지만 두 할머니 모두 정이 많고 너그럽고 낙천적인 점에서, 그리고 두 작품 모두 할머니 삶 자체를 내세웠다기보다 할머니와의 인간적 관계를 통해 인생을 배우게 된다는, 소년의 관점에서의 성장극의 성격을 띤다는 점에서 공통된다. 세대를 초월한 교류로 볼 수도 있겠다.

〈해롤드 앤 모드〉는 영화로 먼저 히트를 쳤으며 19세의 비관론자인 해롤드가 80세의 초긍정적인 멋쟁이 할머니 모드와 사랑에 빠지는 얘기다. 정서적으로 좀 과장되었다는 평도 받지만 삶을 찬미하면서도 80을 맞아 자살을 선택하는 해롤드라는 인물이 기억에 남는다. 국내에서는 〈19 그리고 80〉이라는 제목의 연극으로 박정자 배우가 적역을 맡아 호연함으로써 큰 인기를 누렸다. 〈자기 앞의 생〉은 잘 알려진 로맹 가리 작 동명 소설의 각색인데 빈민가 무슬렘 소년이 자신을 보살펴주는 창녀출신의 유대인 할머니가 살아가는 방식과 그녀의 죽음을 통해 성장하는 과정을 그렸다.

서구의 페미니즘 연극은 여러 경로를 타고 1990년대를 전후로 한국 연극계에도 소개되면서 영향을 미치게 된다. 국내에서 공연된 외국 작품의 경우 본격적인 페미니즘 문제작의 소개라기보다는 다소 이외의 대중친화적인 방식으로 화제를 모으기 시작했다. 극단 산울림을 중심으로 중년여성 관객들에게 폭발적인 인기를 모았던 프랑스 발, 일련의 여성연극들이 그 것이다. 시몬 드 보부아르 원작소설을 각색한 〈위기의 여자, 1986〉는 남편의 혼외관계를 알게 된 중년여성이 실존적 자아를 찾게 되는 과정을 그렸고, 역시 프랑스 작품인 〈엄마는 오십에 바다를 발견했다, 1991〉는 작가인 딸이 세상을 떠난 엄마와의 사소한 갈등과 기억을 회상하는 연극이다. 이 공연들은 대학시절 연극을 봤지만 연극에 무관심해진 한국의 중년여성 관객들을 극장으로 몰려오게 함으로써 '주부관객'이라는 새로운 관객층을 개척했다. 그동안 소외되고 무시되었던 그들의 내면에 연극이 공감해주었던 것이다.

온건한 페미니즘의 입장에서 중상층의 나이 든 여성들을 그린 이런 외국연극들은 2000년대 이후에도 국내에 계속 심심찮게 소개된다. 21세기에 들어선 서구사회의 경우 여성주의는 강렬한 메시지로 전달되기보다 최소한 정치적 올바름으로 대부분의 작품의 기저에 깔리고 스며있다고 할 수 있다. 남성 중심적 사회의 해체, 식민주의적 권력의 팽창에 대한 반성과 자기 성찰, 주변부와 약자와 소수에 대한 배려라는 이 시대의 기본 관점은 모든 의미 있는 연극들의 윤리적 기반이 되기 시작했으며 이런 경향은 온건하게 일상에 녹아든 상태로라도 현재의 연극 까지도 이어지고 있다. 여성노인을 주요 인물로 하는 다양한 작품들이 발표되기 시작했지만 국내에 소개된 몇 작품을 소개한다.

데이비드 헤어의 〈에이미, 2010〉에서 늙어가지만 자부심이 강한 연극배우 에이미는 미디어 비평가로 일하는 사위와 긴장관계를 형성한다. 변해가는 시대 흐름 속에서도 자존감을 지키는 나이든 여배우를 고(故) 윤소정이 섬세하게 구현했다. 윤소정은 플로리앙 젤레르의 〈어머니, 2016〉에서 아들을 떠나보낸 후 빈둥지증후군에 시달리는 중년 여인을 그리기도 했다.

비교적 최근작인 수잔 밀러의 〈20세기 블루스, 2023〉는 본격적으로 할머니들을 전면에 내세운 작품으로서 1970년대를 뜨겁게 살아냈던 친구 사이인 1945년생 할머니 네 명의 이야기이다. 이혼하고 혼자 사는 사진작가, 수의사. 운동권 분위기의 레즈비언인 신문편집자, 부동산 중개업을 하는 친구들이 모처럼 모였다. 사진작가는 자신의 기념 전시회를 위해 늙어가는 친구들의 얼굴을 담고 싶어 하지만 친구들은 좀 당황스럽다. 평소에 열등감이 있고 사업상 성형수술을 한 부동산업 친구가 유독 내키지 않아하며 작가의 욕심이 위선적이라고 비난한다. 세월이 흘러 남편이 먼저 죽을까봐 전전긍긍하던 수의사 친구가 갑자기 산책하다가 먼저 사망하는 일이 생기고, 할머니 사진작가의 어머니인 더 '진짜 할머니'가 잠시 등장해 여자들의 나이 들어감에 대한 존재감을 보여주기도 한다. 결국 이들의 늙어가는 얼굴을 담은 사진전시회의 사진들이 무대 뒷면에 흐르면서 연극은 막을 내린다.

안온한 중상층 여인/할머니들의 삶과 궤를 달리해서 할머니의 개념을 확장한 연극도 있었다. 엘라 힉슨, 박정희 연출의 〈오일, 2021〉은 동시대의 할머니를 주인공으로 하면서 모처럼 스케일이 커진 작품이다. 인류의 자원으로서의 오일의 긴 부침과 흥망성쇠의 시간 동안 20대부터 90대까지 강인한 삶을 살아간 여인의 장대한 서사를 보여주기 때문이다. 19세기 석유가 발견되면서부터 가상의 근 미래에 석유가 바닥나고 중국이 새로운 에너지원으로 핵을 상용화한다는 시점에 이르기까지, 여주인공은 가정 대신 비즈니스와 성과만을 추구하면서 160년이라는 초현실적인 시간을 살아낸다. 그 과정에서 소소한 개인적 행복을 꿈꾸는 딸과 계속되는 갈등을 빚기도 한다. 오일이라는 현대사회의 핵심적 흐름을 여성이라는 관점과 몸을 통해 전개 하면서 할머니라는 숫자적 개념조차 초월하는 강렬한 여성서사였다. 국악으로 잘 알려진 이자람이 세월을 초월한 주인공을 맡아 다부진 연기를 보여줬던 기억이 난다.

일본은 일찌감치 고령사회로 진입했다보니 연극이나 영화에서 할머니의 비중이 꽤 높은 편이다. 소박한 일본연극인 마에다 시로 작, 김현회 연출 〈웅, 잘가, 2019〉도 은은한 여운을 준 작품이었다. 〈웅, 잘가〉는 짧은 근교 꽃놀이 여행을 떠난 네 명의 70~80대의 동네친구 할머니들을 담담하게 보여준다. 늙어 감을 순하게 받아들이며 제한적이나마 오늘의 일상을 즐기는 할머니들은 귀엽고도 안쓰럽다. 앞으로 살아갈 시간이 얼마 안 남았음에도 가판 진열대에 놓인 작은 기념품을 살까 말까 망설이는 모습이 애틋하기도 하다. 평이하고 일상적 삶 속에서 제한된 시간과 죽음을 받아들인 그들은 자유롭고 편해 보였다. 오히려 잠시 등장한 그들의 자녀인 젊은이들이 현실적 걱정과 미래에 대한 불안으로 찌들고 어둡게 그려졌던 것이 인상적이었다.

마지막으로 21세기 레바논 내전을 배경으로 한 나이든 여성의 참혹한 일생을 다룬 연극을 소개한다. 레바논 계 캐나다 남성 작가인 와즈디 무아와드 작 〈화염, 2003〉은 매우 충격적인 내용이지만 그만큼 높은 작품성을 인정받은 연극이기도 하다. 영화(〈그을린 사랑, 2010〉)로 국내에 소개되기도 했다. 이 작품은 동시대 전쟁의 참혹상 속에서 그리스 비극의 심연을 길어 올리게 하는데, 앞서 〈오이디푸스왕〉의 이오카스테에게 품었던 질문, 즉 피치 못하게 근친혼 관계 속에 갇힌 주인공을 과연 어머니로 볼 것인가, 아니면 할머니라고 볼 것 인가?를 다시 떠올리지 않을 수 없게 만든다.

캐나다에서 살고 있던 쌍둥이 남매 시몽과 잔은 변호사가 공개한 어머니의 유언장을 통해 어머니의 과거와 함께 그들에게 또 다른 형/오빠가 있다는 사실을 알게 된다. 어머니 나왈은 어떤 아랍권 내전 지역의 혁명 전사로서 싸우다가 지하 감옥에 오랜 세월 감금되어 있었다. 그곳에서 한 젊은 군인에게 상습적으로 성고문을 당해 감옥에서 쌍둥이 남매까지 출산하게 되고 아이들은 양동이에 담겨 강물에 버려진다. 감옥에서 풀려난 어머니는 우연히 자기를 성고문 했던 젊은 군인이 자신이 젊은 시절 전쟁 통에 잃었던 아들임을 알게 되었고 쌍둥이 남매는 살아남아 현재 엄마의 유언장을 읽고 있다. 유언장에서 찾아가보라는 또 다른 형은 쌍둥이 남매의 형/오빠이자 아버지이기도 했던 것이며 어머니는 그들의 할머니이기도 했던 것이다. 어머니/할머니가 된 나왈은 유언장의 목소리만으로 등장하지만 현대의 비극 중 가장 깊은 심연을 품은 작품 중 하나다. 이들의 비극이 그리스 비극과 다른 점은 보이지 않는 배후의 신적 힘과 폭력이 현대사회의 갈등과 증오와 폭력으로 바뀌었다는 것이다. 이천오백년 이상의 오랜 시간이 흘렀는데도 비극의 정점이 어머니/할머니라는, 가족 내 족보의 경계선과 맞물리고 있다는 점은 많은 해석의 가능성을 남긴다.

*

1 반면 당시 연극이 너무 무서워서 여성 관객이 관극 중 유산했다는 상반된 기록도 있다.

2 아테네 여신은 어머니의 자궁이 아닌 부친 제우스의 머리를 깨고 탄생했다.

3 이들은 현대로 와서는 긍정적 인물로 재해석되기도 했다. 저항의 상징인 안티고네가 대표적인 예이다.

4 같은 질문은 차후 이 책의 97쪽에서 비슷한 내용을 담은 연극 〈화염〉을 얘기하면서 다시 제기된다.

5 이 책에서는 20세기 이후의 작품 들 부터 초연(발표) 년도를 표기했다.

6 후에 장 자크 아노 감독에 의해 동명의 영화로 만들어져 세계적으로 알려졌다.

7 후에 마카엘 하네케가 감독한 영화 〈피아니스트〉로 만들어졌다.

8 기은옥, 「브라이언 프리엘의 작품에 나타나는 여성의 삭제와 재기입의 공간으로서의 역사인식」, 한양대학교 대학원 영어영문학과 석사논문, 2019, 1-2, 7쪽.

한국 연극 속 할머니들

지금까지 그리스 비극부터 셰익스피어극과 부조리극을 거치면서 현재 21세기 초반까지 외국 연극에 등장한 할머니들의 변화의 흐름을 빠른 속도로 살펴보았다. 그렇다면 한국 연극[1]에는 어떤 할머니들이 무대에 등장할까? 한국에 가면극과 같은 수백 년 된 전통연극의 역사가 없는 것은 아니지만 오늘날 우리가 '연극'이라고 말하는, 극장과 무대와 대본을 갖춘 서구식 근현대극은 일제 식민치하인 1910년대 경에나 시작되었다. 2500년 전으로 거슬러 올라가는 서구극의 역사에 비하면 한국의 근대극의 궤적은 상대적으로 매우 짧은 것이 사실이다. 한국에도 태고시대부터 신화와 제의의 세계가 있었을 테지만 연극의 형성과는 구체적으로 연결되지 못했고 조선 후기에 형성된 가면극에 미얄할미 같은 사회적/제의적 캐릭터가 있는 정도이며 현대의 한국연극에서 마고할미나 삼신할미 같은 신화적 인물이 극의 소재로 가끔 등장할 정도다.

서구근대극과 비교할 때 한국근대극의 할머니들은 대체로 생활에 밀착되어있고 강인한 편이다. 20세기 중반, 한국의 근현대극은 서구사실주의의 도입과 비슷한 시기에 함께 발전하기 시작했다. 그러나 당시의 한국 사실주의극들은 서구 사실주의극의 경우처럼 도시 중상층의 인습 타파, 사회 속의 개인의 권리, 자아의 실현 같은 추상적 관념을 중시하는 것이 아니라, 일제의 핍박과 농어촌의 가난과 전쟁이라는 현실 체험을 담은 경우가 많았다. 흥미로운 점은 가난과 전쟁을 다룬 이런 농어촌 중심의 사실주의극에서 할머니들이 서구연극과 비교해 상대적으로 중요한 위치를 점하는 인물로 등장한다는 것이다.

일제 강점기와 6.25 전쟁과 할머니들

해방 전 한국연극에서 완성도가 높으면서도 당시 일제의 수탈에 시달리는 농촌의 현실을 구체적으로 재현한 최초의 작품을 꼽으라면 유치진의 〈토막, 1931〉을 들 수 있다. 일제치하 1920년대가 배경이고 진흙과 짚으로 만든 쓰러져가는 집에 육십 줄의 늙은이 농부 명서와 그의 처가 딸 하나를 데리고 일본으로 징용간 아들 명수를 기다리며 겨우 입에 풀칠로 연명하고 있다. 그들은 아들 명수가 조금이나마 돈을 벌어 와 형편이 좀 펴기를 기대하고 있지만 명수로부터는 7년째 감감 무소식이다. 오히려 명수가 해방운동이란 것을 하다가 잡혀 들어갔다는 불길한 소식만 들린다. 마침 일본 가는 이웃집 아들 삼조 편에 기별

해달라는 간절한 부탁을 넣었지만 일 년 후 우체부 편에 돌아온 것은 명수의 백골이 담긴 상자다. 충격을 받은 어머니는 정신을 놓고 실성한다. 가난한 일상에 찌들대로 찌들고 소식 없는 아들을 애타게 기다리다가 실성해 "명수야, 내 자식아"를 부르며 쓰러지는 무력한 명서처의 모습은 일제의 혹정 하에서 생의 마지막 순간까지 수탈당하는 늙은 여성의 이미지로 한국 연극사 초반부에 각인되어 있다.

채만식 작, 〈제향날, 1937〉의 할머니 최씨도 눈에 띈다. 〈제향날〉은 사실주의라기보다는 표현주의적 색채를 띤 일종의 계몽적 작품이라고 할 수 있는데 칠십 된 양반 가문 할머니 최씨가 극을 이끌어가는 화자 역할을 한다. 남편의 제삿날에 외손자 영오를 앞에 앉히고 제사상에 올릴 밤 껍질을 벗기면서 구한말과 일제강점기를 살았던 남편 김성배와 그 후손들의 저항의 역사를 들려준다. 할머니는 1막에서 남편이 동학농민운동에 가담했다가 처형당한 일, 2막에서 아들 김영수가 삼일운동을 하다가 상해로 가서 독립운동을 하다 행방불명된 일 들을 회상형식의 장면화를 통해 전달한다. 3막에서는 일본에서 사회주의 운동을 하는 것으로 암시되는 손자 상인이 등장해 외사촌 동생 영오에게 프로메테우스의 얘기를 들려준다. 계몽적 작품이니만큼 주제의식은 명확하다. 가문에 대대로 내려온 저항의 불씨를 꺼뜨리지 말아야한다는 것이다. 그러나 〈제향날〉의 최씨 할머니는 관찰자나 내레이터에 그칠 뿐 역사의식의 면면한 흐름에 함께 하지 못하는 그저 사연 많은 할머니로만 그려진다. 극형식적인 실험은 했지만 할머니를 그리는 시각에 아직 한계가 있었던 시대였던 것 같다.

흔히 한국 사실주의 연극의 3대 명작으로 차범석의 〈산불, 1963〉, 천승세의 〈만선, 1964〉, 노경식의 〈달집, 1970〉을 꼽는다. 세 작품 모두 가난한 농어촌을 배경으로 하고 있으며 세 작품 모두에 할머니/나이든 여인들이 주인공이나 중요한 부 인물들로 등장한다. 〈산불〉은 6. 25 전쟁 당시 빨치산에 시달리는 지리산 기슭의 과부 마을이 배경이다. 일종의 반공 멜로드라마적인 요소가 없지 않지만 전쟁의 와중에 외로움과 육체적 욕망을 풀려는 젊은 과부들과 어떻게든 살아남으려는 그들의 친정어머니와 시어머니 등, 나이든 여성들의 갈등이 흥미진진하게 재현되어 있다. 하루는 국군, 하루는 인민군이 번갈아 곡식을 탈취해가는 상황에서 이웃 할머니들은 서로 고자질하고 옛 원한을 들추며 싸움을 일삼고 있고, 젊은 과부들은 도망 나온 빨치산 청년을 사이에 두고 육체의 허기를 채운다. 결국 아이를 밴 과부는 자결하고 뒷산 대나무밭은 빨치산 청년을 찾으려 국군이 놓은 불로 뻘겋게 타오른다.

〈만선〉은 비슷한 시대 가난한 어촌마을이 배경이다. 어부 곰치는 인근 바다에 부서 떼가 몰려왔는데도 자신 소유의 배가 없어 발만 동동 구른다. 선주의 배를 불리한 계약으로 빌린 곰치는 만선의 꿈을 가득 안은 채 돛까지 달고 무리하게 출항한다. 그러나 갑작스런 폭풍우로 하나 남은 아들과 사윗감을 잃은 채 돌아오게 되고, 슬픔에 실성해버린 아내 구포댁은 마지막 남은 어린애를 들쳐 업고 뛰쳐나가 애를 바다에 띄워 보낸다. 비록 주인공은 만선에 눈이 먼 곰치이지만 이 극에서 그 못지않은 강렬한 존재감을 드러내는 것은 미쳐서 마지막 남은 갓난애까지 미리 바다에 바치는 비참한 어머니 구포댁이다. 구포댁은 앞서 소개한 아일랜드의 〈바다로 간 기사들〉의 어머니를 닮기도 했다.

〈달집〉은 한국연극 중 할머니에게 주인공이라는 초점이 분명히 맞춰진 아마도 최초의 여성서사가 아닐까 한다. 일제강점기와 전쟁의 아수라장을 견뎌내고 전라도 시골에서 한 가족을 지켜내는 가난하고 무식하지만 강인한 할머니 간난 노파의 캐릭터가 사실적이며 생생하게 그려져 있다. 남편은 3.1 만세 때 잃었고 맏아들은 북해도 일본 탄광에 징용 갔다가 죽었다. 큰 손주는 전쟁 중 부상으로 입원 중이며 둘째 손주는 빨치산을 따라 입산 후 소식이 끊겼고 현재 둘째 아들과 손주 며느리들과 증손자와 살고 있다. 이런 와중에도 '무섭고 억척시런 성미'로 집안과 가족을 챙긴다. 오늘의 관점에서 받아들이기 힘든 부분은 시어머니 간난노파의 지나친 정조관념이다. 간난노파의 핍박으로 로스께에게 겁탈당한 둘째며느리는 비상을 먹고, 빨치산에게 강간당한 손주 며느리는 목을 매어 자살하고 만 것이다. 그런데 실은 노파 자신도 젊은 시절 남편 면회 갔다가 일본군에게 추행을 당한 적이 있었던 사실을 숨겨왔었다. 이런 모든 상처들도 남은 식구들과 함께 먹고 살아야한다는 간난노파의 원초적 생명력을 시들게 하지 못한다. 마지막 독백에서 그녀는 혼자 마구 악을 쓴다. "지에미가 죽어서 나자빠졌는디, 세상모르고 늦잠만 처자다니, 늦잠이 무신놈의 늦잠이란가, 요레갖고는 살림이 되겄냐, 어찌 농사를 짓고 살겄어? 아이고매 해가 똥구멍에서 떴다. 저놈 좀 뚜드려깨워라! 아가, 아가, 정오야, 정오야!"

노경식은 〈달집〉 후에도 전쟁이나 남북분단과 같은 역사의 혹독한 시련을 견뎌 온 가족들을 그렸는데 그가 그린 가족의 중심에는 할머니가 중심에 있는 경우가 많았다. 1983년 남북 이산가족 찾기 캠페인을 배경으로 수 십 년 만에 상봉한 부부를 그린 〈하늘만큼 먼 나라, 1985〉, 임진왜란 당시 전라도 김씨 문중을 목숨으로 지켜 온 기씨 부인을 그린 〈강건너 너부실로, 1986〉들이 그것이다. 이들 할머니들은 억척스러운 생활력을 지니고, 피붙이 가족을 챙기며, 삶의 지혜와 기준을 갖춘 인물들이다. 이처럼 본격적인 근대극이 자리 잡기 시작한 시기에 한국연극은 한국의 지난한 근대사와 전쟁과 가난의 한가운데서 남은 가족과 자손을 건사하며 고통 속에 버텨왔던 할머니들에게 스포트라이트를 비췄다.

근대화와 산업화와 도시화가 가속화되면서 경제가 조금씩 나아진 덕인지, 민주화에 더 힘을 쏟은 탓인지, 찢어지게 가난한 농어촌 배경의 극들은 차차 줄어들었다. 예외적으로, 변화하는 농촌현실 속에서 기구한 삶을 살아 온 여성 바우 할멈을 그린 윤조병 작의 〈농녀, 1982〉 같은 작품이 있기는 하다. 6.25 전쟁 때 남편을 잃고 방앗간을 운영하며 한 집안을 지키는 바우 할멈이, 세상이 변하고 있다면서 방앗간과 논밭을 팔아 대처로 뜨려는 아들과 바람난 며느리 들을 품으며 여전히 그 자리를 지킨다는 얘기다. 1980년대 이후 연극의 배경이 도시의 거리나 가정으로 바뀌면서 농어촌 할머니가 주요 인물로 등장하는 연극을 한동안 자주 찾아보기 힘들게 되었다.

(그렇다면 한국의 농촌지역의 할머니는 그 후 어떤 삶을 살았을까? 잠시 여담 삼아 최근 인류학자들이 인터뷰 위주로 작성한 질적 연구를 곁눈질해보자. 반세

기의 시간이 흐른 뒤 21세기에 한국 농촌의 할머니는 누구보다 더 행복하게 살고 있다는 내용의 논문들[2]을 얼마 전에 읽었다. 가끔 EBS의 화면에서 시골을 찾아 내려온 방송국 카메라를 보고 활짝 웃으며 반기는 씩씩한 동네 할머니들을 생각하면 된다. 대부분 할아버지를 먼저 보내고 난 할머니들은 말한다. 한 동네에서 농사지으며 살아 온 오랜 친구만 있으면 행복하다고. 사는데 돈도 별로 안 든다고. 따순 방 있고 철따라 나는 식재료로 전이라도 부쳐서 친구들과 막걸리라도 한잔 마시면 세상 더 부러울 것이 없다고. 자연을 벗 삼아 살다 보니 아프고 죽는 것도 때가 오면 그려러니 한다고. 가끔 지역 경로당에서 막걸리에 탄 독극물 사건도 발생하기는 하니 백퍼센트 그대로 믿기는 힘든 얘기지만 핑핑 도는 세상의 변화에 적응 못하며 도시 쪽방에서 외롭게 사는 할머니나 폐지 줍는 할머니보다는 농촌 할머니들이 확실히 행복할 것 같다. 그러나 이런 행복이 오기까지에도 농촌 할머니들은 가부장제의 억압과 열악한 환경 속에서 자식들을 공부시켜 도시로 보내면서 오랜 기간 힘든 노동의 시간을 보냈을 것이다. 이들 시골 할머니의 얘기는 2000년대에 다큐멘터리 붐을 이뤘던 한국영화에서 다시 계속된다.)

옛날, 옛적으로부터 온 할머니: 최인훈 희곡의 '한국적 할머니' 들

1950~60년대를 지나 1970년대 실험극의 시대가 오면서 서구의 아방가르드적 연극과 한국의 전통극, 그리고 독재타도를 외치는 정치극들이 서로 뒤섞이며 다양한 실험적 연극들이 공연되었다. 1970~80년대 반독재 투쟁은 일본, 미국 같은 외세에 대한 저항과 맥을 같이 하는

동시에 '한국적인 것'의 귀환이라는 또 하나의 명제를 추구하고 있었다. 연극에서도 서구 근대적인 '응접실 연극'을 배격하고 '한국적인 그 무엇'을 열렬히 추구했다. 최인훈은 알다시피 소설가로 유명했지만 1970년대에 주옥같은 희곡을 여러 편 남겼다. 그가 당시 소설을 접고 희곡으로 전향했던 이유 중의 하나는 희곡이나 연극이 설명과 묘사 중심의 소설보다 진정한 '한국인'을 구현하는데 유리하다고 판단했기 때문이었다. 그리고 신화나 민담으로부터 '한국인'의 소재와 영감을 찾으려고 했다. 최인훈의 희곡은 공연으로 보아도 좋지만 희곡 자체로 읽어도 시적(詩的) 대사 사이의 행간의 여백으로부터 우러난 의미와 향취를 듬뿍 느낄 수 있다. 이런 최인훈 희곡의 독특한 정취로부터 몇몇 할머니들의 모습이 담긴 장면들이 선명하게 떠오르는데, 비록 모두 주인공은 아니지만 〈어디서 무엇이 되어 만나랴, 1970〉의 온달의 모친, 〈옛날 옛적에 훠어이 훠이, 1979〉에서 참수당한 도적의 목을 보자기에 싸서 허리춤에 품고 집으로 돌아가는 할머니, 〈달아 달아 밝은 달아, 1978〉에서 청나라에 창녀로 팔려갔다가 일본 해적선에 피랍되어 망신창이가 된 후 장님이 되어 돌아 온 늙은 '청이 할머니'가 그들이다.

초기작인 〈어디서 무엇이 되어 만나랴〉는 『삼국사기』 열전의 온달설화와, 원수 갚는 구렁이, 은혜 갚는 까치 등의 민담을 엮어 그 끝을 알 수 없는 인연의 굴레를 그렸다. 1화는 나무꾼 온달의 꿈으로, 온달이 베어버린 천년노송 때문에 하늘로 돌아가지 못하고 구렁이가 된 여인이 온달을 유혹해서 죽이려 하나, 까치가 세 번 사찰의 종에 머리를 부뒹쳐 소리를 냄으로써 온달을 구한다. 꿈에서 깬 온달은 죽은 까치가 어머니였음을 알고 집으로 달려온다. 2화에서 궁중음모로 인해 궁에서 쫓겨나 대사와 함께 출가 길에 오른 공주가 우연히 온달의 집을 들리게 된다. 어린 시절 울면 바보온달에게 시집보낸다는 부친의 말을 떠올린 공주는 '부모미생전(父母未生前)'에 온 듯 어지럼증을 느끼고, 온달은 공주를 보는 순간 지난 밤 꿈속의 여자임을 알고 놀라는데, 공주의 강한 요청으로 그들 세 식구는 가족을 이뤄 살게 된다. 3화에서는 고구려의 장수가 된 온달이 승승장구하지만, 어느 날 공주의 꿈에 나타나 지난 십년의 세월을 되돌아보며 산 속의 어머니를 부탁한 후 전사한다. 4화에서 권력을 잃은 공주는 산속 온달의 집으로 돌아오는 길에 대사로부터 온달이 혼인 전에 공주를 꿈에서 만난 적이 있다는 사실을 알게 된다. 공주는 뒤늦게 둘의 아득한 인연을 되새기며 시모를 모시고 살려고 하지만, 궁의 병사들이 찾아와 공주를 죽인다. 이 네 토막의 이야기는 아무런 막이나 장 구분 없이 연속되며 누가 누구의 꿈속에 있는지 어지럽게 맞물리며 긴 여운을 남긴다.

이 작품은 공주와 온달의 범상치 않은 인연과 사랑을 다루고 있지만 대사 몇 마디 없는 온달의 노모 역시 표면 아래서 어지러움의 한 축을 담당하고 있다. 온달의 노모는 온달의 꿈에서 까치가 되어 온달을 위해 머리에 피를 흘리며 죽었으며, 온달이 구렁이 여인 꿈을 꾼 날, 노모 역시 온달이 머리에서 피를 흘리는 꿈을 꾼다. 온달의 노모는 처음 공주를 본 순간부터 시종일관 두려움에 떠는 동작을 취한다고 지문에 명시되어 있으며, 마지막 장면은 혼자 남은 오두막에 눈이 내리는 가운데 공주가 준 진홍빛 배자를 입은 노모가 극의 초반부처럼 "오늘은 왜 늦는거냐…" 라며 아들을 기다리는 대사를 하는 것으로 끝난다. 공주와 온달이 젊음과 욕망으로 꿈의 소용돌이 속을 헤매고 있는 동안 노모는 처음부터, 심지어 온달의 꿈속에서부터, 앞으로 일어날 모든 일을 예감하고 있었으며, 인간의 힘으로 인연을 막을 수 없고 자신이 할 일은 인연을 받아들이는 것 외에 별로 없다는 것을 알고 있었다. 그래서 혼자 산속 오두막을 지켰으며 결과적으로 아들을 해한 공주가 준, 지난 꿈속의 붉은 피 같은 배자를 입고서, 덫을 살피러 산에 간 아들이 집으로 들어서는, 그런 꿈이 예전처럼 다시 계속되기를 바라며 눈 속에 서 있었던 것이다.

〈옛날 옛적에 훠어이 훠이〉는 최인훈의 희곡 중에서도 가장 완성도 높은 작품에 속한다. 이번에는 아기장수 설화에서 기본 줄거리를 가져왔다. 아기장수 설화는 한국 내 여러 지역에서 발견되는데 나라에 기근이 들었을 때 겨드랑이에 날개 달린 아기장수가 태어나고, 근처에 그 아기장수를 태울 용마가 함께 출현한다는 것이다. 나라에서는 역적이 될 그 아기를 찾아 죽이게 되고 그 아기와 용마의 무덤이 흔적으로 남아있다는 것이다. 아기장수 설화는 민중들이 자기를 구하러 온 메시아적 존재를 오히려 제거하려 한다는 역설적인 내용의 일종의 반(反) 메시아 설화로서 전 세계적으로 발견되며, 아기 예수가 태어났을 때 두 살 미만의 아기를 모두 죽이라고 명했던 헤롯왕의 이야기도 이에 속한다.

희곡의 내용은 이러하다. 첫째 마당에서 옛날 옛적에 눈이 펑펑 내리는 저녁, 찢어지게 가난한 살림이지만 착한 아내가 임신해서 동그랗게 부른 배를 안고 이웃 마을 어른에게 곡식 꾸러 간 착한 남편을 기다리고 있다. 돌아 온 남편은 이번 흉년에 도적이 끓어서 효수된 도적 머리가 관가에 걸렸는데 그게 지난여름에도 다녀간 해소장이 소금장수라고 한다. 둘째 마당. 봄이 오고 출산을 했는데 아기도 산모도 먹을 게 없다. 도적이 창궐하자 관가에서는 마을남자들을 동원해 술과 고기를 나르게 하면서 도적과 용마와 아기장수를 토벌하고 수색하느라고 야단이다. 아내는 아직 뒤집지도 못하는 아기를 들여다보며 불안을 달래지만, 셋째 마당. 어느 날 방에 엎어놓은 아기에게서 심상찮은 뒤척임과 소리가 감지된다. 창호지 문의 그림자로 '팔을 활짝 벌려 들었다 내렸다 하면서 또박또박 걷는 모습'이 보이고, 그리고 확성기를 통해 "못 참겠다" "배고파"하는 우렁찬 목소리가 들린다. 일하던 엄마는 기겁을 하고 문고리를 잡고 떨고 있고 일에서 돌아 온 아빠는 생명줄 같이 아끼던 씨앗 자루로 아기를 눌러 죽인다. 그리고 부모는 대들보에 목매달아 죽는다. 넷째 마당. 부활한 아기는 꽃묶음을 들고 목마를 타고 돌아와 부모를 앉히고 하늘로 올라간다. 동네 사람들은 그들을 보며 "가거든 옥황상제께 여쭤주게, 우리 마을에 다시는 장수를 보내지 맙시사구"라며 "훠이, 다시는 오지 마라, 훠어이, 훠이" 하고 춤을 덩실덩실 추는 것으로 막이 내린다.

네 마당으로 이루어진 이 작품은 의미적 구성면에서 주 플롯과 부 플롯을 가지고 있다. 주 플롯은 젊은 부부가 그들이 낳은 아기장수를 살해한다는 이야기지만 이 극에는 또 하나의 감춰진 플롯이 있다. 첫째 마당에서 남편이 언급했듯이, 마을에 드나들던 병약한 소금장수가 흉년에 도적이 되어 참수된 목이 관가 마당에 걸렸는데, 그 후 둘째 마당과 넷째 마당에서 웬 낯선 할머니가 부부의 오막살이에 두 번 나타난다. 노파의 복색은 '하얗게 센 머리 굽은 허리/걸레짝 같은 옷에/지팡이를 짚고/허리에는 우리나라의/옛날 사람이 그러하듯/보따리를 찼다'라고 묘사되어 있다. 그런데 둘째 마당에서 그 보따리는 '납작한 보따리/거의 아무것도 안 든/'이라고 설명된데 비해 넷째 마당의 시작 부분에서는 '다만, 허리에 두른 봇짐이 불룩하다. 바가지를 찬 것 같다'라고 쓰여 있다. 할머니의 허리에 찬 납작한 보따리에는 뭐가 들어갔기에 볼록해졌을까?

그 속에 든 것은 소금장수의 잘린 목이고 할머니는 소금장수의 노모다. 아들의 머리를 '에미가 김매는 (고향집) 밭머리께' 묻어 주기 위해 거두어서 돌아가는 중이었다. 보잘것없는 해소장이 소금장수는 이미 처형된 상태로 대사 한마디 없지만, 그리고 소금장수의 늙은 어머니는 둘째 마당에서 마을에 등장했다가, 넷째 마당에서 마을을 떠날 뿐이지만 〈옛날 옛적에 훠어이 훠이〉의 진짜 주인공들이라고 할 수도 있다. 희곡도, 아기장수 설화도 결국 흉년을 겪으며 극심한 배고픔과 착취에 시달리던 민생들의 절망과 고통을 치유하고 불행을 경감하기 위한 역설적 바램을 형상화한 허구적 장치이기 때문이다. 오죽 배고프면 양민이 도적이 되어 관가를 털고, 오죽 힘들면 아기장수와 같은 메시아의 출현을 기원하고, 오죽 불행하면 차라리 그 메시아를 양민들 스스로

가 배척하고 제거하려고 했을까? 설화와 비극 속의 아기장수는 비극의 주인공처럼 용마와 같은 신비로운 후광이라도 업고, 부모와 함께 죽은 후에도 환생해서 하늘로 올라가지만, 도적의 어머니의 고통은 더 현실적이며 그 현실은 지속된다. 배고픔을 이기지 못했던, 그리고 아마도 가난해서 장가도 못 가봤을 떠돌이 병약한 소금장수의 잘린 머리를 거둬 품고 슬픔과 고통을 처참한 노래[3]로 삭이며 얼마 안 남은 생을 자식의 머리 곁에서 호미질을 하며 살아갈 사람은 늙은 어머니, 할머니였다. 그래서 〈옛날 옛적에 훠어이 훠이〉의 허리 굽은 할머니는 한국 기저층의 오래된 배고픔과 가난을 구현한 이 작품의 현실적인 주인공이었는지도 모른다.

〈달아 달아 밝은 달아〉에서 할머니는 마지막 장면에서 잠깐 나온다. 늙은 창녀로 눈이 멀어 고향에 돌아온 심청이의 마지막 모습이다. 대부분의 서사적 일대기는 젊은 남성의 젊은 날의 활약을 중심으로 이루어진다. 여성을 중심으로 한 일대기도 있기는 하지만 할머니의 회고 형식으로 이루어지거나 결혼해서 아이 낳고 오래오래 잘 살았다고 한다는 식으로 끝나는 경우가 많다. 여성이 중년을 넘어 할머니의 모습으로 바뀔 때 까지 끝까지 추적하는 일대기는 드물다. 이 연극은 고전소설인 『심청전』을 현대화한 작품이다. 최인훈은 『심청전』의 기본 줄거리를 따라가면서 전통설화의 '효 사상' 대신에 물질과 탐욕과 착취가 넘치는 세계를 기본배경으로 한다.

심봉사가 약조한 공양미 삼백 석을 위해 인당수로 팔려가는 장면에서 청이의 '효'보다 강조되는 것은 심봉사와 뺑덕어미의 욕심 사나운 태도다. 뺑덕어미는 한 쪽 눈만 뜨면 어떻겠느냐며 나머지 백오십 석으로 색주가를 차리자고 심봉사를 꼬드겨 마음을 뜬다. 청이가 팔려간 곳은 용왕님이 계신 바다 속 용궁이 아니라 용무늬의 기둥장식과 산호발이 처진 낯 선 나라의 유곽이었다. 청이는 그곳에서 온갖 손님들에게 몸을 파는 창녀로 살다가 조선에서 온 인삼장수 김서방을 만나 귀향 후 혼인을 약속한다. 그러나 먼저 조선으로 돌아오는 뱃길에 해적선에 납치되어 수 년 간 해적소굴에서 성노예와 허드레 일꾼으로 살다가 어느 날 해적들이 조선 전쟁에 일본 측 용병이 되어 가는 길에 끌려와 조선 땅을 다시 밟게 된다. 왜구들의 살육과 약탈이 훑고 간 남도의 어느 마을. 남루한 행색의 청이는 한 장군이 포졸들이 끄는 죄인 수레에 갇혀 이송되는 것을 본다. 백성들은 굶주리는 중에도 죄수에게 떡 등, 정성을 바치지만 그것은 포졸들의 입으로 들어간다. 사람들은 그분이 이순신 장군이라고 알려주는데 '훌륭한 분이 왜 잡혀가느냐'는 청이의 질문에 '마치 난데없는 괴물을 주시하듯' 청이를 오래오래 바라본다. 그 와중에 청이의 때 묻은 보따리마저 누군가가 훔쳐갔다.

청이의 고향은 복숭아꽃 피는 황해도 도화동이다. 조선 땅에서도 아마 잔혹한 시간이 꽤 흘렀나보다. 마침내 청이가 '머리가 세고 허리는 굽고 할머니가 되고 눈이 먼' 모습으로 고향마을 백사장에 당도했을 때 그를 맞는 것은 아이들의 놀림이었다. 아이들은 심청 할머니에게 용궁 다녀온 얘기를 해달라고 조른다. 청이는 용궁에서 여러 나라에서 온 왕자님들이 계속 청혼했지만 아버지와 서방님을 기다리는 자기는 싫다고 했다는 긴 얘기를 다시 들려준다. 아이들은 "청 청/미친 청/늙은 청"하고 놀리며 달아난다. 차츰 어두워지는 바닷가에서 어느덧 불쑥 떠오르는 둥근 달, 그리고 아이들이 멀리서 부르는 노래, '달아/달아/밝은 달아/이태백이/놀던 달아/…/초가삼간/집을 짓고/양친 부모 모셔다가/천년만년/살고지고'가 들려온다. 극의 마지막 문장은 다음과 같이 끝난다. 청이가 김서방에게 받았던 '반동강짜리 거울을 꺼내 보이지 않는 눈으로 들여다본다. 심청, 교태를 지으며 환하게 웃는다. 갈보처럼'.

청이는 물질과 탐욕과 착취가 전통 윤리의 자리를 차지하기 시작하는 세상 속에 던져졌다. 아버지도, 유곽의 여주인도, 하다못해 김서방의 직업도 다 돈과 관련되어 있다. 또한 청이는 조선시대의 정치적 지형과 역사 속 사건들을 관통하고 있었던 것 같다. 유곽은 청나라 어디에 존재하는 것 같고, 작품 속에서 명시되지는 않지만 해적은 일본인들로 해석되며, 청이는 그들의 성노예요 최하층 종이었다. 수 십 년 만에 고국으로 돌아왔을 때 조선의 민중은 일본의 침략에 신음하고 있었다. 청이는 나라가 환란에 처해있을 때 아기장수 같은 이순신장군이 나타났다가 오히려 나라의 처벌을 받으러 잡혀가는 모습과 마주하게 된다.[4] 할머니가 되어 고향에 돌아온 청이는 용궁에 갔다가 왕후가 되어 맹인 잔치를 열어 아버지의 눈을 뜨게 한 청이가 아니었다. 목 잘린 소금장수만큼이나 사회의 가장 밑바닥에 위치한, 심지어 타국까지 끌려가며 처참하게 유린당하고 정신까지 온전치 못하게 된, 그리고 눈 까지 먼 창녀 할머니였다. 이중 삼중의 피해자로 해진 보따리까지 도둑맞고 생존의 가장 밑바닥을 기며 살아 온 이 여인의 유일한 희망은 저 둥근 달처럼 기름지고 푸짐한 음식을 먹으며 가족과 함께 하고 싶다는 소박한 것이었을 것이다.

최인훈은 1970년대의 많은 지식인과 예술인들이 그러했듯이 한국적인 것, 한국인의 삶, 그중에서도 '한국적인 비극'에 관심이 있었다. 그러나 그가 쓰고 싶어 했던 한국적 비극은, 인간의 한계를 알면서도 세계와 맞서 싸우다가 장렬하게 파멸하는 이성적(理性的)이며 이상적(理想的)인 개인을 그렸던 서양의 비극과 다르다. 그의 한국적인 비극은 '스스로의 운명을 따지고 고쳐나갈 힘이 없는 사람들의 무겁고 어두운 이야기'[5]였던 것 같다. 그러나 〈옛날 옛적에 훠어이 훠이〉의 마지막 장면에서 그러했듯 그 힘없는 사람들은 하늘을 향해 '신들린 사람들처럼' '흥겹게' 춤을 추기도 한다. 그 힘없는 한국인 중에 〈어디서 무엇이 되어 만나랴〉의 바보온달의 노모, 〈옛날 옛적에 훠어이 훠이〉에서 도적의 늙은 어머니, 〈달아 달아 밝은 달아〉에서 장님이 되어 돌아 온 늙은 청이들이 있으며 그들은 모든 것을 다 앗긴 늙은 여자, 가장 밑바닥의 삶을 사는 노파, 그러나 하늘의 뜻을 받아들이고 하늘과 조화를 이루며 함께 살 수밖에 없었던 '한국적 할머니'의 모습으로 강렬하게 각인되어 있다.

제2차 세계대전이 끝나 폐허가 어느 정도 정리되기 시작했던 유럽의 1970년대에서 자기 개인적 삶에 눈 뜬 할머니들이 하나 둘 나오기 시작했다면, 피식민 시대와 열강에 의한 동족상잔의 전쟁이 끝난 후 탈식민주의적 정체성을 추구하던 한국에서는 이처럼, 오랜 동안, 옛날 옛적부터, 현실을 꾹꾹 참아내던 할머니들이 한 차원 더 농익은 시적 존재들이 되어 그 질곡으로부터 피어나고 있었다. 이런 '한국적' 할머니의 모습들은 다음 장에서 얘기 할 오태석이나 이윤택의 연극들에서도 여럿 발견된다. 그런데 한국적인 내용과 표현형식을 열렬하게 실험하던 마당극이나 민족극에서는, 내 기억이나 리서치가 부족한 탓인지, 인상 깊은 할머니의 모습이 잘 떠오르지 않는다. 마당극이나 민족극은 한국 전통연희의 형식으로 군사독재를 타도하고 민주화를 쟁취하기 위한 갈등을 다루었다. 광주 민주화 혁명이나 일본, 미국 등 외세에 저항하는 내용이 많았고 대개 남성 주인공을 중심으로 투쟁하는 서사가 펼쳐졌으며 그 과정에서 젊은 여성들은 주로 조력자나 희생자로 그려졌었다. 단, 마당극에서 유일하게 단골로 등장했던 할머니 캐릭터는 '미얄할미'다.

허리에 방울을 차고 한 손에 부채를 들고 요란한 허리춤을 추며 공연장을 휘젓고 다니며 관객들에게 말을 거는 이 요상한 인물은 한국의 전통연희인 탈춤에 나오는 할머니이다. 학자들이나 연출가들에 의해 해석이 달라지지만, 한마디로 양반에게 멸시당하는 상민계층 중에서도, 멸시받던 아녀자 중에서도, 시앗을 보고 남편에게 버림받은 팔자 나쁜 여편네 중에서도, 아마도 전업이 무당으로 의심되는, 천민 중의 천민 할머니다. 할아버지가 집을 나간 후 아들 셋을 다 먼저 보냈다. 그런데도 남편이 그리워 찾아 나서다가 우연히 만난 첩과 한바탕 싸우고 늙은 몸에 할아버지와의 성적 교섭을 무리하게 시도하다가 기뻐하는 순간 죽고 만다. 탈춤의 미얄할미 장면은 상여소리로 끝나지만 관중들은 대개 이 장면과 인물들을 진심으로 슬퍼하지 않는다. 서양식으로 해석하면 사회에 해로운 마녀사냥이라는 정치적 함의를 지닐 수도 있겠지만, 탈춤의 전통을 지닌 한국에서는 아마도 늙고 생산력이 없는 존재는 공동체에서 추방된다는, 원시시대의 풍요제의의 흔적으로 이해되기 때문일 것이다. 이 미얄할미는 80년대 마당극이나 민중극에서 고통 받는 민중을 돕고 위로하는 민중의 편의 투사로 다양하게 변형되기도 하며 마당극판에 가끔 등장했다.

오태석과 이윤택의 할머니들

일제강점기와 6.25 전쟁이라는 근대사의 질곡은 사실주의극의 구체적 배경이 된 농어촌이라는 지역을 떠나 한국 연극 전반에 지속적인 영향을 미치게 된다. 시골에서건 도시에서건 자식과 남편들이 행방불명되거나 죽어 돌아왔고 그 혼란의 와중에 집안을 지킨 것은 여성들, 어머니들과 당시의, 혹은 훗날의 할머니들이었다. 한국 현대극을 이끌었던 대표적 두 인물이자, 2018년 미투 운동을 통해 성폭력 가해자로 지목되거나 사법처리까지 받았던 오태석과 이윤택의 연극에서 그 시대를 거친 강인한 할머니들의 모습이 비중 있게 나타난다는 것은 어찌 보면 아이러니컬한 일이다.

최인훈의 할머니들이 모든 것을 예지하는 할머니, 모든 것을 빼긴 극한적 밑바닥의 삶을 묵묵하게 이어가는 할머니, 비참함의 역사를 몸에

새긴 할머니 등, 고통을 어느 정도 승화시킨 진지함과 초월적인 분위기의 할머니였다면, 오태석의 할머니에게는 참혹한 시절을 감내하면서도 고통을 에둘러 받아들이는 능청스러움이 있었고, 이윤택의 할머니는 무시당하고 핍박당하는 삶을 살면서도 고통을 당당하게 맞받아치는 힘이 있다는 차이가 있다. 오태석과 이윤택의 할머니는 차이점도 있지만 공통점도 있는데, 이 두 작가의 할머니들에게서 모두 한국의 토착신앙인 무속의 흔적이 느껴진다. 어떤 할머니들은 실제 무당일 수도 있고 생사와 초월적 세계를 슬쩍 오가기도 한다. 이윤택은 자전적 요소가 짙은 작품을 썼고 작가 자신이 어린 시절 겪은 어머니를 성인이 되어 극화했기 때문에 어머니/할머니의 구분이 좀 모호하다는 면도 있다.

오태석의 연극은 실험적 형식을 띠고 있지만 그의 작품에는 한국사회의 전통과 공동체와 가정에 뿌리박은 인상적인 노인들이 많이 나온다. 난해한 형식과 달리 보수성과 전통성이 저변에 깔린 그의 연극에는 마을 굿판 한 쪽에 막걸리 한 잔 얻어먹고 자글자글한 얼굴로 앉아 있을 것 같은 흥 많은 할아버지나 할머니가 잠깐씩이라도 여기저기 등장하는 것이다. 오태석은 소년시절 6.25 전쟁 동안 고향인 지리산 기슭 마을에 피난 가 있으면서 전쟁, 죽음, 고통, 한국인의 뿌리 깊은 무의식이 서린 각종 제례 등 많은 경험을 했다고 한다. 그동안 그를 돌보며 작가의 유년에 깊은 영향을 미친 사람이 할머니였다. 어머니 역시 90세에 돌아가시기 전까지 조석으로 상식을 올리는 등 6.25 전쟁 때 피랍된 남편을 애절히 기다리며 집안을 지켜왔고 작가는 그런 모친을 존경한다고 했다.

〈운상각, 1990〉은 오태석의 '6.25 3부작'의 하나로, 전쟁 때 납치된 남편을 운명할 때까지 오매불망 잊지 못했던 작가의 모친에게서 영감을 받아 쓴 작품이라고 한다. 해남 댁 할머니는 이제라도 6.25 전쟁 때 실종된 남편의 실종신고를 하고 사망통지서를 받아 장례를 치를 때가 됐다며 수선을 피우는데 아들은 영 못마땅하다. 법원 통지서 하나 받아와서 무슨 새삼스레 산소를 모시고 할머니 자신이 누울 자리까지 곁에 마련하겠냐는 거다. 마침 조카손녀 희숙이가 약혼자와 읍내 사진관에서 찍은 사진을 보여주자 할머니는 자기도 족두리에 활옷 갖추고 뒤늦게 혼자라도 금혼식 혼례사진을 박겠다고 고집을 부린다. 그런 와중에 이웃마을의 병든 여자애에게 실종된 남편의 혼이 씌었다는 게 알려지고 해남 댁은 집으로 업혀 온 그 소녀에게 사모관대를 갖추게 해서 죽은 남편 삼아 함께 금혼식 사진을 찍고야 만다. 이 소동을 겪으며 전쟁이 남긴 묵은 갈등을 화해한 옛날 마을주민들이 함께 사진에 박히며 무대 뒤편으로는 50년 전 운상각에서 찍은 젊은 해남댁과 남편의 약혼사진이 꿈처럼 떠오른다. 오태석 특유의 삶과 죽음, 사실과 환상, 고통과 놀이성을 통해 전쟁과 이산의 상처를 그린 작품이다.

같은 6.25 전쟁을 배경으로 했지만 〈갈머리, 2006〉에서 마을주민의 한 명인 순기할멈은 매우 성숙한 인물로 그려진다. 전쟁이 남긴 폭력과 원한을 포용과 화해를 통해 극복하고자 하는 여성이다. 운동권 출신의 아들을 기다리며 시골에서 호박을 키우고 친환경 오리 논농사를 지으며 살고 있었는데 6.25 때 마을에서 있었던 살인사건 범인이 출옥해 귀향하면서 마을은 다시 원한과 폭력으로 갈라지려고 한다. 이에 자연과 생태적 환경 속에서 삶의 이치를 터득한 순기할멈은 피해자인 김씨와 가해자인 지씨의 묘소를 삼년간 지키며 그들의 한을 다독여 주겠다고 나선다. 반드시 주조연급의 인물이 아니더라도 〈산수유〉나 〈물보라〉의 늙수그레한 시골 아낙들, 〈자전거〉의 솔매녀, 〈천년의 수인〉에서 안두희의 아내 등 한국 근현대사의 상처를 그린 오태석의 많은 작품에는 역사의 고통과 그늘 아래서 남성들의 횡포를 이겨내며 지혜로움, 비굴함과 끈기, 은근한 해학, 그리고 때로 초자연적 교감을 발휘하는 많은 할머니들과 아주머니들이 단역으로 은근히 숨어 있다.

오태석의 다른 연극에서 할머니는 비슷한 속성을 지니지만 현실 세계 속 인물이라기보다 무속이나 신화에 의지하거나 민족에 대한 알레고리의 성격을 띤 경우도 많다. 〈백마강 달밤에, 1993〉에서는 은산별신굿을 주재하는 할머니 큰무당으로서 꿈을 통해 무조신들 사이의 문제점을 파악하고 실질적으로 극을 진행하고 지휘한다. 젊은 무당인 순단을 저승에 파견해서 계백장군과 의자왕을 둘러싼 문제점들을 해결하게 함으로써 마을에 안녕과 풍요를 불러오는 것이다. 〈용호상박, 2005〉에서 동생 무당의 처는 강한 권력들의 횡포 아래서 고된 경험을 하며 살아 온 한국 아주머니/할머니들 특유의 실용성과 지혜를 갖춘 여성으로 나온다. 마을의 욕심많은 수호신인 호랑이의 난동으로 남편과 시숙을 잃었으나 마을을 해칠 수도 있는 위력을 지닌 호랑이신을 잘 멕이고 달래서 보내고 내년에도 또 오라고 한다. 민족주의의 색채가 짙은 〈마늘먹고 쑥먹고, 2012〉의 할멈은 신화적 인물로서 극 전체의 내러티브를 관장할 뿐 아니라 극 진행을 추동하는 주요인물이다. 아득한 옛날 단군신화의 곰이었던 할멈은 사람노릇 할 날도 얼마 안 남았으니 예전의 호랑이와 다시 한 번 결합해 보고자 한다. 할멈의 대리인인 순단이와 얼떨결에 호랑이가 된 신장수 청년은 정계비를 찾아 위해 북한을 거쳐 백두산으로 이동하고 그곳에서 북청사자 배에 숨어있던 할멈은 호랑이와 만나 다시 회포를 풀게 된다. 백두산 정계비를 찾은 순단과 백두산 곰들은 모두 춤추며 노래한다.

오태석이 비교적 젊은 시절 발표한 〈사추기, 1979〉는 오태석 연극의 일반적 특징에서는 좀 벗어나 있지만 전통적 가치관 속에서 현대를 사는 노인 부부의 일상과 억눌린 할머니의 심리적 갈등을 놀라운 세밀화로 그려낸다. 할머니는 엄정한 가부장적 가치관을 고수하는 까탈스러운 교수 남편 밑에서 늘 정갈하게 한복을 갖춰 입고 일생 동안 '기다려서도 안 되고…대꾸를 해서도 안 되고 눈에 비쳐서도 안 되고 뵈지 않아서도 안 되고'하는 식으로 순종하고 절제하며 살아왔지만 어느 날 사소한 계기로 드디어 폭발한다. "사십년 꾸리고 살았으면 한 번은 봐줘야 될꺼 아니냐. 이 무심한 것아. 나와, 나와보라고". 작가는 그런 할머니의 폭발을 지지한다기보다는 냉정한 거리를 두고 디테일하게만 그려낸다. 아무튼 과도기적 사회에서 참고 사는 한국의 늙은 아내의 문드러진 심경을 이처럼 리얼하게 그린 작품은 또 못 봤다.

이윤택은 2018년 성폭력 가해자로 고발되어 법적 처벌까지 받은 바 있지만 역설적이게도 가끔은 당당하게 주체적 삶을 사는 여성을 그려내기도 했다. 다만 그 여성들은 젊은 여성들이 아닌 나이 든 여성들이다. 이윤택 역시 자신의 대표작 〈오구〉와 〈어머니〉의 할머니가 실제 모친을 모델로 했다고 밝힌 바 있다. 〈오구, 1989〉에서 작가의 모친이 모델인 경상도 할머니는 살아있는 사람의 만수무강을 비는 '산 오구굿'을 치르다가 갑자기 숨을 거두게 되는데 이 할머니가 사후에도 삶과 죽음, 이승과 저승을 오가며 저승사자들과 함께 욕심 많은 후손들을 혼내주기도 하면서 삶과 죽음, 이승과 저승이 다른 개념이나 공간이 아니라 우리 모두의 상상 속에 있다는 한국적이며 유쾌한 생사관을 제시한다. 〈어머니, 1999〉 역시 이윤택의 어머니의 일생에 기반하면서도 가난과 가부장제와 전쟁을 겪은 한국의 보편적 어머니상을 감성적이며 풍부한 디테일로 그려내 대중적 인기를 얻은 작품이다. 가난한 집안에서 태어나 딸이라고 천대받고 밖으로만 도는 남편과의 애정 없는 결혼생활을 감내하면서도 아이를 낳고 일제의 수탈과 전쟁의 고난을 겪으며 노년에 드디어 자신을 찾는 이 시대 어머니, 혹은 할머니의 일생을 구현한 작품이다. 손숙, 강부자, 나문희 들이 열연한 바 있다.

이윤택의 또 다른 대표작인 〈혜경궁 홍씨, 2013〉는 영조의 며느리이자 사도세자의 부인이며 정조의 어머니기도 한 『한중록』의 저자 혜경궁 홍씨의 삶을 여성 주체적 관점에서 그렸다. 그녀는 열 살에 입궁해서 81세에 생을 마쳤고 극중의 현재 시점은 효성스러웠던 정조가 화성행궁에서 모친의 환갑잔치를 성대하게 차려준 상을 받은 날 저녁이다. 처소로 돌아온 그녀는 잠깐 선잠을 자듯이 악몽을 꾸듯이 지난 일생의 여러 장면들을 되돌아본다. 시아버지 정조의 악령, 남편 사도세자의 원혼 등이 나타나서 그들 나름의 원한과 후회 등을 씻김굿 하듯 쏟아내지만 이 연극은 어디까지나 혜경궁 홍씨의 관점이며 『한중록』의 관점이다. 비록 노후에 성군이 된 아들 정조의 보살핌과 덕을 입지만 혜경궁의 삶은 처참하고 파란만장했다. 시아버지, 남편, 친정아버지 등의 괴팍한 성품과 죽음과 권력욕의 사이에 끼어 시달려야했다. 그러나 이윤택이 그린 혜경궁 홍씨는 한에 무력하게 침잠된 할머니가 아니다. 구중궁궐이라는 닫힌 환경에서 홀로 그 시련을 견디고 이겨낸 단단한 할머니이며, 전아한 궁중여인이라기보다 본성과 욕망과 희노애락을 부정하지 않는 할머니다. 피부병을 앓았다는데 저고리를 훌렁 벗고 마구 긁다가 소똥을 구해 살에 문지르는 장면이 인상적이다. 작가는 혜경궁 홍씨가 버텨온 힘이 글자로 기록하여 『한중록』을 쓴 그 힘에 있다고 보았다. 마지막 장면에서 혜경궁 홍씨가 『한중록』을 쓰는데 그 한 서린 내용이 길고 긴 책 두루마리로 서리서리 무대 위에 펼쳐졌던 장면이 기억에 남는다.

오태석과 이윤택의 경우 이런 당당한 모친상, 할머니상, 여성상을 품고 있었던 데 비해, 그들이 동시대의 젊은 여성을 주체적 관점으로 그려낸 좋은 작품은 쉽게 떠오르지 않는다. 무엇보다 실제 현실에서 젊은 동료 여성 연극인들을 전인적으로 말살하는 성범죄를 저질렀다. 이는 흔히 비평적으로 지적되듯이, 여성을 순결과 구원/쾌락, 모성/성적대상 등으로 양분(兩分)해서 보는 많은 전시대 남성들, 구태의연한 남성작가들의 시각이 작품과 삶으로 드러난 결과라는 해석이 가능하다.

박근형 연극의 경우 개별적 이름이 아니라 그냥 '어머니'라고 설정된 나이든 여성 캐릭터들이 가끔 나오는데, 대부분 박근형이 자조적으로 그리는 가부장적 가정의 가부장적 아버지의 희생자로 그려진다.

배삼식은 2000년대 이후 본격적인 작품 활동을 시작한 작가로서 지난시대의 전쟁과 가난, 그리고 '한국적인 것'에 대한 강박으로부터 어느 정도 자유롭다고 할 수 있다. 그의 연극에도 한국 근대사의 상처들이 남아있지만 그것들은 배삼식 고유의 관조적 성찰의 분위기와 과거 공동체적 삶에 대한 아련한 기억들로 부드럽게 감싸져있는 경우가 많다. 중년의 남성작가로는 드물게 그는 상처받기 쉽고 섬세한 사람들을 많이 그렸는데 그 중에는 여인들과 노인들도 다수 포함되어 있다. 〈삼월의 눈, 2011〉은 앞서 오태석의 〈사추기〉와 함께 노인부부의 일상을 다룬 흔치 않은 작품이다. 〈삼월의 눈〉은 죽음을 앞 둔 나이에 서울 북촌 오랜 고옥에서 평온한 일상을 누리는 듯 보이는 노부부의 어느 하루를 그린다. 일상의 대화를 나누고 옛 기억을 회상하고 함께 문창호지를 새로 붙이고 하는 노부부의 하루는 날이 저물면서 결국 할아버지만의 환상으로 밝혀진다. 어둑해진 마루에서 할아버지는 혼자였고 이미 저세상 사람이 된 할머니는 할아버지 눈에만 보이는 존재였던 것이다. 기와집 대청마루에서 환한 색 털실로 할아버지의 스웨터를 짜던 할머니의 잔상이 아련하게 남는 작품이다. 그들 부부가 함께했던 지난 시간에 대한 그리움 속에는 피난살이, 운동권으로 행방불명된 아들, 역병으로 산채로 돼지들을 묻고 정신이 나간 이웃 젊은이 같은 시대의 아픔 역시 웅크리고 있었다. 고(故) 백성희 배우와 고(故) 장민호 배우가 초연에 출연했으며 그들의 마지막 출연작이 되기도 했다.

역시 배삼식의 〈화전가, 2020〉는 6.25 전쟁이 터지기 두 달 전인 1950년 4월, 경북 안동의 깊숙한 반촌 여인들이 보내는 꿈같은 한 순간을 짙은 지역 사투리와 함께 그리고 있다. 봄꽃은 흐드러지게 피었지만 집안의 남자들은 해방 후의 혼란한 정국 속에서 북쪽으로 올라갔거나 감옥에 들어가 있거나 사망한 상태이다. 귀신을 쫓는다는 경신야(庚申夜)의 봄 밤, 김씨 할머니의 환갑을 축하하러 모인 세 딸, 며느리들, 고모, 집안 일 봐주는 할머니 등 각자 아픔을 지닌 아홉 여인들이 모여 밤새도록 담소를 나누다가 올해는 환갑잔치 대신 화전놀이를 하기로 뜻을 모은다. 고운 옷을 차려입고 진달래꽃을 얹은 부침개를 부쳐 먹으며 여인들끼리 한 나절 봄을 즐기며 노는 행사다. 서울의 대학에서 영문학을 전공하는 막내딸에 묻어온 셰익스피어의 소네트와 초코렛과 커피와 설탕 같은 신문물들, 장롱 깊은 곳에 모셔뒀다 펼쳐 입은 색깔고운 한복들, 이웃에서 마침 보내 온 담근 술 등의 사물들과, 여인들이 풀어내는 짙은 토속어의 향기가 각자의 마음속의 상처, 텅 빈 곳들, 그리움, 그리고 불과 두 달 후에 터질 비극의 예감을 조용히 다독이고 있는 그런 작품이다. 김씨 할머니는 아홉 여인들이 담소로 밤을 새다가 몽롱한 채로 화전놀이를 다녀온 다음 날 헤어지기까지의 시간과 공간 속에서 옛 반가의 안주인답게 무게감 있고 우아한 균형을 잡고 있다.

할머니에 접근하는 청년여성작가들의 신선한 연극적 방식들

전쟁의 상처도 많이 아물고 민주화 투쟁 과정에서의 그늘도 어느 정도 벗어나고 경제적으로도 살만해지면서 작가들의 관심도 다변화되기 시작했다. 1990년대부터는 국내에서도 정복근, 고연옥, 김명화, 장성희 등 여성작가들이 희곡을 발표하기 시작했으나 그들의 작품에서 주도적인 역할의 할머니는 찾기 쉽지 않다. 그 중 엄인희 작 〈그 여자의 소설: 작은할머니, 1995〉가 눈에 띈다. 페미니즘적 색채가 짙은 작품으로, 시의적으로 때늦은 감이 있는 소재이긴 하지만, 가부장제도 하의 축첩제도의 폐해를 호쾌한 유머센스를 발휘해가며 정면으로 고발한다.

남편이 전쟁에 끌려간 후 시아버지와 어린 딸과 함께 먹고 살 일이 막연해진 '작은댁'은 이웃마을에 아들을 낳아주러 논 몇 마지기에 팔려간다. 대 잇기에 목을 맨 큰댁은 결국 3년 만에 아들을 낳은 작은댁을 동생처럼, 딸처럼 아껴주고 작은댁도 늘 송구한 마음을 가지고 본분을 넘지 않으려 조심하면서 둘은 서로 잘 지낸다. '계집년들'을 입에 달고 사는 남편은 그들의 공동의 적이다. 남편은 호색적이며 옛 남편에 대한 질투심으로 작은댁을 때리고 모욕하면서도 아들 하나를 더 낳으라고 붙잡는다. 큰댁에게는 '아들도 못 낳은 년'이라고 구박하고 셋이 창경원에 나들이 가서도 작은댁 엉덩이만 쳐다보며 아들 없은 큰댁은 찬모취급을 한다. 전쟁이 터지고 큰댁이 미군에게 윤간당한 후 자결하자 작은댁은 그녀를 손수 묻어준다. 작은댁을 때리러 쫓아다니다가 뇌졸중으로 쓰러진 늙은 남편을 이제 손주까지 본 작은댁이 대소변 수발을 해주며 돌본다. 병상에 누워서까지 작은댁을 욕하고 희롱하는 할아버지를 드디어 작은댁이 올라타고 두 차례 뺨을 때린다. 한글을 배운 작은댁 할머니가 옛날 시댁에 두고 왔던 딸에서 서툰 한글로 "모난 어머니 잘난 여감을 때리주어따…사람 꾸실하니 시어나다"라고 쓴 편지가 뒤 화면에 뜨는 것으로 극은 끝난다. 좀 뒤늦은 얘기기는 하지만, 세상은 변하기 시작한 것이다. 이와 비슷한 내용의 두 할머니의 실화가 2015년 〈춘희막이〉라는 제목으로 다큐멘터리 형식으로 영화화되기도 했다.

2000년대에 들어서고 나서야 여성작가와 연출자들이 대거 출현해 활발하게 작품활동을 벌이게 되었고 그들의 관점을 통해 무대 위에 다양한 모습으로 등장한 할머니들을 만날 수 있게 된다. 최진아의 초기작들은 당시 한국에서는 드물게 도발적 페미니즘의 색채를 드러내며 주목을 끌었다. 〈금녀와 정희, 2008〉는 딸과 엄마의 애착관계를 담백하면서도 미묘하고 감각적으로 그려냈다. 아이도 낳지 않고 결혼생활을 하면서 서울에서 직장에 다니는 딸은 마음이 허할 때마다 시골에서 혼자 지내는 칠순의 엄마 무릎을 찾아 내려온다. 딸은 성인이 된 후에도 엄마가 좋고 엄마와 더 가까워지고 싶어 하는데, 무덤덤하고 자족하며 혼자 사는 늙은 엄마를 여자로 가깝게 느끼고 여성으로 이해하고자 한다. 오랫동안 남편 없이 혼자 지낸 엄마의 속살을 들춰 엄마를 질색하게 하고 여성다움을 포기한 채 할망구처럼 아무 데서나 소변을 보는 엄마에 분노한다. 작가에게 여성성은 모녀관계나 육체의 노쇠함에 선행하는 그 어떤 것이다. 이것이 칠순이 넘은 엄마/할머니를 보는 최진아 나름의 독특한 관점이며 그 여성성을 더 추구하고 확장해 가는 것이 그녀의 계속되는 숙제일 것이다.

2014년 세월호 참사와 촛불광장 등을 거치면서 2010년대 후반부터 소수자나 사회적 약자에 대한 관심이 커졌다. 사회에서 잊혀 있던 존재인 할머니들도 그 빛 속에 드러나기 시작했다. 연극계에 특히 30대를 전후한 청년여성 연극인들의 활동이 두드러졌는데 그중에는 뜻밖에 할머니에 관한 연극에 관심을 가진 작가들이 꽤 많아졌다. 약자에 대한 호의나 배려일까? 세대를 뛰어넘은 같은 여성으로서의 연대 의식일까? 부모 세대나 할아버지는 이미 역사의 표면이나 중심부에서 눈에 익은 모습으로 소비되었기 때문일까? 이들이 그리는 할머니들이 상투적 타입으로서의 '할머니'에 머무는 경우는 거의 없다.

일제는 2차 대전 종전 무렵 위안부, 혹은 종군 성노예 제도를 만들어 한국의 어린 여성들을 희생시켰으며 살아남은 그들은 이제 거의 생의 마지막에 다다른 할머니가 되었다. 김민정 작, 한태숙 연출의 〈하나코, 2015〉는 위안부 할머니에 관한 연극이다. 앞으로 살펴보겠지만 위안부 피해자 문제는 연극보다 영화를 통해 더 많이 다루어졌다. 전 국민적으로 뜨거운 관심사가 된 탓도 있겠지만 소재의 성격 상 표현이 직접적일 수밖에 없는 연극무대에서는 함부로 다루기 조심스럽다는 면도 있을 것이다. 연극 〈하나코〉에서 주목할 점은 이 작품이 위안부에 대한 기록과 역사적, 사회적 고발보다는 당사자들의 내면적 고통이라는 관점을 취하고 있다는 점이다. 또한 이런 소재 작품들이 흔히 빠지기 쉬운 일차적 분노나 감정과잉에서 벗어났고 깊은 공감을 주면서도 성찰의 거리를 유지했다는 점에서 좋은 평가를 받았다. 한분이 할머니(하나코)는 과거 캄보디아에 끌려가서 위안부 생활을 했다. 그녀는, 렌이라는 노년여성이 현재 캄보디아에 거주하고 있는데 과거 위안부 생활에 대한 기억을 가지고 있다는 소식을 전해 듣고, 위안소 생활을 함께했던 친동생이 아닌가 하는 마음에서 프놈펜으로 향한다. 위안부 문제를 다루는 여성학자와 방송국 피디가 동행했다. 렌 할머니는 이미 한국말을 다 잊었고 과거도 희미하다. 그러나 그들은 과거 '파라다이스'라고 불렸던 위안소에서 당했던 끔찍한 기억과 시간들을 단편적으로나마 되살리며 함께 고통을 되새긴다. 극의 후반부에서 유전자 검사를 통해 두 여성이 자매관계가 아님이 밝혀진다. 그렇지만 오히려 그런 드라마틱하지 않은 끝맺음이 늙은 자매의 고통이 반드시 그들만의 것이 아님을 대변해주며 위안부를 향한 관심이 좀 더 깊고 넓고 다변적이어야 한다는 숙제를 남긴다. 한분이 할머니 역을 맡은 예수정의 절제되고 집중력 있는 연기와 역시 절제된 한태숙의 연출이 이 공연의 품격을 높였다.

윤미현은 극단적인 가난 때문에 해체되는 가족을 그로테스크할 정도의 적나라한 코미디 스타일로 자주 그렸다. 〈광주리를 이고 나가시네요, 또, 2017〉는 무력하고 가난한 삼대가 사는 집안에서 가장 적극적으로 생존 활동을 벌이는 유쾌한 할머니를 보여준다. 할머니, 실직한 맏아들 부부, 그리고 십년 째 '집콕' 중인 손녀딸 미미가 함께 생활하는데, 할머니는 가진 집을 물려줬으나 서로 안 모시겠다고 싸우는 아들들을 보고 독한 결심을 한다. 집에 있는 생활용품이나 음식 등을 몰래 광주리에 담아 나와 유모차에 싣고 동네 독거노인들에게 팔아 현금을 챙기는 것이다. 할머니는 굶는 연습을 하는 손녀 미미의 등을 밀어 무료 급식소에도 가게 한다. 할머니의 전투력과 에너지는 집에 뒹굴거나 걱정만 하고 있는 다른 식구들과 대조된다. 가족 스스로에게 매일 털리는 가정은 더 이상 가정이 아니고, 할머니의 독립성과 자유로움과 생기만이 삶의 새로운 방식이 된다. 윤혜숙 연출, 공동구성의 〈정희정, 2023〉은 여러 여성들을 인터뷰해서 구성한 텍스트라고 하는데 60대의 정희와 30대의 희정이라는 인물을 통해 '돌봄 받는 몸에서 돌봄하는 몸, 다시 돌봄 받는 몸으로 순환하는 내 몸의 역사'를 언어보다 몸과 인형의 움직임을 통해 제시한다.

역사와 진실에 대한 접근이 달라지고 거대한 이념보다 작은 기억이 주목받기 시작하면서 할머니에 대한 인터뷰나 다큐멘터리나 생애사 연구에 기반 한 연극 등도 활발해졌다. 아예 실제의 할머니를 무대에 소환하기도 했다. 박주영 작·연출의 〈영자씨와 시발택시, 2022〉는 작가의 외할머니 최영자씨의 삶을 그대로 가져온 것이라고 한다. 최영자씨는 1960년대부터 30년간 부산에서 여성운전기사 모임인 '여운회'를 이끌며 시발택시를 몰았다고 한다. 작가가 연극을 만들었을 당시 외할머니는 90세로서 기억을 잃어가고 있었다고 하는데 젊은 시절 기억을 되살리게 해 7개의 에피소드로 엮은 작품이다. 에피소드 중에는 운전기사시절 손님들과 주고받던 뭉클한 대화들, 동료 여성기사와의 사랑 이야기 등이 포함되어 있어 가슴을 따뜻하게 데운다. 박현지 작·구성 〈폐지의 역사, 2019〉는 경제침체를 체감하고 있는 청년세대가 느끼는 미래의 불안을 통해 폐지 줍는 할머니에 접근해 보았으며 김정·박희은·최희진 공동창작의 〈기록을 찾아서: 연기를 해야지 교태만 떨어서 되겠느냐, 2019〉는 1세대 배우 복혜숙의 기록을 오늘을 사는 젊은 여성연기자들의 실제 삶과 겹쳐본다.

최근에 화제를 모았던 이오진 작·연출의 〈히스테리 앵자이어티 춤추는 할머니, 2025〉 역시 동시대 한국 여성들이 체감하는 현실적 삶과 미래의 생존에 대한 불안을 다룬 작품이다. 1막 에서는 공연에 참여하는 20~40대의 여성 연기자들이 자신들 본연의 목소리로 2025년 현재의 현실적 불안들을 춤과 노래로 표출한다. 2막은 그로부터 33년 후인 근미래의 2058년, 그때 연극으로 인연을 맺은 연기자들은 이제 모두 할머니가 되어 하월곡동 다세대 주택에 오손도손 모여 살고 있다. 테슬라 전기차가 하늘을 날고 사회적 가족법과 생활동반자법이 제정되어 주거의 양상이 다원화되는 등 세상은 계속 변했지만 그중 한 할머니가 남긴 유산을 둘러싸고 할머니들은 여전히 찌질한 세속적 욕망들을 드러낸다. 배우들의 적극적 참여와 연출의 거침없는 해방적 상상력이 관객의 웃음을 자아내지만 그 밑에 깔린 '그래도 우리들은 잘 늙을 수 있을 거야'라는 소박한 소망이 애틋하다.

할머니를 기존 연극에서처럼 머리나 가슴으로 품고 있다가 배우의 연기나 대사를 통해서 허구적으로 재현한다기보다, 몸 자체나 몸에 대한 감각 들을 통해 할머니라는 실재성을 직접 소환하고 만나려는 실험적 시도들도 있었다. 아마도 역사의 전면에 나서지 못하고 조용히 묻혀 있던 존재들이었기에 만남의 시도들도 대담하며 섬세했나 보다. 이경성의 〈몇 가지 방식의 대화들, 2014〉은 작가의 집에서 오랫동안 집안일을 돌봐와 준 1941년생 이애순 할머니라는 실제 인물을 무대로 이끌어낸 연극이다. 전반부는 여러 차례 인터뷰와 만남을 통해 할머니의 생애 얘기에 밀접하게 접근한 연기자 세 명이 할머니의 구술내용, 목소리, 어투 등을 비 허구적으로 전달함으로써 할머니의 삶 자체를 체현했고, 후반부는 할머니 자신이 무대에 나와 자신이 사는 이야기를 들려주며, 걸레질이나 요가나 성경읽기 같은 일상사를 그대로 제시한다. 할머니라는 실제의 인물과 그의 몸동작 까지를 무대 위에서 공체험 하면서 관객들은 과연 이애순 할머니라는 특정인의 삶은 어떤 것이었는지를 새로운 감각과 인식을 통해 만날 수 있었다. 류미 작·연출의 〈말, 그리고 연극, 2018〉은 연기자의 실제 할머니였던 유명선 할머니를 지극히 사적인 방식으로 무대 위에 소환하는 작품이었다. 할머니의 존재를 연기자들의 관념적 기억이 아닌 얼굴표정과 목소리, 나아가 몸과 소리라는 비언어적 요소를 통해 체현해보며 죽음에 대해 생각을 나눠보려는 색다른 시도였다.

이지혜 작·연출의 〈보이스 오버, 2024〉는 작가가 기억하는 할머니를 개인적 추억이나 정서나 몸을 통해 접근하기보다 당대의 한 할머니의 일상을 구성했던 문화적 기억을 통해 불러낸다. 마루에서 되풀이되는 할머니의 일상, 할머니가 보던 TV 프로그램, 할머니가 묻힌 공원묘지의 지형, 할머니에 관한 공적 기록 들은 텅 빈 할머니의 실체를 되살려 보려는 작가의 안타까운 시도들이다. 이지혜는 한국 할머니로서는 드물게 독자적이고 자기존중적 삶을 산 한 노년 여성의 초상을 음영이 깃든 미니멀한 세밀화로 제시하기도 했다. 〈레이디 맥도날드, 2025〉는 실존했던 인물인 권하자 할머니(1940~2013)의 삶을 한은형이 동명의 소설로 발표한 것을 이지혜가 각색하고 연출한 작품이다. 방송과 언론을 통해 알려졌듯이 젊은 시절 고위공무원이었던 할머니는 사시사철 낡은 트렌치코트에 쇼핑 백 몇 개를 들고 정동 근처의 맥도날드와 스타벅스의 의자를 전전하며 살았다. 인생 낙오자, 늙은 공주, 할머니 노숙인이라고 불릴 수도 있겠지만 그녀는 양보할 수 없는 자신만의 삶의 기준과 가치관과 취향을 부서질 듯한 일상을 통해 죽음에 이르기까지 방어해왔다. 나르시스트적 과대망상으로 해석될 여지도 있지만 그녀의 몸과 제스츄어와 표정과 언어에는 한국 근대사회의 통념과 인습적 편견들이 할퀸 상처들이 새겨져 있기도 하다. 타이틀 롤을 맡은 곽지숙은 이런 상처의 균열들을 미세하게 벌리고 여미고 떨게 하는 섬세한 몸의 연기를 보인다. 관객은 그런 레이디 맥도날드에 몰입하거나 판단을 하기보다 각자의 자리에서 느끼고 감각한다.

할머니를 그리는 관점은 간혹 매우 대담해진다. 〈잠자리연대기, 2022〉는 극단 코끼리들이 웃는다와 캐나다 연극인들이 함께 만든 공연인데 원래 광명시에서 시민들과 함께 제작했던 공연이라고 한다. 무대 위에는 당시 현재 나이 90대, 70대, 60대 남자와 80대, 70대, 50대

여성 등 노인 6명이 관객을 바라보고 나란히 테이블에 앉아 있다. 그리고 그들이 태어났던 1920년대 이후 매년의 시점에서 '자신들이 체험했던 섹스 이야기'를 번갈아 가면서 낭독한다. 비연기자들인 일반인 노인들은 연기경험이 없어서 반 이상이 대본을 그대로 읽기도 어려워하는 상황이므로 테이블 옆에 30대의 여성 내레이터와 음악을 들려주는 디제이가 진행을 돕는다. 시립극단에서 젊은이들도 아닌 노인, 그것도 실제 노인들의 적나라한 성경험을 관객과 공유하는 용감한 시도를 했다는 점에서 시대의 변화를 절감한 공연이었다.

한편 유럽에서 높은 평가를 받으며 활동하고 있는 실험적 퍼포머 구자하 작품의 근저에는 뜻밖에 전통적 이미지의 할머니가 깔려있었다. 2023년 국내에 소개된 '하마티아 3부작'인 〈롤링 앤 롤링〉 〈쿠쿠〉 〈한국연극의 역사〉는 '동아시아의 정치적 지형과 식민지 역사 그리고 문화적 정체성'을 다룬 렉쳐 퍼포먼스이다. 근대한국이라는 아이덴티티가 구성된 과정을 언어, '쿠쿠 전기밥솥'이라는 오브제, 그리고 한국의 근대연극이라는 개념을 통해 재성찰한다. 그런데 작가에게 이런 근대성의 균열과 상처를 들여다보게 하고 새로운 성찰을 가능하게 한 것은 어린 시절 작가에게 진정한 삶의 온기를 불어넣어 줬던 '고향의 할머니'에 대한 기억이었다.

연극적 표현은 실험적이더라도 한국 연극 속의 할머니들이 주체적이고 능동적으로 자신의 입장을 드러내는 경우는 왠지 드물다. 지독한 전쟁이나 가난을 벗어나고 페미니즘을 거치며 가부장제의 질곡에서 어느 정도 벗어난 후에도 한국연극 속의 할머니는 작가가 기억하는 어린 시절의 어머니나 할머니, 화자의 그리운 '고향'으로서의 할머니, 가족 등 타자의 시선으로 소환하는 할머니, 관계 속의 할머니들이다. 젊은 작가들의 작품들도 그렇다. 보다 더 자유롭고 적극적으로 사는 할머니, 자신의 나이 듦과 삶에 대해 진지하게 생각하고 행동하는 할머니는 어느 시점 이후의 한국 영화나 드라마 속에서 좀 더 많이 찾아볼 수 있을 것 같다.

*

1 여기서 '한국 연극'은 한국의 작가, 연출가, 배우들에 의해 한국에서 공연된 작품들을 말한다. 한국에서 공연된 외국 작품은 포함되지 않았으며 이는 '해외 연극'에서 다뤘다.

2 하민정, 「사별한 여성노인들의 농촌에서의 삶에 대한 현상학적 연구」, 성균관대학교 대학원 사회복지학과 박사학위논문, 2021.

3 우리애기 착한애기/젖안먹고 크는 애기/보채면서 자란애기/흉년들면 도적되지
도적되면 넓은 세상/오도갈데 없어지고/관가기둥 높은곳에/잘린토막 목이되어
가막가치 쪼아대면/엄마아파 나아파/우는신세 되는신세/우리애기 아닌애기.

4 이순신 장군 장면은 처음에는 없었는데 후에 추가되었다고 한다.

5 최인훈, 옛날 옛적에 훠어이 훠이(최인훈 전집 10)』, 3판, 문학과 사상사, 2015에 수록된 〈옛날 옛적에 훠어이 훠이〉 서두에 실린 '작가의 말' 100쪽.

영화

한국 영화 속 할머니들

영화는 연극처럼 구구절절 역사가 길지 않고 20세기 중반부터 전 세계 대중의 일상에 파고 든 새로운 매체다. 원래 사실성이 짙은 장르이므로 우리의 일상적 삶을 재현하는 가운데 그 중 할머니의 모습도 자연스럽게 포함되었을 것이다. 일단 국내의 경우, 황정순, 복혜숙, 한은진 등, 조연으로 자주 할머니 역을 했던 여배우들의 얼굴이 떠오른다. 그러나 중년에 가까운 할아버지이기는 하지만 〈마부〉, 〈로맨스 빠빠〉 〈로맨스 그레이〉 등에서 주연급 배우로 활약하며 1961년 베를린 영화제에서 은곰상을 받는 등 인상적인 극중 인물들을 창조한 김승호 할아버지의 활약에 미치는 여배우는 아쉽게도 없었던 것 같다. 그들을 주인공 자리에 세워줄 시나리오작가도, 감독도 없었던 것이다. 국내외를 막론하고 상업 자본이 주도하는 영화계에서 할머니가 주인공이나 비중 있는 인물로 나오기 시작한 것은 영화가 대중화된 후 반세기 가까운 시간이 지난 후였다.

박유희는 『한국영화 표상의 지도(2019)』에서 가족/국가/민주주의/여성/예술을 한국영화에서 발견되는 다섯 가지 표상으로 보았다. 그중 1부 '가족'의 항목에서는 어머니, 아버지, 오빠, 누이의 네 가지 키워드를 통해 한국영화를 살펴본다. 그런데 그 가족 안에 할머니 항목은 없었다. 4부 '여성'의 항목에는 첫사랑/무당/여간첩/여성 법조인/여성 노동자 들이 포함되어 있었는데 여기에도 할머니를 연상시키는 주제어는 없다. 1950~60년대의 한국 영화들은 전후의 가난과 정치적 불안을 그렸고, 그 속의 여성들은 여대생이나 여간첩이나 최초의 여성검사 등으로서 새로운 사회질서를 희구하는 가운데 때로는 팜므파탈로, 때로는 선각자로 당시 관습적 여성상을 깨뜨린 여성들이었다. 1970~80년대에 들어서면서 젊은 연인 커플의 청춘영화나 유부녀가 등장하는 성애영화 들이 인기를 끌었으며 차차 산업사회의 그늘진 구성원으로서 유흥업소여성, 직장여성, 노동자 등 젊은 여성들도 등장하기 시작했다. 1990년대 이후 예술성 짙은 작품이나 사회비판적 영화들도 많아졌지만 영화사 전 시대에 걸쳐 멜로영화, 로맨틱 코미디, 액션, 무협, 전쟁영화, 사극 등 상업영화들이 제작되면서 대중의 인기를 끌었다. 영화의 본질은 상업성과 대중성이다. 아직 영화산업이 본격화되기 전에 할머니가 비중 있는 인물로 조명을 받을 가능성은 크지 않았던 것이다. 할머니는 1990년대에 와서야 독립영화나 다큐멘터리를 통해 스크린 위에 등장하기 시작했다.

할머니, 다큐멘터리와 독립영화의 중심 존재로 부상

한국영화에서 할머니가 주인공의 위치로 처음 나타난 것은 안타깝게도 '위안부'라는 한국 근대사의 가장 아픈 상처가 세상에 불거진 시점이었다. 알다시피 한국사회에 위안부의 존재가 처음 일반에게 알려진 것은 1991년 김학순 할머니가 처음으로 자신이 피해자임을 증언한 이후였다. 그 후 노태우, 김영삼 정부에서 일본과 정부 차원의 접촉을 가지기 시작했고 일본대사관 앞에서 매주 수요일 정기적 항의 시위가 열리는 등 위안부 할머니들은 전 국민적 분노의 공감대를 형성해 왔다. 이즈음 그들의 이야기를 다룬 변영주 감독의 다큐멘터리 영화 〈낮은 목소리 1,2,3〉 연작이 발표된 것이다. 1993년부터 1999년까지의 긴 제작과정을 거친 〈낮은 목소리〉 연작은 지난 50년간 과거사의 고통이 새겨진 몸을 숨겨왔던 할머니들이 어떻게 과거와 대면하며 점차 더 이상 수치스러워하지 않고 일상을 영위해가면서 주체적으로 과거를 말하는가 하는 과정을 3부에 걸쳐 담고 있다.

〈낮은 목소리 1 : 아시아에서 여성으로 산다는 것, 1995〉에서 감독은 나눔의 집이라는 혜화동의 낡은 한옥에서 함께 살다시피 하면서 카메라를 싫어하거나 불신하는 여섯 명의 피해자 할머니들로부터 조심스럽게 과거사를 끌어내게 된다. 그 과정에서 강덕경 할머니가 폐암선고를 받고 시한부 삶을 살게 되면서 그 과정을 카메라로 기록해달라고 청한다. 〈낮은 목소리 2 : 일상의 슬픔, 1997〉에서는 할머니들이 텃밭이 달린 경기도 퇴촌의 더 넓은 공동체 공간으로 옮기게 된다. 그곳에서 호박 농사를 짓고 닭을 치고 한글과 그림을 배우면서 과거의 상처들을 치유하며 카메라에게 마음을 열게 된다. 강덕경 할머니는 수요집회를 걱정하면서 결국 숨을 거둔다. 〈낮은 목소리 3 : 숨결, 1999〉에서 변영주 감독은 지금까지의 영화작업에서 할머니들에게 질문하는 방식을 택함으로써 자신이 듣고 싶었던 답을 얻어냈던 게 아닌가 하는 자기반성을 한다. 이번에는 이용수 할머니를 내세워 할머니들끼리 과거의 아픔과 현재의 삶에 대해 얘기를 주고받는 방식을 취한다. 공동체 외부의 할머니들과도 만난다. 할머니들은 카메라와 보다 친밀해지고 당당하고 자연스럽게, 그리고 주체적으로 자신의 삶에 관해, 세상사에 대한 의견을 말하고 행동에 옮기게 된다.

〈낮은 목소리〉 연작은 한국사회와 한국영화사에서 여러 의미를 담고 있다. 위안부 할머니들도 단지 피해자일 뿐 아니라 각자가 자신의 감정과 생각을 갖춘 자기 삶의 주인, 주체적 존재가 될 수 있음을 보여주었고, 다큐멘터리 영화가 어떤 자세로 사실과 당사자들에게 접근해야 하는가를 보여주었으며 다큐멘터리 영화면서 일반영화관에서 상영할 정도로 일반의 호응을 얻기도 했다. 그런데 이후에 이어지는 같은 소재의 극영화들은 과연 〈낮은 목소리〉 연작만큼의 성숙한 인간이해 위에서 만들어졌는지 생각해 볼 여지가 있는 것 같다. 일본군 위안부 피해자 할머니들이라는 참담한 소재는 〈낮은 목소리 3〉 이후 십 수 년이 흐른 후 2010년대 들어서서 여러 편의 극영화로 다시 돌아오게 된다. 2015년, 피해자 당사자들을 빼놓고 한일정부 간에 합의가 이루어진 사건과도 무관하지 않을 것 같은데 〈귀향, 2016〉 〈눈길, 2017〉 〈허스토리, 2017〉같은 영화들이 대표적이다.

조정래 감독의 〈귀향〉은 위안부 피해자였던 강일출 할머니의 실화를 바탕으로 본격적인 극영화를 시도한 경우이다. 일반 국민들의 여론은 분노로 계속 끓고 있었으나 당시 일본정부와의 미묘한 관계 등 투자여건 상의 어려움이 있었다. 이에 크라우드 펀딩 등을 통해 오랜 준비기간을 거쳐 어렵게 만든 영화라고 한다. 막상 영화가 완성된 후에는 신드롬을 형성할 정도로 흥행도 잘 되었고 외국에도 여러 차례 상영되면서 외국인들도 분노의 눈물을 흘렸다는 뒷얘기도 있다. 그러나 아쉽게도 영화의 작품성과 관점에 대해서는 비판이 적지 않았다. 할머니들의 증언으로 익히 알려진 서사들을 상투적 영상과 스펙터클로 풀어간 데다가 국가가 주도한 제도적 성폭력이라는 범죄적 행위를 일본군 남성의 쾌락적 관점으로 찍다시피한 장면들이 포함되는 등, 고통과 상처를 화면으로 재현하는데 있어 신중함이 부족했기 때문이다. 후반부에 현재 시점으로 와서 성폭행을 당해 신들린 소녀가 굿을 하면서 당시 위안부 소녀로 빙의하는 등 무속을 통한 치유를 시도했으나 논리와 연결이 어수선하다는 지적도 있었다.

이나정 감독의 〈눈길〉 역시 현재와 과거를 오가며 두 위안부 소녀의 우정을 그린 점에서는 〈귀향〉과 비슷하다. 그러나 〈눈길〉은 감성적이면서도 〈귀향〉에 비해 소재에 대해 훨씬 차분하며 세련된 거리감을 확보하고 있다. 여성감독이 만들었기 때문인지 여성의 몸에 가해지는 폭력성을 직접 화면에 재현하지 않고도 당시 위안소 참상에 대한 디테일한 역사적 자료들을 통해 일본군의 만행을 설득력 있게 구현했다. 이 영화에서 역시 김영옥이 분한 생존하는 위안부 할머니가 오늘의 비행 소녀와 또 다른 우정과 유대를 맺기도 한다. 과거의 상처를 오늘의 베품과 나눔으로 극복하는 미래지향적 설정이다.

민규동 감독의 〈허스토리〉는 현재가 배경이다. 부산의 한 여성 사업가와 열 명의 원고인단과 재일교포 변호사가 위안부 할머니들을 위해 싸웠던 관부 재판이 소재이다. 1992년부터 1998년 6년간 부산과 시모노세키를 23회나 오가면서 일본 정부를 상대로 벌인 사과 및 손해배상청구소송이었는데 실화를 바탕으로 부분적으로 각색해서 극화했다. 배경이 현대이니 만큼 기존의 위안부 피해자 영화에서처럼 폭력 자체가 중심이슈는 아니다. 그보다는 1991년 김학순 할머니의 증언이 있기까지 위안부 할머니들의 고통의 역사를 모른 채 '배부르고 등따숩게' 살아왔던 것에 대한 평범하지만 화끈한 여성들의 죄책감이 출발이고, 그들이 형성하는 여성적 연대가 중심이다. 재일 변호사들과 일본 여성단체도 큰 힘을 보탠다. 위안부 존재가 처음 알려진 당시만 해도 위안부할머니들을 보는 주변의 시선들이 모두 좋지만은 않았는데 과거의 고통과 수치심 속에서 신분을 속이고 오랜 기간 가까이 숨어 살고 있던 할머니들을 한 분 한 분 설득해서 시모노세키의 증인석에 앉히는 과정이 잘 극화되어 있다. 위안부 피해자의 사연에 정신대로 끌려갔다가 위안부가 된 경우, 성병의 후유증 등 디테일이 더해져 주목을 끌었으나 실화에 바탕 했으면서 임의로 각색이 이루어졌다는 점에 대한 지적도 있었다고 한다.

다시 1990년대 말의 〈낮은 목소리〉 연작 이후인 2000년대 초로 돌아가 보자. 변영주 감독의 위안부 피해자 다큐멘터리 영화에 이어 전혀 다른 각도에서 또 한 번 '할머니'에 세간의 시선을 집중시키는 작품이 출현했다. 역시 여성감독인 이정향 감독이 쓰고 만든 독립영화 〈집으로…, 2002〉였다. 이 영화는 독립영화로 제작되었는데도 불구하고, 450만이라는 놀라운 숫자의 관객을 동원했고 극장을 눈물바다로 만들며 당시 '국민영화'로 등극했다고 한다.

영화는 궁벽한 시골에 혼자 사는 말 못하는 외할머니와 그에게 잠시 맡겨진 일곱 살 도시 소년을 그린다. 이런 단순하고 담백한 이야기에 일반대중이 그렇게 열광한 이유는 무엇일까? 물론 일차적으로 유승호라는 귀여운 아역 배우의 역할이 크다. 할머니역의 인물을 연기자가 아닌 일반인, 진짜 70대의 할머니가 연기했다는 점도 호기심을 불러일으켰을 것이다. 할머니 뿐 아니라 마을사람 같은 작은 역들도 대부분 실제 동네 주민들이 소화했다고 한다. 한마디로 감독은 기존의 극영화와 결이 다른 리얼리티와 신선한 감성을 취하려고 했던 것 같다. 그렇다면 이정향 감독이 성취하려던 것의 중심에는 누가, 무엇이 있을까? 피붙이 외 손주에 대한 무한한 사랑일까? 나이 든 할머니와 깜찍한 손자 사이의 애틋한 공감이 형성되는 과정일까? 7세 손자가 성인이 되어가는 과정을 그린 성장영화일까? 자연적 삶과 도시적 삶 사이의 이원적 대립을 그리려고 했을까? 그런 해석들도 물론 가능하다. 그러나 나는 그것을 그냥 '할머니의 모습'이라고 보고 싶다. 당시까지 현실 속의 할머니는 이런 저런 사연으로 희생된 찌들은 이미지, 전쟁, 가난, 이념적 갈등이 판치는 아귀다툼의 현실 속에 살아남기 위해 고통을 감내하는 생존기계였다. 이정향 감독은 그런 것들로부터 멀리 떨어져, 초연하게 영위되는 할머니의 삶 자체를 보여주고 싶었던 것은 아닐까?. 존재 자체를 살고 있는 할머니의 모습, 할머니라는 존재 자체가 지니는 자연스러운 위엄 같은 것을 처음으로 카메라 프레임 안에 잡아보고자 했던 것은 아닐까 생각해본다.

할머니는 말도 못하고[1] 고립되어 있는 듯 하지만 세상을 이해하지 못하는 것은 아니다. 할머니는 아주, 아주, 가난하지만 결핍을 느끼며 살지는 않는다. 사랑하지만 매달리지 않는다. 할머니는 할머니로서 그리 아름다울 것도 추할 것도 없는 시골집에 자연스럽게 불편 없이 살고 있다. 할머니는 무표정하고 연기를 안하다시피하지만 안 해도 못하는 것처럼 보이지 않는다. 아역배우 유승호의 연기가 아주 뛰어났지만 결과적으로 그 깜찍한 꼬마 배우의 연기는 아무것도 안하는 할머니를 빛나게 받쳐주기 위한 셈이 됐다.

그래서 마지막 장면은 손주가 손 흔들며 타고 간 허름한 버스의 먼지 낀 뒷 유리창을 보여준 후 할머니가 아무런 변화 없이 굽은 허리에 나무 지팡이를 짚고 자신의 허름한 집으로 걸어 돌아가는 장면을 담담하게, 아주 오래 롱 숏의 롱 테이크로 보여준다. 물론 품에는 손자가 준 삐뚤삐뚤 써 준 카드 두 장, '아프다', '보고싶다'가 있지만, 그래서 관객들은 그 카드에 담긴 사연을 생각하며 그 장면에서 눈물을 쏟겠지만 감독은 그저 멀리서 허리 굽은 할머니의 여일한 걸음걸이를 오래, 오래 보여준다. 그래서 영화의 제목도 〈집으로…〉 일 것 같다. 꼬마도 엄마와 집으로 갔지만 더 중요한 것은 할머니 역시 여전히 자신의 집으로 돌아갔다는 점일 것이다.

이처럼 〈집으로…〉가 그 평범한 비범함으로 할머니의 존재를 새롭게 각인시켰던 무렵, 한국 영화계에는 다시 한 번 할머니, 그리고 파트너인 할아버지 때문에 충격적인 사건이 벌어졌다. 다름이 아니라 박진표 감독의 영화 〈죽어도 좋아, 2002〉가 할아버지와 할머니의 성생활을 노골적으로 스크린에 담아 버렸던 것이다. 이 영화는 70대의 박치규 할아버지와 이순예 할머니의 실화를 바탕으로 만든 극영화로 두 사람이 실제로 출연하기도 했다. 각자 사별하고 외롭게 살던 두 사람은 공원에서 첫눈에 반하게 되고 단칸방을 얻어 냉수 한 사발을 놓고 결혼식을 올린다. 영화는 그들의 애정 표현과 성생활을 가감 없이 디지털 카메라로 찍는다. 거의 다큐멘터리 수준으로 객관적인 기록물의 성격이 강했는데 그동안 금기시되었던 노인들의 성생활을 정면으로 다뤘다는 점에서, 한편으로 혐오감에 가까운 충격과 함께 신선한 감동도 주었다. 70대 노인들에게도 사랑이 있었고, 그들의 몸도 젊은이들처럼 섹스가 가능했고, 섹스로 인해 사랑을 확인하고 삶의 기쁨감도 느낄 수 있었던 것이다. 할아버지는 할머니를 기쁘게 해주기 위해 매일 아침 건물 옥상에서 느린 몸짓으로 국민체조를 하며 체력을 다지기도 한다.

문제는 두 사람의 성행위 장면 중 할아버지의 부분적 성기노출 장면, 그리고 할머니의 유사성행위가 포함된 14초 분량의 부분이 영상물등급위원회에 의해 삭제 당했다는 점이다. 당시 정성일 평론가, 박찬욱 감독 등 많은 영화인들이 삭제검열에 대해 거세게 반발했다. 여성학자들로부터 여전히 (노년)남성 위주의 성의식을 다뤘고 (노년)여성은 수동적이라는 비판을 받기도 했지만[2] 이 작품은 제 55회 칸 영화제 비평가주간에 초청받기도 했다.

노인을 다룬 다큐멘터리는 계속된다. 육체에 초점을 맞춘 〈죽어도 좋아〉에 대한 반작용이라고나 할까, 이번에는 산골에 사는 노인부부의 동화 같은 사랑과 이별을 담은 다큐영화가 관객을 모았다. 진모영 감독의 〈님아 그 강을 건너지 마오, 2014〉가 그것이다. 이 영화의 주인공들은 당시 나이로 98세의 할아버지와 89세의 할머니다. 두 노인은 〈죽어도 좋아〉의 적나라한 사실성과는 또 다른 감성적인 로맨티스트로서의 놀라운 사랑 행각을 보여준다. 커플룩으로 색깔 고운 한복을 계절 따라 해 입고 봄에는 서로 머리에 꽃을 꽂아주며 겨울에는 눈싸움을 한다. 그리고 누구에게나 다가오는 죽음과 이별을 맞이한다. 처음에는 부분적으로 연출적 설정이 아닐까하는 의심도 들었지만 할머니와 할아버지가 76년째 부부로서 하루하루 사랑을 이어왔다는 사실 만으로도 이 영화는 무겁다. 시간과 존재의 무게다. 뒷부분의 죽음과 이별로 다가갈수록 삶의 엑기스가 가라앉듯, 증류수가 남듯, 본질을 마주하는 느낌이다. 남겨진 젊은 후손들의 이런저런 삶의 디테일들이 오히려 구차하고 추레하게 느껴진다. 아무런 극적 줄거리도 없는데도 이 영화 역시 480만 관객을 동원함으로써 독립영화로는 최다의 관객 수를 기록했다.

한편 강풀의 원작 만화를 바탕으로 한 추창민 감독의 〈그대를 사랑합니다, 2011〉는 두 쌍의 커플 노인들의 애틋한 사랑과 죽음 이야기를 세련된 터치로 다뤄 다큐적 성격과 반대의 지점에서 화제를 모으기도 했다. 외로움과 질병과 곧 닥쳐올 죽음이라는 한계 상황 속에서도 순수한 사랑을 지켜내는 이 작품은 원작 웹툰에서 부터 당시로서는 드물게 노인들의 사랑을 다룬 경우였다. 완연한 멜로적 스토리임에도 불구하고 이순재, 윤소정, 송재호, 김수미 배우들이 무르익은 연기로 노년의 아픔을 공감 넘치게 그려냄으로써 후에 비슷한 노인 멜로 연극이나 영화들이 뒤를 잇는 계기가 되기도 했다.

김재환 감독의 〈칠곡가시나들, 2019〉은 다시 할머니들을 다룬 다큐멘터리다. 경북 칠곡면 작은 마을에 뒤늦게 한글을 배우고 시를 지으며 즐겁게 사는 일곱 할머니들을 그린 다큐 영화다. 평균 86세의 할머니들은 한글을 배운 후 모든 게 신기하고 고마운데, 그들이 서툰 글씨로 쓴 수십 편의 시가 다큐 화면을 수놓는다. 다만 캐릭터들의 개성과 오늘의 즐거움 뒤에 서린 생애의 그늘이 충분히 느껴지지 않아서인지 이어지는 밝음과 행복감 넘치는 화면들은 다소 지루하게도 느껴진다. 그런데 영화보다 나를 훨씬 뭉클하게 만든 것은 김재환 감독이 이들 칠곡 할머니들과 영화를 찍는 과정의 뒷얘기들을 시와 그림과 함께 엮은 『오지게 재밌게 나이듦』이라는 에세이 그림책이었다.[3] 도대체 서울 살던 중년남자가 젠더와 세대와 지역을 가로질러 오지 시골 할머니들의 텁텁한 삶을 이렇게 아름답고 섬세하게 관찰하고 묘사할 수 있단 말인가? 이들 할머니들의 얘기는 계속 대중적 관심을 끌어 최근에는 뮤지컬 〈오지게 재밌는 가시나들, 2025〉로 공연되기도 했다. 이 밖에도 〈춘희막이, 2015〉 〈할머니의 먼 집, 2016〉 〈시인할매, 2019〉 등 소외되고 험한 삶을 꿋꿋하게 살아낸 시골 할머니들을 다룬 독립영화나 다큐멘터리 형식의 영화들이 더 나왔다.

이처럼 2000년 전후를 기점으로 할머니들은 다큐멘터리와 독립영화 속에서나마 맹위를 떨치며 그들의 새로운 존재성을 각인시켰다. 왜일까? 왜 한국에서 할머니들은 극영화가 아닌 다큐멘터리를 통해 자신들을 처음 선보일 수밖에 없었을까? 투자자가 없어서일까? 위안부라는 피해 상황, 노인들의 성생활 등의 주제가 너무 충격적이기 때문일까? 그래서 이것은 픽션이 아닌 실제 있었던 이야기라는 변명을 관객들에게 미리 내세운 것일까? 아니라면 노인들의 삶은 각자 그 자체로 충분히 존재감이 있기 때문일까? 그런 노인들의 삶을 있는 그대로 보여주는 것 이상의 감동을 극영화로 재현하기는 쉽지 않기 때문일까?

할머니, 드디어 극 영화의 히로인이 되다

2000년대는 앞 서 연극 분야에서도 언급했듯이 이데올로기의 대립과 거대담론들이 완화되고 각 분야에서 권위주의가 균열을 보이며 보다 사회적 약자나 페미니즘에 대한 관심이 생기고 세련된 감성과 다변화된 시각이 공감을 얻기 시작했던 시기다. 다큐멘터리와 독립영화라는 면역 절차를 거칠 무렵인 2010년대 이후부터 할머니들은 자유롭고, 대담하고, 다양한 관점을 담은 모습으로 드디어 일반 극영화의 히로인 자리를 쟁취하기 시작했다. 아니, 그동안 지워졌었던 자신의 얼굴과 위치들을 되찾기 시작했다.

아마도 이시기는 젊은이들의 애정 멜로영화가 더 이상 관객의 흥미를 끌지 못한 채 주춤하고 근대역사물, 정치비판 영화, 액션 수사물, 재난영화들이 영화관을 점하기 시작했던 시기였기 때문일 수도 있다.

창 감독의 〈계춘할망, 2016〉은 여러 가지로 〈집으로〉와 닮았다. 깊은 생각과 넓은 도량을 가진 할머니들이 부족한 어린 것들에게 한없는 사랑을 베푸는 이야기다. 다만 〈계춘할망〉은 극영화답게 양념을 좀 더 가미했다. 윤여정이 분한 제주 해녀 할망은 과거 시장 통에서 손녀를 잃은 상처를 안고 사는데 전단을 보고 찾아온 소녀가 가짜일 가능성을 알면서도 한없는 사랑으로 품어준다. 죄책감 때문에 도시의 밤거리로 뛰쳐나갔다가 할머니에게 치매가 오자 다시 돌아온 손녀는 아마 영원히 할머니 곁을 지킬 것이다. 이상 속의 할머니, 요즘 말로 대인배 할머니랄까. 세상의 할머니들은 그들이 할머니라는 이유만으로 상당부분 이런 요소를 지니고 있다고 믿는다면 환상일까?

소준문 감독의 〈빛나는 순간, 2021〉 역시 제주도와 해녀가 배경이다. 70대 해녀할머니와 서울에서 내려온 36세의 다큐멘터리 피디가 사랑을 통해 서로의 상처를 치유하는 이야기다. 피디 청년이 33세 연상의 해녀 할머니를 사랑하게 되는 심리적 동기와 개연성이 아쉬웠지만 고두심의 무르익은 열연과 아름답게 찍은 제주도 풍경이 사랑을 통한 상처의 치유라는 주제를 충실히 섬긴다. 70대의 제주 할머니가 도시

청년과 사랑에 빠지는 것이 노년 여성의 주책스럽거나 상투적인 환상이 아니고 실제 그런 사랑도 있을 수 있다는 개연성을 찰나적 순간을 통해서라도 실현했다는 점에서 이 영화는 의미가 있다. 아쉬운 점은 그 나이에도 여성은 남성에게 '리드 당하는' 수동적인 수줍음을 재연하고 있다는 점이다. 70세다운 연륜을 살려 할머니가 그 나름의 스타일로 연애를 리드했으면 더 멋진 영화가 되지 않았을까?

김현석 감독의 〈아이 캔 스피크, 2017〉는 2007년 미국 하원 청문회에서 과거 일본의 만행을 증언했던 이용수 위안부 할머니의 실화를 소재로 했다. 민원 여왕 할머니와 영어 잘하는 동사무소 직원 사이의 우정, 영어 배우기와 위안부 할머니의 외국어 증언이라는 서로 잘 어울리지 않을 것 같은 요소를 재치 있게 섞어 무거울 수 있는 소재를 코믹 톤으로 살려 재미를 주는데 성공했다. 영화의 톤이 전후가 다르다고 뒤로 갈수록 신파적 작위성이 있다는 평도 들었다지만 일본의 만행에 대한 국민적 공분으로 이의 없이 마무리됨으로써 명분과 상업적 성공이라는 두 마리 토끼를 잡았다. 흥행도 나쁘지 않았다고 한다. 할머니가, 그것도 위안부 할머니가 주인공인 영화가 상업적으로 성공했다는 점이 흥미롭다. 나문희는 이 영화로 국내 3대 영화상의 여우주연상을 휩쓸 정도로 다양한 디테일을 살린 탄력 있는 연기를 펼쳤다.

위의 세 영화가 긍정적이며 적극적인 존재로서의 멋진 할머니의 모습을 새롭게 보여줬다면 다음의 영화들은 할머니들이 처하게 되는 보다 현실적인 제약을 보여준다.

김용균 감독의 〈소풍, 2024〉은 두 가지 맛 아이스크림, 혹은 위스키가 든 초콜릿 같은 영화라고 할 수 있다는 점에서 〈아이 캔 스피크〉와 비슷한 면이 있다. 전반부에는 할머니가 가족과 다투고 귀향해서 옛 남자동창생을 만나 달큰한 감정을 느끼는 노년 멜로영화처럼 진행되지만 극이 마지막으로 접근하면서 자살, 안락사와 같은 의외의 충격적인 주제로 치닫기 때문이다. 나문희 할머니는 사업자금을 조르는 아들에 실망해서 충동적으로 친구이자 사돈인 김영옥 할머니가 살고 있는 고향으로 내려온다. 고향에는 초등학교 동창인 박근형 할아버지가 양조장을 하며 혼자 살고 있다. 오랜만에 조우한 즐거움도 잠깐, 박근형 할아버지가 암에 걸렸다는 사실이 우연히 밝혀지고 그는 곧 사망하게 된다. 충격을 받은 나문희 할머니와 김영옥 할머니 는 자신들 역시 자식에 대한 실망과 질환으로 몸과 마음이 심각하게 병들어 있다는 사실을 서로에게 고백한다. 와중에 나문희의 아들은 시골까지 내려와 채무 갚을 돈을 요구한다. 둘은 어느 날 이심전심의 눈빛을 나눈 후 방 청소를 하고 김밥을 싼다. 두 할머니는 곱게 한복을 차려입고 며느리와 자식에게 남은 유산을 정리하는 통장과 글을 남긴 후 절벽이 있는 마을 뒷산으로 올라간다. 아마도 두 할머니가 몸을 던지려는 그 순간 직전에, 화면은 정지하고 크레딧이 올라간다. 순간 미국영화 〈델마와 루이스〉 엔딩 씬에서 하늘을 날던 낡은 푸른색 세단이 잠시 뇌리를 스치기도 한다. 할머니들은 생각보다 아주 독한 이야깃거리들과 가능성을 품고 살고 있는 것 같다.

〈소풍〉의 두 할머니가 좋지 않은 상황과 조건 속에서도 막판에 델마와 루이스 못지않은 대담한 탈주를 꿈꿨다면 박경무 감독의 〈말임씨를 부탁해, 2022〉에서 할머니의 상황은 더 암울하게 정체되어 있다. 배우 김영옥이 최초의 단독 주인공으로 출연했다는 이 영화는 '가족 같은 남, 남 같은 가족'을 캐치프레이즈로 내세우며 '가족이란 무엇인가?'라는 큰 질문을 던진 작품이라고도 평가받는다. 그러나 구체적으로는 노인 돌봄과 방문 요양사와 노인 치매라는 보다 현실적인 문제들이 '인간이란 무엇인가?'라는 더 큰 의문으로 번지며 꺼림직 함을 길게 남기는 작품이다.

말임은 대구 시내의 허름한 단독주택에서 아래층에 미용실 세를 주며 혼자 사는 까칠한 85세의 할머니다. 아들은 결혼해서 서울에 살며 가끔 다니러 온다. 정정했던 할머니 말임은 어느 날 집 계단에서 넘어져서 팔을 못 쓰게 되면서 섬망 까지 오고 급격히 건강이 악화된다. 직접 모실 형편은 못되는 아들은 말임이 요양원을 거부하자 방문 요양사 아줌마 미선을 집에 들인다. 말임은 처음에는 혼자 살 수 있다며 강하게 미선을 거부하고 의심하지만 붙임성 좋은 미선에 차차 익숙해진다. 미선은 시간이 지나면서, 아들이 틈틈이 보내준 음식을 멋대로 먹기도 하고 친정 엄마에게 날라주기도 한다. 급기야 어느 명절날 미선이 말임의 돈 백 만원을 빼돌리고 며느리가 선물한 옷을 가로챈 일이 아들 부부에게 발각되면서 쫓겨나게 된다. 모두의 사이가 어색해졌지만 종반부에 미선이 빈집에 혼자 쓰러져있는 말임을 구해준다는 반전이 일어나 말임과 미선은 한 집에 사는 모녀 같은 사이가 된다는 것으로 영화 줄거리는 일단 마무리된다.

이 작품이 찜찜한 그림자를 깔게 되는 것은 붙임성 있고 생활력 강한 아줌마로 묘사된 미선의 모호하고 미심쩍은 행동들, 그리고 그러한 미선을 대하는 말임의 역시 불분명하고 일관성 없는 태도 때문이다. 까칠할 만큼 독립적이었던 말임은 병약하고 외로운 약자가 되면서 점차 미선에게 의지하게 되는데다가 경증이지만 치매 판정까지 받게 된다. 친절한 방문 요양사 미선은 믿을만한 인물인가? 말임은 죽음에 이르기까지 가족 대신 그녀를 믿고 의지해도 되는가? 미선과 말임의 서로에 대한 태도는 어디까지 선의이며 진심이고 정상인의 것인가? 아니, 그런 것들을 따진다는 것 자체가 말임이 말년에 미선에게 기대할 수 있는 약간의 호의와 누릴 수 있는 몸의 안락감보다 중요한가? 영화의 많은 부분은 혼자 사는 할머니의 얼마 안 되는 재산을 노리는 며느리, 요양사 미선, 옥돌 장판 사기꾼들, 거간꾼들로 득실댔다. 엔딩 자막이 뜬 후 장면 하나가 추가된다. '말임이 행복한 얼굴로, 안방에 편히 앉아있는 미선에게 밥상을 차려다 바치는 장면'이다. 둘은 진짜 모녀가 되었나? 할머니는 가냘픈 행복의 희망을 위해 '항복'을 택한 것일까? 죽음을 앞 둔 노인은 외롭고, 누군가의 도움이 필요한 절대 약자가 된다. 감독 역시 노인이 말년에 내던져지는 이 절대 명제의 늪으로부터, 대책 없는 혼란의 아수라장으로부터 빠져나올 수 없었던 것 같다. 치매가 더 깊어진 할머니에 대한 얘기는 그 후로 안방드라마에서 김혜자의 연기를 통해 다시 만나게 된다.

2000년대 이후 산업화와 민주화를 통해 국내 상황이 안정기에 접어

들고 세계화에 따른 정보교류가 빈번해지면서 일본이나 미국 같은 연고 국가를 중심으로 전쟁이나 이민 등 한국 근대사의 아픈 흔적들이 다시 소환되기 시작한다. 그 디아스포라의 서사에 아픈 세월을 견뎌왔던 할머니들이 빠질 수 없다. 영화 〈미나리〉가 그 예이다.[4] 한국계 미국인 정이삭 감독의 〈미나리, 2021〉는 골든글로브 작품상을 타지 않았거나 배우 윤여정이 오스카에서 여우조연상을 타지 않았다면 한국인의 눈에 크게 띄지 않고 지나갔을 수도 있는 미국 저예산 영화다. 미국은 이민자의 나라다. 다양한 배경과 인종으로 이루어진 개척자들이 세운 나라이며 1980년대 미국 깡촌 알칸소를 배경으로 한 〈미나리〉는 미국인들이 좋아할 만한 이민 개척 서사다. 그 위에 이 작품이 높게 평가 받은 이유라면 일가족이 정착하는 과정의 고생을 사실적으로 그렸으면서도 땅, 노력, 결실, 가족, 문화적 차이, 질병, 물, 불, 그리고 미나리까지 누구나 어디서나 거쳐야 하는 삶의 보편적 굴곡들을 절제된 상징과 세련된 감각으로 펼쳐냈기 때문일 것이다.

개인적으로 흥미로웠던 것은 윤여정이 연기한 외할머니 역에 대한 미국인들의 열광이었다. 미국은 여느 아시아 국가들 못지않게 가족주의가 깊게 뿌리 내린 나라이다. 최근의 K드라마가 동남아와 비서구권을 넘어 미국에까지 영향력을 미치고 미국인들의 눈물을 흘리게 만드는 것이 경제적 상황의 악화와 함께 그들의 메말랐던 가족주의적 정서를 건드리기 때문일 것이라는 칼럼을 읽은 적도 있다. 윤여정이 연기한 외할머니는 제이콥 가족의 이민서사에 디테일과 감흥을 줄 수 있는 캐릭터이기는 하지만, 극의 주된 흐름인 제이콥의 불굴의 개척자적 행동

라인에 필수 불가결한 인물은 아닐 수도 있다. 또한 미국 영화인들이 한국 외할머니의 '물고 빠는 손주사랑'과 '미나리 같은 억척스러운 적응력'을 얼마나 제대로 감지하고 제 맛을 느꼈는지도 모르겠다. 그러나 헌신적이면서도 능청스럽게 현실적이고, 교양은 다소 부족하나 눈치는 빠르며, 마지막에는 뇌졸중과 화재사고로 한 풀 꺾이지만 여전히 질긴 생명력으로 미국 가족의 일부로 뿌리내리는 한국 외할머니의 모습은 미국인들의 가족주의적 정서를 새삼 자극할만한 연기적 임팩트로 문화적 경계를 넘는 그 자체의 존재감을 형성했던 것 같다.

이는 시니어 배우의 연륜과 경험이 우러난 연기라고도 할 수 있지만 아마도 미국생활을 오래했던 윤여정 배우가 양국 할머니와의 다른 점을 의식하고 연기를 통해 강조한 문화적 기호, 즉 할머니를 질색하는 손자 데이비드의 대사처럼 '(미국)할머니 같지 않은 할머니'였기 때문일수도 있다. 여기서 좀 어려운 문제를 하나 내 본다. 영화에 윤활유 역할을 해준 외할머니의 '유머 센스'는 한국적인 것인가, 미국적인 것인가, 아니면 윤여정 자신의 것일까…? 아무튼 그 여유롭고 변별적인 제스처 때문에 별난 할머니의 존재가 미국인들에게 사랑받고 많은 상을 받은 것은 아닌지 모르겠다. 미국인의 할머니 사랑과 한국인의 할머니 사랑 사이에는 틈이 있는 것이 당연하다. 윤여정의 연기는 '할머니'는 일상적이며 생물학적 존재로 재현되기도 하지만 상호간에 문화적으로 번역하고 이해하고 확장될 수 있는 코드이기도 하다는 점을 깨닫게 해주었다.

문제적 할머니 영화 세 편: 〈시〉 〈죽여주는 여자 〈69세〉

이쯤에서 내가 개인적으로 뽑아본 한국의 할머니 소재의 문제적 영화 세 작품을 소개하고자 한다. 〈시, 2010〉 〈죽여주는 여자, 2016〉 〈69세, 2020〉가 그것이다. 이 세 영화는 할머니, 혹은 여성 노인에 관한 영화일 뿐 아니라 누구나의 삶, 늙어감, 죽음, 성, 아름다움, 여성성, 언어, 예술, 윤리, 존엄성, 공감, 저항들에 대한 뛰어난 통찰을 보이는 작품들이라고 생각한다. 〈시〉는 누가 내게 물으면 최애 한국 영화로 꼽는 작품이기도 하다.

이창동 감독의 〈시〉는 그 때만 해도 드물게 할머니 미자를 주인공으로 내세운 극영화였고 당시 프랑스에 살고 있던 배우 윤정희가 캐스팅되어 연기했다. 〈시〉는 알츠하이머를 앓다가 2023년 파리에서 별세한 고인의 마지막 출연 작품이다. 미자는 지방도시에서 간병인 일도 하면서 중학교 다니는 손자와 둘이 근근이 살고 있는 평범한 할머니이다. 다만 망사모자와 레이스 치마 같은 소녀 취향으로 꾸미고 다니는 등 좀 튀는 면도 있고 시 쓰기에도 관심이 있다. 그러던 어느 날 손자가 집단 성폭행 사건에 연루되었음을 알게 된다. 게다가 자신이 치매 초기라는 판정까지 받게 된다. 충격과 혼란 속에서 위자료도 구해야하고, 시는 써지지 않고, 막연한 죄책감에도 시달리면서 우왕좌왕한다. 그러던 어느 날 불현듯 손자를 경찰에 신고한 후 다니던 시 쓰기 교실에 시 한 편을 완성해서 남기고 사라진다는 줄거리다. 이 작품을 보고 한 편의 훌륭한 시작법(詩作法) 과정에 다름 아니라고 평하는 사람들이 많다. 시를 쓰고 싶어 하던 할머니가 처음에는 꽃이나 새 같은 아름다운 것들로부터 시상(詩想)을 얻으려고 하지만 결국 이 세상의 더러움을 겪고 인식하면서 제대로 된 시 한편을 완성하는 이야기라는 것이다. 틀린 분석은 아닐 것이다. 감독도 어디선가 비슷한 얘기를 했던 것 같다.

그런데 내게 〈시〉의 매력은 그런 인과적인 플롯 라인보다는 여주인공의 삶과 행동 자체의 모호함이 지니는 알 수 없는 힘이었다. 부서질 것 같은 연약함과 치열함이 뒤섞인 알 수 없는, 그러나 긴 여운으로 남는 혼돈이었다. 대본과 연출도 뛰어났지만 이 영화는 미자 역을 맡은 당시 66세의 윤정희의 영화라고 해도 과언이 아니다. 파삭하게 온통 잔 주름진 얼굴, 이미 빛이 사라진 두려운 듯 무력한 눈, 희미하게 교태가 남은 얇은 입술, 바람에 날리는 푸석거리는 염색머리로, 외롭고 가난하게 세상과 마주해야하는 초로의 여성 그 자체를 담담하면서도 절절하게 체화한다. 미자가 감동을 주는 것은 그렇게 외롭고 가난한 할머니이고, 치매로 진단받고도 제대로 대처를 못할 정도로 무력한 상황에서도 세상에 대한 치열함을 잃지 않는다는 것이다.[5] 그녀 특유의 치열함은 공감능력과 자기표현욕구, 그리고 알 수 없는데서 솟아오르는 윤리적 판단들이 뒤섞인 것이라고 할 수 있다.

물론 사회적 약자의 삶에 방치되어 있고 치매 초기인 그녀는 치열할 뿐 충분한 합리성 까지 갖추고 있다고 하기는 힘들다. 아니 충동적이기까지 하다. 피해자가 몸을 던진 다리 위에 갔다가 비에 쫄딱 젖은 후 간병을 맡은 할아버지의 성적 요구에 몸을 던지기도 하고, 성폭력 피해자의 어머니를 만나러 갔다가 초가을 산들바람과, 백일홍과, 땅에 떨어진 살구에 도취되어 소녀처럼 엉뚱한 얘기만 늘어놓다가 돌아온다. 높은 교육을 받은 것도 아니고 그리 지성적이라고 할 수도 없는 미자가 대단한 윤리적 판단력을 갖추고 있다고 보기도 힘들다. 윤리적이기는 커녕 급한 김에 할아버지 환자의 약점을 잡아 돈 오백을 요구할 만큼 교활한 임기응변까지 발휘한다. 그러나 외롭고 공허했던 그녀는 시를 통해 사과, 꽃, 새소리 같은 사물, 바람이나 햇볕, 비 같은 자연뿐 아니라 고통 받는 타인, 세계 전체와 나름대로 교감하고 공감하고 싶어 했으며, 그 공감을 표현하고 싶다는 욕구를 끝까지 놓지 않았다.

주목할 만한 것은 역시 논리나 지성으로 설명은 잘 안되지만, 미자에게 '이건 아니다'라고 하는, 직감적이며 동시에 윤리적이라고도 할 수 있는 '거부 능력'이 있는 점이다. 미자는 사건을 위자료 몇 푼으로 무마하기 위해 맥주 몇 병과 배달 온 중국음식 앞에 모여 앉아있는 중년 남자 학부형들, 그리고 그들이 만들어내는 뭔가 익숙한 풍경으로부터 본능적으로 이질감을 느낀다. 이질감을 느낄 때 미자는 그것이 뭔지 논리적으로 이해하지도, 싸우지도 못한다. 슬그머니 그 자리를 피해 나와 화단에 핀 맨드라미에 몰입해 시상을 메모할 뿐이다. 죄를 짓고도 뻔뻔하게 무감각한 중학생 손자로부터도 그런 비슷한 거부감을 느낀다. 성폭행당한 후 죽은 소녀의 사진을 성당에서 훔쳐 와 식탁 머리에 가져다 놓은 적도 있지만 손자는 거들 떠 보지도 않는다. 미자는 피해자 어머니의 눈빛을 다시 마주친 그날, 손자에게 피자를 사 먹이고 정성스레 씻기고 발톱을 깎아준 후 경찰에 신고한다.

경찰에 신고하는 장면은 영화에 등장하지 않는다. 다만 손자가 잡혀가는 것을 못 본체 하며 빌라 앞마당에서 형사와 배드민턴을 치는 장면이 있을 뿐이다. 아직 어린 손자도 이미 체념한 듯 별 저항이 없다. 세상일은 메마르고 거칠게 진행되지만 수면 밑으로 많은 교감이 흐르는 것이기 때문이리라. 다음날 미자는 사라졌고 그녀가 다니던 시 쓰기 교실에는 그녀가 완성한, 죽은 피해자 소녀에게 바치는 시 한 편[6]과 꽃다발이 놓여 있다. 그녀의 교감과 창작과 윤리적 판단이 어느 정도 명징한 상태에서 이루어졌는지, 혹은 치매라는 혼돈의 소산인지 아무도 말할 수 없다.

이재용 각본·연출의 〈죽여주는 여자〉는 〈시〉만큼의 예술적 완성도를 성취했다고 말하기는 어려울지 모르겠다. 〈시〉보다 어떤 사회적인 메시지를 전하려는 의도는 강한 편이다. 그럼에도 그 메시지가 무엇인지는 분명치 않다. 다만 할머니의 바닥 모를 내면을 중심서사로 해서 영화를 끌어갔다는 점에서 두 영화는 닮아있다.

소영은 홀로 월남해 '식모', '여공' 등을 전전하다가 동두천 미군부대 '양공주'로 지냈다. 흑인병사와 살림을 차려 혼혈아를 낳았으나 미국으로 입양 보낸 과거가 있다. 그녀는 파고다공원과 장충단공원에서 일하는 '박카스 아줌마/할머니'다. 트랜스젠더, 장애인들과 낡은 주택에 함께 세를 살고 있다. 영화는 성병에 걸려 병원을 찾은 소영이 엄마 잃은 '코피노'인 민호를 충동적으로 집으로 데리고 오는데서 시작한다. 소영은 '죽여주는 여자'라고 소문이 날 정도로 할아버지들에게 인기가 좋지만 동료들의 질투도 받는다. 성병에 걸린 그녀는 화대를 깎아주고 새로운 방식으로 할아버지들에게 서비스하며 생업을 이어간다. 어느 날 옛 고객이었던 점잖은 노인(전무송 분)이 소영의 옛 단골 송씨가 중풍을 맞아 누워있다는 소식을 전한다. 요양병원에 문병을 가보니 송씨는 대소변도 못 가리는 상황이고 미국에서 다니러 온 자식들은 귀찮아하는 눈치인데 제발 자기를 죽여줄 수 있겠냐고 애원한다. 소영은 송씨의 비참한 상태와 간절한 부탁에 마음이 흔들렸는지 고민하다가 종묘상에서 농약을 사다 먹여서 죽여준다. 이 사실을 알게 된 점잖은 노인은 또 다른 할아버지를 소영에게 소개한다. 혼자 어렵게 사는 친구라는데 치매에 걸려있다. 점잖은 노인의 두 번째 간절한 부탁으로 이번에는 산에 올라가 절벽에서 밀어준다.

세 번째는 점잖은 노인 자신의 부탁이다. 그는 미숙에게 고급식사를 대접한 뒤 호텔방으로 데려 간다. 아내와 자식을 잃은 지 5년이 되었다면서 죽고 싶은데 옆에 있어 줄 수 있겠냐고 한다. 대화 도중 순식간에 수면제를 입에 털어 넣고 소영에게도 한 알 쥐어준다. 함께 잠이 든 후 새벽에 깨어 남자가 죽은 것을 확인하는데 이 때 소영이 뜻 모를 눈물을 흘리는 모습이 잠시 화면에 잡힌다. 소영이 감정을 드러내는 유일하고 짧은 순간이다. 다음 날 세입자 이웃들과 민호와 임진각에 놀러가 장어를 먹고 있던 중 뉴스에서 호텔 음독사 사건이 흘러나오고 2차로 간 술집에서 노래를 듣던 소영은 경찰에 잡혀간다. 영화는 소영이 여자교도소에서 보내는 일상을 잠시 보여주고 마지막 장면에서 그녀의 주검이 담긴 관이 화면을 채우고 '무연고자 양미숙(소영의 본명)'이라는 표식이 클로즈업되면서 끝난다.

처음에는 박카스 할머니와 노인 성매매의 현실을 리얼하게 고발한 영화인가 했고, 전쟁, 분단 등 한국 근대사의 상처들을 몸에 새기며 살아 온 여성 노인이 사회의 약자나 소수자들과 연대하는 내용이라는 분석도 읽었다. 그런데 뒤로 갈수록 늪에 빠진 듯 암울해진다. 가장 불가해했던 것은 별 저항 없이 조력 자살을, 그것도 세 번이나 행동에 옮기는 소영의 내면이었다. 전반부에는 비록 팍팍한 박카스 할머니의 삶이지만 약간의 온기도 느껴졌다. 때로는 별이 좋은 날도 있고, 먹고살기 위해 선택한 생업의 나날들이 담담하게 묘사되며, 소영이 돌봐주는 코피노 아이, 인간적인 면모를 지닌 트랜스젠더 집주인, 그리고 세든 장애인 이웃 남자와는 초라하지만 제법 따뜻한 유사 가족을 이루기도 한다.

그런데 중반부로 갈수록 영화는 혼란스럽다. 할머니 성매매라는 소재만으로도 충격적인데 그녀에게 자살 조력이라는 무거운 짐이 주어진다. 무슨 권리인지 몰라도 '자기를 죽여 달라'고 부탁하는 염치없고 무력한 할아버지들. 그 무거운 임무를 별 저항 없이 받아주고 홀가분하게 체포당하는 소영 할머니. 이 바닥없는 암울함에는 도무지 출구라고 할 만한 것이 없다. 외롭고 힘겹게 처참한 생활을 이어가는 그녀에게 자살을 도와달라는 할아버지들의 비루한 이기심은 도대체 어떻게 해석해야 할까? 여성학자 김영옥이 지적했듯이 남성노인들에게 소영은 창녀일뿐더러 가부장제에서 퇴출당한 존재이기 때문일까?[7] 소영은 왜 세 번씩이나 그들의 부탁을 들어주었을까? 공감능력이 유난히 뛰어나

서일까? 설마, 여자는 남자들의 창녀이며 동시에 구원자라는 낡은 낭만적 공식에 의해 그녀를 할아버지들의 구원이자 죽음의 천사로 설정한 것일까?

결말부로 다가가면서 영화의 분위기는 다시 한 번 바뀐다. 새벽에 호텔을 나온 소영은 죽은 노인이 고맙다는 편지와 함께 핸드백에 넣어주었던 100만원을 발견한 후 그 중 일부를 조계사 기부함에 넣고 나머지로 아이의 장난감과 옷을 산다. 동거인들에게 한턱을 쏘기도 했다. 체포된 후 소영은 호송차에서 눈 내리는 하늘을 보며 양로원 갈 돈도 없는데 차라리 잘 됐다고 말하며 모든 상황을 받아들인다. '어느 박카스 할머니의 일생' 식의 신파적 분위기를 풍기기도 하는 마지막 부분을 보면서 다시 한 번 생각해본다. 소영의 행위는 무한한 베풂이었나? 아니면 자기학대나 자기파괴 행위인가? 외로움과 고통과 절망의 나락을 지나온 할머니만이 도달할 수 있는 해탈의 경지인가? 소영 역을 맡은 윤여정은 박카스 할머니의 생존을 위한 일상을 과장 없는 담담함으로 그려냄으로써 역설적인 충격을 주는데 성공한다. 그러나 죽여 달라며 매달리는 할아버지들 앞에서 곤혹스러워하는 윤여정의 연기는 작품의 취약한 구조와 함께 답을 찾기 어려운 공백으로 남는다. 소영에게서 묻어나는 허탈함과 냉소적 분위기는 윤여정 배우 자체의 이미지와 슬쩍 겹치며 영화를 넘어서는 묘한 존재감으로 남기도 한다.

임선애 각본·감독의 〈69세〉는 여성이 만든 작품이기 때문인지 〈시〉나 〈죽여주는 여자〉보다 훨씬, 아니 매우 똑똑하고 당찬 노인 여성을 그려낸다. 자존감이 있고 판단할 줄 알며 판단을 실천에 옮기는 할머니다. 이 영화는 3개의 축으로 구성된다. 하나는 성폭행을 당했지만 자존감을 잃지 않는 할머니, 그 할머니와 같은 집에 사는 할아버지, 그리고 할머니를 성폭행했던 29세의 청년이다. 이 영화의 진정한 힘은 자기를 지켜내며 살아가는 할머니의 정치적으로 올바른 태도나 그런 할머니를 지지하는 할아버지의 모범적 태도 못지않게, 노인이라는 이유로 노인을 이상하게, 모순되게, 비열하게 대하는 주변 사람들의 태도를 다시 한 번 눈여겨보게 하는 데 있다고 본다.

69세의 심효정(예수정 분)은 요양병원 간병인을 하다가 병원에서 만난 또래 할아버지 남동인(기주봉 분)의 서점에서 일을 도와주면서 그의 집에 기거 중이다. 효정은 오십견을 앓고 있으며 치료를 위해 정형외과에 다니고 있다. 영화는 효정이 휴일에 물리치료를 받다가 29세 남자 간호조무사 이중호에게 성폭행을 당하는 장면으로 시작된다. 이 성폭행 장면은 영화적 표현으로 매우 특별하고 의미가 있는데, 아주 어두운 화면 속에서 치료를 위한 두 사람의 평범한 대화만 들리다가 갑자기 침묵이 이어지고 전열기의 붉은 빛과 갑자기 땡 하고 들리는 기계 종료음 만으로 처리된다. 어떤 비명이나 신음이나 가해자의 시점 숏이나 격한 움직임의 기미가 없다.

퇴원 후 효정은 수영을 한다. 그날 저녁 효정은 동인에게 중호를 경찰에 고발하겠다고 차분하게 말한다. 그리고는 동인과 함께 경찰서에 고발하러 간다. 경찰들은 효정의 흰머리를 힐끔거리며 웃음을 머금고, 조사실에서 중호는 쌍방 합의하의 성행위라고 주장한다. 효정의 진술,

정액 묻은 팬티, 손목의 멍, 거짓말탐지기 등에도 불구하고 경찰이나 법원의 대처는 지지부진하다. 29세 청년이 69세 할머니를 성폭행했다는 사실을 개연성 있게 받아들이기 힘들다는 것이다. 심지어 효정을 치매로 몰아가는 분위기까지 형성된다. 효정은 일방적 성폭행임을 입증하기 위해 여러 방면으로 노력하지만 주변사람들은 냉랭하다. 함께 기거하는 동인 만이 중호의 성범죄사실을 입증하기 위해 노력하다가 다치기까지 한다.

수사가 지지부진하고 법의 도움을 받기 힘들다는 결론에 이르자 결국 효정은 사적인 응징을 결심한다. 가해자 중호의 강화도 처갓집 펜션을 찾아가서 사실을 폭로하는 것이다. 중호는 처가에 얹혀살고 있었는데 처가 임신 중임을 알고 효정은 당황한다. 효정은 중호가 펜션에 돌아온다는 것을 알고 급히 집을 나왔지만 바닷가 길에서 중호의 차와 마주치게 된다. 중호는 사태를 짐작하고 폭력을 쓰고 상욕을 하고 흙바닥에 효정의 핸드백을 거꾸로 털면서 고발장이 있나 뒤진다. '내 인생을 이렇게 끝 낼 거냐?'고 악을 쓰는 중호의 눈을 고요하게 바라보며 효정은 '인생, 그렇게 쉽게 끝나지 않아.'라고 내뱉는다. 시간이 흐른 후, 효정은 결심한 듯 전단 뭉치를 들고 한 건물의 옥상으로 올라간다. 그리고는 '불쾌해할 얘기인지 모르겠다. 나는 이중호에게 성폭행을 당했다'로 시작되는 사적 고발장을 여러 장 복사해서 바람에 한 두 장 씩 날려 거리에 떨어지게 한다.

효정은 69세의 할머니로 성폭력을 당한 것 외에도 이중, 삼중의 수치감과 모욕감을 느낀다. 형사들로부터 사실관계와 관련해 비웃음과 불신을 받았고, 병원 여의사는 그녀를 치매 노인 취급을 했으며, 밤거리 운전자로부터는 '관 속에 들어가 죽으라'는 폭언을 들었다. 그녀는 여성성과 노인이라는 사실 자체가 모순을 이루게 되는 것도 알게 되었다. '뒤에서 보면 할머니 같지 않다'는 말을 듣는 자신의 한 줌 남은 아름다움이 수근거림과 가해의 대상이 되는 것도 알았다. 그녀의 소박하지만 세련된 옷매무새가 '이러고 다니면 누가 간병인으로 보겠어요?'라는 반응을 받자 그녀는 형사에게 '할머니가 이 정도 입고 다니면 안전한가요?'라고 되묻는다. 성차별과 젠더와 권력과 계급과 폭력성의 문제들이 거미줄처럼 얽혀있는 편견의 그물망 속에서도 효정은 청년에게 성폭행당한 69세의 할머니가 자신을 존중하기 위해 보여줄 수 있는 거의 최선의 행동을 침착하게 실천한다.

이중호는 비열하고 이기적인 젊은 남성의 극단적 모습으로 그려진다. '멀쩡하게 생긴' 청년은 피해자가 약하다고 생각하고 함부로 보았기에 강간했을 것이고 그 후에는 노인과 성행위를 했다는 자기혐오감을 느꼈을 것이다. 효정을 사모하는 동인은 효정이 애초에 도움을 요청하기도 했지만 다소 '오버'하는 모습을 보인다. 보호자를 자처하기도 하고, 질투의 감정일수도 있겠지만 불의에 분노하며 청년을 구타하고, 혼자 강화도에 다녀오다가 자동차사고를 내기도 한다. 그러나 이런 전통적인 '남성적 행동'보다 동인이 관객의 마음을 움직인다면 그것은 무력한 노년이라는 효정과의 공통분모일 것이다. 동인 역시 늙었다는 이유로 경멸과 혐오의 대상이 된다. '동거 합니다'라는 동인의 말에 보이는 형사들의 피식하는 반응, '늙으면 분리 수거되어야한다'는 편의점 청년사

장, 그리고 '자백해 달라'며 달려드는 동인을 가볍게 밀어버리는 젊은 중호의 물리적 힘 등은 모욕감과 분노라는 공통분모로, 이성 관계 보다 더 근본적으로 둘을 묶는 연대일 것이다. 그럼에도 "뭐든 포기하면 안돼요"라는 동인의 애정 어린 당부는 마지막 장면에서 고발장을 뿌린 후 "이런 용기를 내는 것은 살아있기 때문이며 고백은 한 걸음 더 햇볕으로 나아가고자한다"라는 효정의 내레이션을 가능하게 한 힘의 일부였을 수도 있다.

이 세 작품은 할머니를 주인공으로 그들의 내면의 서사를 따라가고 있다는 점에서 공통된다. 그들은 현재 가족이 없고 여성 노인에 대한 겹겹의 경멸과 혐오를 견디며 돌봄 노동이나 성 노동으로 생계를 유지하면서도 자기만의 마지막 보루를 지키기 위해 어떤 방식으로든 저항한다. 또한 세상과의 갈등 뿐 아니라 때로는 치매의 경계로 의심받고 몰리면서도 내면의 바닥 모를 깊은 곳으로부터의 뜻밖의 윤리적, 정치적 결단력 같은 것을 품고 있다는 점에서도 공통된다.

할머니를 자기 삶을 주도하는 주 인물로 다루는 영화 작업은 계속되고 있고 당분간 계속될 것 같다. 최근에는 영화를 막 시작한 20대 여성감독 허가영이 2025 칸 영화제 학생 중단편 영화 부문 라 시네프에서 〈첫여름〉으로 일등상을 수상했다는 소식도 들린다. 감독의 외할머니를 모델로 해서 '손녀의 결혼식 대신 남자친구의 49재에 가고 싶어하는' 여성노인의 삶에 대한 열망을 다룬 작품이라고 한다.

*

1 원래는 대사가 있었는데 할머니가 아마추어 연기자였기 때문에 대사처리에 어려움이 있어 대사가 없이 가기로 했다고 한다.

2 이동옥, 「영화에 재현된 노인여성의 성과 사랑」, 『나이 듦과 죽음에 관한 여성학적 성찰』, 한국학술정보(주), 2012, 115쪽.

3 김재환 지음/주리 그림, 『오지게 재밌게 나이듦』, 북하우스, 2020.

4 엄격하게 말하면 〈미나리〉는 해외 영화 범주에 넣어야하지만 정이삭 감독과 윤여정 배우의 수상을 축하하는 뜻에서 한국 영화 속에 포함시켰다.

5 이 영화를 찍을 당시 윤정희 배우 자체가 치매 초기증상으로 인해 대사를 암기하기 힘들어했다는 기사를 읽은 적이 있다.

6 양미자(이창동)작, 〈아네스의 노래〉. 그곳은 어떤가요/얼마나 적막한가요/저녁이면 여전히 노을이 지고/숲으로 가는 새들의 노랫소리 들리나요/차마 부치지 못한 편지 당신이 받아볼 수 있나요/하지 못한 고백 전할 수 있나요/시간은 흐르고 장미는 시들까요(…) 이 시는 아마도 미자가, 미자의 손자가 개입된 집단 성폭력 사건의 피해자로 동네 강에 몸을 던진 여학생에게 보내는, 그리고 그 편지에 답하는 죽은 여학생의 답신으로 해석된다. 시 전문은 인터넷에서 찾아 읽을 수 있다. 나중에 만들어진 가수의 뮤직비디오 보다는, 영화 속 미자와 여학생의 내레이션으로 듣는 편이 낫다는 생각이다.

7 김영옥, 「죽여주는 여자가 필요합니까?」, 『흰머리 휘날리며: 예순 이후 페미니즘』, 앞의 책, 33-34쪽.

해외영화 속 할머니들

해외영화 속의 할머니들을 모두 섭렵한다는 것은 너무 방대한 작업이기도 하고 내 능력에도 부치는 일이다. 1950년대 이래 한국관객에 절대적 영향을 미쳤던 미국영화를 중심으로 볼 때 영화는 대체로 상업적 대중예술로 발전해 왔다. 따라서 초창기에서 전성기에 이르는 20세기 중후반까지 미국영화는 미남, 미녀, 남성 코미디언, 멋진 액션을 구사하는 남성들을 중심으로 전개되었다고 볼 수 있다. 할리우드 영화산업이 전성기를 벗어나기 전까지는 상업성이 보장되지 않은 할머니 주인공을 미국영화에서 찾기는 쉽지 않다. 같은 영미권에서 할머니 탐정인 미스 마플이 나오는 아가사 크리스티 원작의 영화 〈패딩턴 발 4시 50분, 1961〉, 헨리 폰다와 캐서린 헵번이 나왔던 〈황금연못, 1981〉, 제시카 탠디 주연의 〈드라이빙 미스 데이지, 1990〉 정도가 기억나는 작품들이다. 연극원작을 영화화한 뒤의 두 작품은 아카데미상을 여럿 수상하는 등 예술성도 높았지만, 노년의 삶에 초점을 맞춘 흔치 않은 영화로 화제를 모았던 것으로 기억한다. 물론 유럽의 실험영화나 작가주의 감독들의 경우는 좀 다를 것이다. 네오리얼리즘, 뉴 웨이브, 시네마 베리떼 같은 1950~70년대의 실험영화나 작가주의 영화에서는 노인, 어린이, 사회적 약자 들을 다루는 경우가 꽤 있다고 알고 있다. 그러나 전반적으로 세계 각국의 극영화를 볼 때, 할머니를 주인공으로 하는 영화는 소재의 다양성이 넓어진 21세기에 가까워지면서 '예술영화', '다양성 영화'라는 이름으로 활성화되지 않았나 싶다.

해외영화 속의 할머니를 들여다보려면 서구에서의 사회와 가족 내의 할머니의 위치와 성격이 한국과 다르다는 점을 우선적으로 떠올릴 필요가 있다. 한국관객이 접했던 대부분의 미국 영화 속 할머니는 주변 인물이기는 하지만 중산층 이상의 생활을 배경으로 묘사되어 왔다. 한국연극이나 영화의 할머니들처럼 극심한 가난이나 정치적 수난이나 역사의 아픔을 정면으로 겪는 경우는 별로 없다. 유럽 영화의 경우도 할머니를 내세워 그 시대를 대변하는 경우는 많지 않을 것이다. 그러나 독일 같은 전범국이나 이란이나 터키 같은 제3세계 영화의 경우는 다를 수도 있다. 예를 들어 독일 1970년대 뉴 저먼 시네마의 대표 주자였던 라이너 베르너 파스빈더 같은 작가/감독의 작품은 성적 소수자의 문제, 그리고 전후 독일사회의 죄책감과 위선을 비판적으로 담아냈는데 여성 노인을 주인공으로 내세운 작품이 몇 있다. 한국에도 수입되었던 파스빈더의 명작 〈불안은 영혼을 잠식한다, 1974〉는 청소부로 일하는 독일 할머니와 젊은 모로코 출신 노동자 사이의 사랑을 그렸다. 그러나 주변 사람들은 연령, 국적, 젠더 상의 이유로 이들의 관계를 배척하고, 혐오하고, 적대시하고, 파괴한다. 같은 감독의 〈퀴스터스 부인의 천국 여행, 1975〉는 노동문제로 남편이 죽은 후, 순진하던 노년 여성이 언론에 정치적으로 이용당하는 과정을 냉소적으로 그렸다. 1970년대 작품들인데도 여성 노인들과 관련해서 오늘날에도 매우 유효한 이슈들이다.

정치적이거나 사회적 관점을 떠나, 이 시기의 명작으로 꼽히는 몇 몇 유럽영화는 비록 전통적인 남성적 관점에 가깝지만 할리우드 영화와는 다른 양상으로 나이 든 여성을 전면에 세우거나 이미지를 적극적으로 활용하기도 했다. 스웨덴의 잉마르 베리만, 이탈리아의 페데리코 펠리니, 러시아의 안드레이 타르콥스키의 작품들이 대표적이다. 베리만은 정적인 실내극 형식으로 자전적 이야기들을 포함한 전통적인 가족관계 속의 여성들을 등장시켰는데 〈가을 소나타, 1978〉와 유작인 〈사라방드, 2003〉 등에서 상처받은 나이 든 여성들의 심리를 섬세하게 그렸다. 펠리니는 〈달콤한 인생, 1960〉, 〈8과 1/2, 1963〉 등에서 환상 속에 드러난 노년 여성의 강렬한 관능적 모습을 통해 여성 내면의 다층성과 인간사회의 본질을 통찰하려 했으며, 타르콥스키는 자전적 성격의 실험영화 〈거울, 1974〉에서 실제 감독의 어머니와 아내를 등장시켜 과거를 되돌아본다. 비 서유럽권 영화에서 할머니들은 전통적인 가족제도의 수호자나 상징적으로 승화된 모성으로 그려지는 경우가 많았다.

지역에 따라 조금씩 다르겠지만 근현대 이후의 서구사회는 개인주의에 기반 해 있으므로 가족 내의 부모관계나 부부 관계도 한국에 비해 상호 독립적인 편이다. 할머니의 경우도 한국과 같이 자식이나 남편에게 무조건적인 헌신과 희생을 바치는 경우는 많지 않은 것 같다. 할머니 자신도 한국에 비해 덜 위축되어있고 독립적이며 자신의 욕망과 자아표현에 적극적이다. 사회에서 할머니를 보는 시선도 보호 대상으로서의 약자가 아니라 여성 노인도 그 나름의 욕망, 의견, 활동력을 갖춘 사회의 동등한 구성원이라는 전제에 기반 한다. 2000년 이후 현재까지 전 세계적으로 이런 할머니들이 주인공인 영화들을 꽤 자주 만날 수 있다.

연애하는 할머니: 서양 할머니 연애영화 베스트 두 편

그런 의미에서 이 항목에서는 분위기를 좀 가볍게 바꿔, 내가 최근에 넷플릭스에서 본, 할머니 주인공의 멋진 연애영화 두 편을 소개하는 것으로 시작해보려 한다. 둘 다 미국영화인데 미국 청춘남녀들의 연애가 한국식 연애와 다르듯이 미국 할머니, 할아버지의 연애도 다른 것 같다. 이 영화들에서 할머니는 늙어가지만 근사하게 나이든 '여성'으로 꿋꿋하게 버티고 있으며, 남성과의 멋진 상호 파트너로, 내면과 실존적 갈등을 지닌 한 개인으로 생동감있게 묘사된다.

제목이 조금 어색한 〈밤에 우리 영혼은, 2017〉은 원제가 *Our Souls at Night* 으로, 늙어버린 제인 폰다와, 바로 얼마 전 고인이 되었지만, 안타깝게도 더 파삭 늙어버린 로버트 레드포드가 나오는 리얼한 노인 연애영화다. 여기서 이순재, 윤소정 주연의 〈그대를 사랑합니다〉식의, 할머니와 할아버지 간의 애틋한 순정 로맨스를 떠올리면 오산이다. 첫 장면은 단순하고 대담하게 시작되며 주제는 한 방에 들어온다. 미국 콜로라도 시골마을의 어느 날 저녁, 오래 전에 혼자가 된 할머니 에디가 이웃의 독거 할아버지 루이스의 집에 똑똑 노크를 하고 들어선다. 에디는 혼자 보내는 밤이 너무 외롭고 끔찍하니 그냥 가끔 얘기나 나누며 자기 집에 와서 자고 가는 게 어떻겠냐는 돌직구를 던진다. 루이스는 처음에는 당황하지만 며칠 후 전화로 수락을 하고 쇼핑봉투에 잠옷을 넣어 들고 같은 동네 에디의 집 뒷문으로 방문한다. 그리고 아침이면 주위를 살피며 집으로 돌아온다. 그렇게 예전부터 한동네에 살았던 두 노인의 좀 어색한듯하지만 오손도손 얘기가 오가는 동침이 시작되고 둘은 루이스는 동네 노인들의 오해 섞인 질시와 부러움을 받게 된다.

그런데 이런 뒤늦은 행복은 에디의 아들이 손자를 맡기고 가버림으로써 변화를 맞게 된다. 루이스가 손자와도 잘 지내고 셋이 모처럼 행복한 시간을 보내게 되던 중, 에디의 아들은 루이스의 과거 사생활에 대한 소문과 가벼운 질투감 때문에 루이스를 경계하고 아이를 데리고 가버린다. 허전해진 에디와 루이스는 이웃도시로 여행을 떠나 사랑을 다시 확인하고 아마도 육체적으로도 행복한 교감을 이룬 듯하다. 그러나 그 행복은 오래가지 않는다. 이혼 후 방황하던 아들이 손자를 안 돌보고 유기하다시피 하는 것이 알려지자 에디는 사랑이 막 깊어진 루이스를 포기하고 이웃도시의 아들네 집으로 이사 간다. 루이스는 다시 혼자가 되었지만 그는 에디에게 선물을 우편으로 보낸다. 열어 본 박스에는 예쁜 휴대폰이 들어있다. 다시 외로운 밤이 찾아오고, 둘은 각자 침대 속에서 예전에 마주보고 대화하듯 휴대폰으로 속삭이며 아쉬운 마음을 달랜다.

에디는 미국 할머니치고는 아들과 손주에 대한 사랑과 희생의 마음이 강한 편이다. 물론 에디가 딸을 어릴 때 사고로 잃었던 상실감으로 아들과 사이가 좋지 않았던 것에 대한 속죄일수도 있다. 그러나 이 영화가 나이든 관객의 마음을 건드린 것은 에디의 가족 사랑과 희생은 아니다. 그것은 혼자 사는 노인들의 외로움, 뒤늦은 사랑으로 기적이 이루어지려는 순간 둘을 갈라놓는 일상의 현실, 그리고 무엇보다 그 아쉬움을 받아들이는 두 늙은 연인들의 삶의 지혜라고 본다. 인생이 그런 우연한 짧은 행복과, 그보다 훨씬 더 긴 상실감의 연속이라는 것을 이미 아는 나이라는 점, 그리고 곧 죽어 식을 상대방 몸의 온기를 핸드폰이라는 새로운 문명의 이기로 아무렇지 않은 듯 치환할 수 있었던 포용력이다. 그 성숙한 힘은 함께 밤을 지내자는 첫 장면의 용기보다 더 묵직하게 느껴졌다.

숨겨진 또 다른 볼만한 영화. 역시 제목이 좀 촌스러운 〈그리움과 함께 사는 법, 2015〉의 원제는 번역된 제목 못지않게 고풍스런 *I'll See*

You in My Dream 이다. 캐럴(블라이드 대너)은 20년 전 사랑하던 남편을 사고로 잃었고 최근에는 반려견마저 떠나 보냈다. 할머니라기에는 좀 젊어 보이긴 하지만 할머니로 불리기에 충분히 외롭고 단조로운 삶을 살고 있다. 그녀의 삶이란 집에서 정원을 손질하거나 실버타운에 살고 있는 친구 할머니들과 카드놀이를 하는 게 고작이고 가끔 젊은 정원사와 얘기를 나누는 정도다. 그러다가 어느 날 멋지게 늙은 빌(샘 엘리엇)을 만나 둘은 한눈에 서로 끌린다. 그러나 내게도 이런 행운이 오다니 하면서 뒤늦은 행복의 달콤함에 빠진 지 얼마 안 가 역시 삶의 냉혹한 칼날이 이들의 시간을 두 동강이 낸다. 캐럴이 모처럼 다니러 온 딸에게 새 남자친구의 존재를 고백하고 함께 집에 초대할 식사 준비를 하는데 전화가 울린다. 다음 장면은 병원 안내데스크 앞이고 직원은 가족만 면회가 되니 전화번호를 두고 가라고 한다. 며칠 후 전화가 울리고, 캐롤의 얼굴이 불길하게 클로즈업되며 약간의 침묵 후 그녀의 입술에서 나온 말은 "그게…뭐였나요? …연락 주셔서 감사합니다"가 전부다. 며칠 전까지 요트와 침대에서 함께 즐거운 시간을 보냈던 샘이 갑작스런 심장마비로 사망한 것이다. 세상에서 사라진 것이다. 그리움만큼이나 허망함과 덧없음이 엄습한다. 늘그막의 사랑은 짧았지만 생각보다 깊었다. "도통 왜 그랬는지 모르겠다. 왜 애초에 남한테 마음을 주느냐 말이야. 늘 걱정만 되는데…".

영화는 그다음에 이어져야 할 일상의 행동들을 너무나 담담하게 보여준다. 아마도 장례식에 참가하고, 그와의 기억이 있는 장소들을 배회하고, 딸의 품에서 잠시 울고 하는 것들. 마지막 장면은 캐럴이 보호소에서 다시 개를 입양해 집으로 데리고 가는 모습이다. 참, 젊은 정원사가 캐럴에게 호의를 보이지만 그것은 이 영화에서 그리 중요한 요소는 아닌 것 같다. 그녀는 새로운 사랑에 의지하기에 삶이란 너무나 취약하고 부서지기 쉽고 무심한 것임을 이미 알고 있기 때문이다. 그래도 그리움을 외면하지는 않는다. 그렇다고 그리움에 침잠하지도 않는다.

이 두 편의 영화는 뒤늦게 사랑에 빠진 싱글 노인들의 달콤한 얘기다. 인생 후반부의 불청객들을 피해갈 수 없었지만 말이다. 미국영화답게 스위트한 순간들에 대한 기억과, 쓸쓸함에 대한 연민과, 미래에 대한 약한 희망을 남겨주었지만, 원래 노인들의 사랑은 원래 어차피 병과 죽음과 이별이라는 컴컴한 빙산들 틈을 떠나니면서 진행된다. 한편, 오랜 결혼생활의 내부로부터 생성되어 어느 날 불현 듯 표면으로 올라오는 얼음들도 있다. 영국 영화답게 냉정하고 건조한 톤의 〈45년 후〉와 〈우리가 사랑이라고 믿는 것〉에서 나이든 부부들의 관계가 그렇다. 결혼이란 관계와 제도는 영원한 수수께끼이며 특히 인생의 마지막 챕터에서 그럴 수 있다.

〈45년 후, 2015〉에서 케이트와 제프는 아름다운 전원생활을 하면서 오랜 세월을 무난하게 보낸 부부이다. 45주년 결혼기념일 파티를 일주일 앞두고 있다. 그 날, 제프에게 편지 한통이 배달된다. 스위스 산악지대에서 50여 년 전 실종된 젊은 여자의 시신이 냉동된 채로 발견되었으니 신원을 확인해주면 좋겠다는 내용이다. 그 여자는 제프의 혼전 첫사랑이었으며 알프스의 얼음 속에 갇혀 있었으므로 27세의 젊은 모습 그대로일 것으로 추정된다. 제프는 확연히 동요되고 함께 늙어 온 아내에게 그 사실을 굳이 숨기려고도 하지 않는다. 그러다가 점차 저 혼자만의 50년 전 첫사랑의 추억으로 빠져들어 밤마다 다락방의 옛 물건과 사진을 꺼내보고 몰래 여행사에 스위스 여행을 물어보고 다닌다. 케이트는 별로 내세울 것 없는 남편이지만 45년간의 단조로운 결혼생활에 그런대로 만족하고 있었다. 아이가 없었기에, 대도시가 아니기에 더 둘이 의지하고 살았는지 모른다. 케이트는 발을 딛고 있는 바로 아래 땅이 허물어지는 것을 느낀다. 결혼 기념식장에서 남편 제프의 감동적인 스피치에도 불구하고 케이트는 춤을 추다말고 팔을 뺀다. 줄거리는 강렬하지만 매우 단순해서 케이트 역을 연기한 살럿 램플링의 연기가 거의 끌고 가다시피 한다. 그럼에도 이 영화는 그 자체로 흡인력이 있다. 45년을 살아온 늙은 부부에게도 50년간 빙벽에서 홀로 얼어있던 시체만큼이나 숨겨진 긴장감과, 대답하기 어려운 오랜 질문과, 알 수 없는 심연이 도사리고 있음을 말해주기 때문이다.

〈우리가 사랑이라고 믿는 것, 2019〉 역시 29년간의 결혼생활을 뒤로하고 어느 날 집을 나간 남편과, 냉정하게 버려진 초로의 아내를 그린다. 흰 절벽이 아름다운 영국의 시골마을 시포드, 남편 에드워드는 조용한 성격의 고등학교 역사 교사이고, 그레이스는 남편과의 관계를 포함한 세상만사가 자신이 원하는 기준에 맞춰질 때까지 안달을 하는 높은 에너지 레벨의 주부로, 시(詩)에 조예가 깊다. 그레이스는 자기 부부는 행복하고, 자기는 남편을 사랑하고 있으며, 남편 역시 그래야 한다고 믿는데 남편의 반응이 늘 미적지근하다. 그레이스는 그 날도 에드워드를 닦달하고 에드워드는 당신의 기대를 만족시켜줄 수 없고 더는 못살겠다며 집을 나간다. 일 년 전부터 자신을 편안하게 해 주는 여자와 사귀고 있다고 밝히면서. 닭이 먼저인지 달걀이 먼저인지는 중요하지 않다. 그레이스는 충격에 빠져 남편에게 빌어보기까지 하지만 그것으로 끝이다. 남편을 아직 사랑한다고 주장하는 그레이스는 현실을 받아들이지 못하고 방황하고 죽음까지 생각하지만 결국 자살 방지 상담사로 봉사하며 하루하루를 꾸려간다.

서사는 단순하다. 부부의 나이가 좀 많다 뿐이지 별로 새로운 내용도 아니다. 이 영화가 특별한 감흥과 여운을 준다면 29년을 살아온 남편의 단호함, 철석같이 자신들의 결혼생활을 믿어온 아내의 당혹감과 절망이 정면으로 충돌하며 만만치 않은 내공에서 우러나오는 언어를 내뿜는다는 것이다. 삼각관계나 후회나 '밀당' 같은 소란 없이, 마치 집중력 강한 소극장 연극처럼 두 노부부의 심리, 특히 그레이스의 감정적 대처를 다룬 대사가 극의 대부분을 채운다. 갑자기 세상이 무너진 초로의 여성이 뿜어내는 원시적 분노의 변주를 배경으로, 의미심장하고 아름다운 시구들이 적소에 끼어들어 여운을 남긴다.

그리고 이 영화에는 그들을 지켜보는 장성한 아들 제이미가 있다. 아들 참 잘 키웠다. 아들은 비록 자기 삶도 추스르기 벅찬 우울한 싱글이지만 이 가족에서 가장 성숙하고 공감능력도 있고 책임감과 판단력을 갖춘 인물로서, 이기적이고 미성숙한 부모 사이의 훌륭한 매개자 노릇을 한다. 메신저와 협조자와 성찰자의 역할을 훌륭히 수행하며 영화는 아들의 관점으로 마무리된다. 삶은 누구에게나 고통이지만 버텨내야 하는 것. 시포트 마을 바닷가의 날카로운 흰색 절벽의 압도적인 존재감은 마치 연극 세트처럼 극의 주제 자체를 말해주고 있는 듯하다. 아네트 베닝, 빌 나이, 조쉬 오코너로 이루어진 연기진도 좋다.

한국에도 젊은 부부나 중년부부의 비슷한 관계를 그린 영화나 드라마는 많았다. (여기서 뻔한 질문이 또 떠오른다. '아니다'라고 판단되면 곧장 수십 년의 결혼생활을 무 썰듯 자른 후, 옷장 위에 늘 준비된 트렁크 하나 들고 다른 여자 집으로 곧장 들어가는 서양인들의 가치관은 뭘까? 여기저기 매달리고 고뇌하다 주저앉는 한국의 경우와 왜 이리 다른가?) 그런데 한국에 60대나 70대 부부의 '심리적 긴장과 갈등'을 깊이 있고 섬세하게 그린 영화가 있었던가? 다큐멘터리적 접근이나 〈그대를 사랑합니다〉식의 로맨틱 코미디 말고 말이다. 한국의 늙은 부부는 한 때 가족공동체의 일부였을 뿐, 이미 그들의 내면적 관계는 거기 있는지도 모르는 낡은 가구처럼 누구의, 아니 스스로의 관심의 대상도 되지 못할 정도로 퇴화되었거나, 혹은 연민과 무심의 경지로 진입했기 때문일까?

한편, 노년의 부부관계를 섹슈얼리티에 포커스를 맞춰 만든 영화들도 있다. 독일영화 〈우리도 사랑한다, 2008〉는 독일판 〈죽어도 좋아〉[1]라고 할 수 있는데, 앞서 말했던 한국 할아버지와 할머니의 성애영화 〈죽어도 좋아〉 보다 오히려 6년이나 후에 만들어졌던 셈이다. 노인남녀의 성애장면이 영화 전체의 반 가까이를 차지하는데, 나이든 몸을 이처럼 담담하면서도 노골적으로, 카메라로 훑고 머물며 촬영한 영화는 처음 보았다. 평범하기 그지없이 보이는 60대 중반의 시골마을 재봉사 잉에는 남편 베르너와 함께 단조로운 삶을 살았는데 어느 날 바지를 수선하러 온 70대 칼과 눈이 맞아 우발적으로 정사를 벌인다. 그 이후의 영화는 늙고, 흐물거리고, 너덜거리는 몸과, 그럼에도 불구하고 기쁨에 반짝이는 희미한 눈동자를 보여주는 게 전부이다. 선정적이지도, 추하지도, 그렇다고 아름답지도 않다. 아무튼 여자는 새로운 사랑의 환희에 못 이겨 자연스럽게 집을 나와 새 남자 집으로 들어오고, 남겨진 남편은 자살했다는 소식이 전해진다. 이번에 집을 나온 것은 여자고 잉에는 후회하지 않았다. 감독은 아무런 코멘트도 하지 않는다.

간병, 간병 살인, 안락사, 조력 자살, 존엄사

(여성)노인으로서 할머니가 언젠가 반드시 마주해야 하는 최대의 난제는 죽음이다. 그것은 파트너의 죽음 일수도 자신의 죽음일 수도 있다. 또한 죽음 이전에 대부분 거치는 정거장은 병고(病苦)다. 스스로의 병의 고통이건, 간병의 고통이건 말이다. 그 피할 수도 없고 예측할 수도 없는 긴 고통에 저항하고 인간적 존엄을 지키기 위해 마지막 방법으로 생각해보는 것이 안락사, 존엄사, 조력 자살 등으로 아직은 다양하게 불리는, 자의에 의한 죽음이다. 이런 자의적 죽음들을 오스트리아의 철학자 장 아메리의 주장에 따라 '자유 죽음'[2]이라고 부르는 사람도 있다. 병고와 연결되는 죽음으로, 간병살인처럼, 대부분 가족 간의 오랜 간병 끝에 간병인이 피 간병인을 살해하는 경우도 있다.

이런 내용을 다룬 영화 중, 미카엘 하네케 감독의 프랑스·독일·오스트리아 합작 〈아무르, 2012〉가 가장 유명한 듯하다. 노년 부부의 사랑을 마지막까지 프랑스 영화다운 예술적 톤으로 그려낸 작품으로 잘 알려져 있지만, 객관적으로는 간병살인과 자살을 다룬 영화다. 음악을 가르치다가 은퇴한 노년의 조르주와 안느는 파리의 아파트에서 둘 만의 조촐하지만 품위 있는 삶을 영위하고 있었다. 어느 날 제자의 성공적인 피아노 연주회에 다녀온 안느는 몸에 이상을 느끼게 되고 갑자기 닥친 뇌졸중의 후유증으로 몸의 일부가 마비된다. 안느는 자존감을 잃지 않으려 노력하지만 병세는 급속도로 악화된다. 가끔 방문하는 딸은 냉정하게 비현실적인 잔소리만 해대고, 함께 노쇠해가는 남편 클로드는 간병의 한계를 느낀다. 자신의 체력도 소진되어 가지만 무엇보다 사랑하는 안느의 인간적, 여성적 품위가 사라져가는 것을 견딜 수 없어 한다. 안느는 고통으로 가끔 의식이 몽롱한 지경에 이른다. 어느 날 클로드는 베게로 혼수상태의 안느를 누르고 침대를 아내가 좋아하던 꽃으로 장식한 후 가스를 틀고 함께 생을 마감한다.

노르웨이 영화 〈간병, 사랑의 족쇄, 2021〉(이하 〈간병〉)는 〈아무르〉와 비슷한 상황이지만 관점과 인물들의 반응이 다르다. 온 몸이 차차 굳어가는 다발성 경화증을 앓고 있는 주디타는 이제 막 은퇴 한 교수 남편 에릭과 말뫼 근교 소도시에서 둘이 살고 있다. 늙은 아내가 몸이 마비되어 가고 늙은 남편이 간병을 맡아야 한다는 상황은 두 영화가 비슷하지만 아내의 태도가 다르다. 안느가 병마에 휩쓸려가는 수동적인 존재이고 남편의 주도로 죽음을 맞는다면 주디타는 완고하리만큼 자기주장을 펴고 자존심을 지킨다. 몸이 허락하는 한 스스로 움직이려고 하고 간병인이나 요양시설도 거부하며 오직 남편이 하루 종일 자신 옆에 있어주기를 바라고 요구한다. 그러나 에릭 역시 상황이 좋지 않다. 퇴임 후 새로운 일자리 얻는데 실패하고 새로운 분야를 공부하려고 하지만 주디타는 그 시도조차 남편이 그녀를 돌볼 시간을 뺏어간다며 섭섭해 한다. 에릭은 점차 주디타의 고집스러운 요구에 지쳐가고 공황장애까지 겪다가 드디어 집을 뛰쳐나간다. 영화는 에릭의 힘들어 하는 모습과 고통도 설득력 있게 묘사하지만 더 중요한 초점은 주디타의 고집에 맞추고 있다. 〈아무르〉가 상당부분 남편의 관점으로 진행된다면 〈간병〉은 병의 두려움에도 불구하고 시종일관 뻔뻔할 정도로 자신의 인간적 자존심만을 지키려 하는 고집스런 할머니의 내면 쪽에 더 밀착해서 그린다. 에릭이 방황하며 바닷가를 헤매고 다니는 동안, 요양시설에 들어온 주디타는 차차 시설에 적응한다. 그녀가 정원에서 만족스럽게 햇볕을 쬐다가 휠체어를 굴리며 병원복도 저쪽으로 사라지는 장면으로 영화는 끝난다.

프랑스어로 '사랑'을 뜻하는 〈아무르〉가 제목처럼 늙음과 병으로부터 사랑을 지키려는 낭만적 분투를 그렸다면 〈간병〉은 현재 진행형이고 훨씬 현실적이고 냉혹하다. 〈간병〉에서 부부는 요구와 책임으로 족쇄처럼 물려있다. 아내 주디타의 집요한 매달림이 사랑인지는 모르겠다. 아마 감독은 사랑 자체에 관해 그리 관심 있어 하는 것 같지는 않다. 아내를 사랑하는 것처럼 묘사되었던 남편은 비대한 몸으로 끊임없이 "나는 지쳤어, 더 이상 못 하겠어"를 되풀이한다. 그에게 아내의 병과 간병요구는 공황발작과 심장병을 일으킬 정도의 두려움이었던 것은 분명하다. 주디타도 결국은 남편을 놓아준다. 늙음과 병은 엄혹한 현실의 영역이다. 여기서는 실체를 알 수 없는 사랑이나, 빛바랜 약속에 불과한 결혼제도 보다 이기심과 생존의 욕구가 더 절실하게 작용할 수밖에 없을지 모른다. 〈아무르〉를 본 후 관객들은 흔히 할아버지가 할머니를 끝까지 사랑으로 곱게 보내드렸다고 믿고 싶어 하지만 그것은 간병살인과 자살을 통해 가능했다. 〈간병〉에서 사랑은 늙음과 병에 항복하고 변질되었지만 아무튼 삶은 지속된다.

할머니가 아니라 할아버지의 안락사를 다뤘지만 이런 주제를 다루면서 프랑소와 오종 감독의 〈다 잘 된거야, 2021〉를 빼고 지나갈 수는 없다. 뇌졸중으로 후유증을 겪게 된 할아버지 앙드레는 중년이 다 된 바쁜 딸들에게 부담스러운 요구를 한다. '끝낼 수 있게 도와다오'라면서 스위스 베른으로 보내달라는 것이다. 딸들은 난감한 부탁에 망설이지만 워낙 자기 생각이 확고하고 자기중심적이었던 아버지의 뜻을 꺾지 못하고 그를 돕는다. 현실적으로 가능한 안락사의 절차와 과정들을 세세하게 다루고 있지만, 윤리적 문제제기 보다는 그 복잡한 절차를 우여곡절을 걸쳐 수행하는 부녀간의 갈등과 두 딸의 인간적 성숙함을 의미심장할 정도로 담담하게, 때로는 유머까지 곁들어가며 묘사했다. 중년 여인이 된 소피 마르소가 큰 딸 역을 맡았다.

역시 노년이라기보다 중년에 가깝지만, 안락사를 도와달라는 부탁을 받고 힘든 과정을 겪어내는 나이 든 여성을 그린 영화가 한 편 더 있다. 페드로 알모도바르 감독의 최근 화제작 〈룸 넥스트도어, 2024〉이다. 종군기자 출신의 마사는 말기 암으로 고통을 받다 죽느니 스스로 죽음을 택하겠다면서 절친이었던 소설가 잉그리드에게 자신이 자살할 때 '옆 방'에 있어주기를 간절히 부탁한다. 작가답게 다정다감하고 공감능력이 풍부한 잉그리드는 죽음에 대한 공포를 지니고 있음에도 마사와 함께 숲속의 집을 빌려 마지막 한 달을 함께 한다. 줄리안 무어와 틸다 스윈튼의 농익은 연기가 알모도바르 감독의 화려한 색채감과 함께 영화의 무거운 주제와 역설적인 조화를 이룬다. 영화의 제목이기도 한 '옆 방'은 붙어있기는 하지만 엄연히 죽음과 삶으로 갈라지는 공간이며, 궁극적으로 함께 할 수는 없는 그런 공간이다. 또한 살아남는 사람이 조력자살, 자살방조라는 무게를 견뎌야 하는 공간이다. 두 영화에서 자의적 죽음을 택한 아버지와 마사는 육체적 고통에도 불구하고 이기적으로 보이기도 한다.

미카엘 하네케, 프랑소와 오종, 페드로 알모도바르 등 유럽의 문제적 감독들이 모두 달려든 것을 보면 안락사 관련 문제는 오늘날 고령사회의 가장 뜨거운 이슈이기는 한 것 같다. 흥미로운 것은 살펴본 어떤 영화에서도 사랑과 고통으로 인해 누군가가 절실하게 원하는 안락사에 대해 아무도 윤리적 문제를 제기하지 않는다는 점이다. 〈다 잘 된거야〉에서 자신이 이슬람이라면서 종교적 문제로 도와드릴 수 없다고 난색을 표하던 병원 차량의 운전기사, 〈룸 넥스트도어〉에서 잉그리드가 혹시 자살에 조력한 것이 아닌가 의심하며 집요하게 캐묻는 광신적 분위기의 형사 정도가 예외이다. 소박하고 낯선 얼굴의 운전기사들이 놀라는 장면은 그 나름으로 의미심장한데 이주노동 계층의 눈으로 본, 부유하고 세련된 유럽 노인의 이해할 수 없는 결정에 대한, 감독의 가벼운 냉소로 느껴지기도 한다. 영화 속에서 존엄사를 택하는 노인들은 상류층이거나 적어도 중산층 이상으로 설정되어 있다.

영화들 속에서, 노인들의 자유의사에 의한 죽음은 누구에게든 닥쳐올지 모르는 병고와 간병이라는 감당 못 할 어려움 앞에서, 그리고 생을 자기 손으로 마감한다는 실존적 의지를 거친 후의, 정당한 탈출구로서 받아들여지는 듯하다. 다만 그런 죽음들에서 아직까지 해결되지 않은 것들이 있다면 합법성의 문제와 절차적 용이성 그리고 남은 가족이나 주변 사람들이 받는 상처다. 죽음을 앞둔 공포와 단절감은 본인이 선택에 따르는 것이지만 가족의 자발적 죽음을 눈앞에서 감내해야 하는 남은 사람들이 겪을 혼란과 트라우마 역시 충분히 배려되어야하며, 이 역시 관심 가져야 할 또 다른 문제로 남는다고 영화들은 말하고 있다. 동시에 남은 그들은 가족친지의 힘든 실존적 선택을 보며 삶의 아름다움과 존엄성에 대해 통찰하고 더 성숙할 기회로 받아들일 수도 있다.

같은 존엄사, 혹은 자유죽음이라는 소재도 좀 더 긍정적이고 낙관적으로 다뤄지기도 한다. 여성감독 파스칼 포자두의 프랑스 영화 〈마지막 레슨, 2015〉은 이상적인 존엄사를 주체적으로 쟁취한 '행복한' 할머니 마들렌의 얘기로, 덴마크 영화 〈사일런트 하트, 2014〉를 리메이크한 것이라고 한다. 젊었을 때 진보적인 사회운동가였으나 이제 혼자 사는 할머니가 된 마들렌은 92세 생일에 가족이 모인 자리에서 이제 충분히 살았으므로 스스로 생을 마감할 것이라는 계획과 날짜를 통보한다. 이 작품은 자신의 죽음을 자기 의지로 관철하겠다는 할머니의 주체적 의지와 흔들림 없는 계획과 실천을 보여 준다 그런데 영화가 빛이 나는 부분은 할머니의 결심이 아니라 할머니가 남겨진 가족들을 사랑으로 천천히 설득하며 그들에게서 이해를 받아내는 과정이다. 마들렌의 요구는 초지일관 '날 떠나게 놓아다오'라는 것이다. 아들은 '우리 곁에서 살아야한다'고 펄펄 뛰고 딸은 처음에는 당혹해했지만 점차 엄마의 진심을 이해해주고 엄마가 생의 마지막 정리를 할 수 있도록 사랑으로 도와준다. 딸은 곧 사라질 엄마와 함께 과거를 회상하고 음식을 만들고 목욕을 하며 자동차를 처분해준다. 손주도 어렵게나마 할머니의 죽음을 받아들인다. 약속한 날짜가 되자 마들렌은 따로 모여 있는 가족들에게 마지막 전화를 한 후 수면제를 가루로 빻아 푸딩을 만든다. '죽음에 대한 공포가 사라졌다'는 것이 딸의 마지막 독백이다. 존엄사 운동을 했던 실제 인물을 모델로 해서인지 영화는 담백하고 과장이 없다. 자기 존엄성, 주변에 대한 설득의 과정, 그리고 가족의 사랑을 갖춘 마들렌의 죽음은 거의 완벽한 존엄사의 한 모습을 보여준다. 부러운 생각이 들 정도다.

약간 할리우드식으로 포장된 조력자살의 얘기도 있다. 수잔 서랜든, 케이트 윈슬렛, 미아 와시코브스키 등 출연진도 화려한 미국영화 〈완벽한 가족, 2021〉이다. 릴리는 세련되고 부유한 노년 여성으로서 잘생

긴 의사 남편과 멋진 해변주택에서 살고 있다. 다만 온 몸이 굳어가는 병에 걸려 몇 주 후면 침도 삼키지 못하게 된 처지다. 그녀는 의사 남편의 동의와 도움을 얻어 생을 마감하기로 하고 가족들에게 이 사실을 알린다. 크리스마스를 조금 앞둔 어느 날, 부부는 마지막 시간을 보내기 위해 두 딸과 그의 짝들, 부부의 베스트 프렌드인 리즈, 그리고 손자들을 초대한다. 모두들 반신반의하며 혼란스러워하는 가운데 조울증을 앓는 둘째 딸은 '엄마는 준비가 됐는지 몰라도 나는 아직 준비가 안됐다'며 강하게 반발하기도 한다. 더없이 완벽하고 화기애애해 보이는 최후의 크리스마스 만찬 과정에서 릴리의 가정이 그녀의 생각만큼 행복하고 성공적인 것만은 아니었다는 균열이 드러나고 남편과 리즈 사이의 모호한 애정관계도 폭로된다. 그러나 릴리는 이 작은 소동들에 개의치 않고 떠날 때가 되었다면서 이층으로 올라간다. 두 딸이 양쪽에서 포옹하고 있고 남편이 지켜보는 가운데 약을 탄 물을 마신 릴리는 침대에서 정신을 잃어간다. 수잔 서랜든이 연기한 릴리는 세련된 취향으로 꾸며진 해변주택의 인테리어를 배경으로 '영화 속의 여주인공'처럼 모든 것을 갖춘 노년여성으로 그려진다. 부와 아름다움, 죽음까지 도와주는 의사 남편, 가족의 사랑, 인생에 대한 통찰과 자기 통제력까지도. 건강해야 가능할 이런 미덕들이 아직 정상 작동하기에 그녀가 앓고 있다는 병은 다소 추상적으로 느껴질 정도다.

비슷한 주제를 조금 다른 관점으로 다루는 일본영화들도 있다. 일본은 원래 고령화가 세계에서 가장 빨리 진행된 노인 국가다. 그래서인지 노인들이 주연으로 나오는 영화들이 꽤 많다. 현대의 고령화 사회와는 직접 관계가 없지만 노인의 죽음을 다룬 가장 충격적인 영화의 하나는 오래전 칸 영화제 황금종려상을 탄 이마무라 쇼헤이 감독의 〈나라야마 부시코, 1983〉일 것이다. 한국에도 비슷한 설화와 영화가 있지만, 19세기경을 배경으로, 아주 고립된 산골마을에서 행해지는 흔히 말하는 '일본판 고려장'[3]이 그 내용이다. 중심이 되는 인물은 할머니와 장남인 아들이다. 할머니 오린은 질서와 전통을 중시하는 성품이며, 70세가 되면 노인을 산에 갖다 버리는 풍습을 스스로 의연히 받아들인다. 아들은 망설이지만 어머니는 마을을 다스리는 신의 뜻이며 풍습을 지키지 않는 것은 수치스러운 일이라고 믿는다. 그러나 영화의 전반적 무게는 할머니의 안락사 보다, 가난과 원시성이 판치고 영아살해 유기와 수간과 사형(私刑)이 공공연히 행해졌던 옛날 일본 시골마을의 칠흑 같은 어두움 그 자체에 실려 있다.

음울하기는 마찬가지지만 이번에는 근 미래의 제도화된 안락사 속에 던져진 할머니를 그린 작품이다. 젊은 여성 감독인 하야카와 치에의 〈플랜 75, 2024〉은 심화되는 가상의 고령사회를 다룬 디스토피아 영화로 일종의 '자발적 고려장' 제도를 상상적으로 그려내 화제를 모았다.

가까운 미래의 일본, '플랜 75' 캠페인은 75세 이상의 노인이 신청을 하면 준비 비용 10만 엔과 함께 안락사, 장례, 화장, 매장 절차들을 국가가 무상으로 서비스해준다는 내용으로 정부가 내놓은 정책이다. 독거여성 미치는 78세이지만 건강하고 호텔의 청소부 일도 문제없이 해내고 있었다. 그런데 한 동료가 일하다가 돌연사함으로써 노인 직원은 모두 권고 사직된다. 경제적으로 쪼들리게 되고 남에게 민폐를 끼치기 싫은 미치는 할 수 없이 '플랜 75'에 신청한다. 상담원이 하루에 15분씩 신청자와 통화하며 노인들이 마음을 바꾸지 않도록 관리하는 제도가 있는데 젊은 상담원 요코는 룰을 어기면서 미치와 만나 볼링장 등에 다니면서 정이 든다. 마지막 날 밤에 요코는 미치에게 통화를 시도하나 이미 전화기를 뽑아놓은 상태다. 안락사가 집행되는 날 미치는 가스가 들어와야 할 순간 마취가 안 된 채 아무도 없는 병원에서 눈을 뜨며 공포에 질린다. 미치의 크게 뜬 눈이 오래 클로즈업 된다. 무인 체제의 공장식으로 관리되는 안락사 시설은 그 황량함에 진저리가 쳐진다. '플랜 75'로 사망한 노인들의 유품을 처리하는 필리핀 이주 노동자 마리아의 인간미가 상대적으로 돋보일 정도다. 병원을 뛰쳐나온 미치가 어딘가로 떠나며 뿌옇게 해가 떨어지는 광경을 바라보는 것으로 영화는 끝난다.

미치는 일본 할머니답게 순종적으로 그려지지만 섬세한 연기로 노인의 고독과 공포를 쌓으며 결말부를 향해 조용히 달려왔다. 그러나 영화는 〈나라야마 부시코〉에서 그랬듯이, 할머니 미치 개인에게 집중한다기보다 노인을 비인간적으로 다루는 사회 시스템과 노인의 취업문제 등 사회문제 전반을 비판적으로 그린다. 개인보다 집단을 중시하는 일본문화 때문일 수도 있겠다. 감독은 '플랜 75'와 같은 정책의 비인간성을 인지하면서도 생업을 위해 정부에 협조하고 적응할 수밖에 없는 젊은이들의 면면을 그리는 데도 주력하고 있다.

분위기가 너무 무거우니 여담을 곁들여본다. 사실 일본영화 속 할머니들은 이 음울한 영화와는 다른 분위기로 그려지는 경우가 더 많다. 일본 할머니들은 보통 전통적 가족제도 속에서 가족과 가사노동에 헌신하거나 가업을 위한 작은 가게 등을 꾸리며 남다른 성실함과 지혜와 배려심을 지닌 겸손하고 따뜻한 노인으로 등장한다. 평범한 일본 가족을 그린 유명한 영화 〈동경 이야기, 1953〉의 토미부터, 상처를 지녔지만 훌륭한 단팥 소를 만드는 솜씨를 지닌 할머니를 그린 〈앙, 2015〉에 이르기까지 그랬다. 그런데 이와는 또 조금 다르게, 세계적으로 많은 팬을 거느린 오기가미 나오코 작가/감독의 영화에도 특별한 할머니가 자주 나온다. 독특한 컬트의 분위기를 풍기는 나오코 감독의 영화는 일본의 전통적 주거지를 떠난 일본인들이 낯 선 곳에서 만나 서로 배려하며 공동체를 이루는 과정을 느린 일상의 미학으로 보여주는 경우가 많다. 그녀 영화의 단골 배우인 모타이 마사코는 아주머니/할머니 역 여배우로서, 배우로나 극중 인물로나 매우 독특하다. 〈카모메 식당〉, 〈안경〉, 〈수영장〉 등에서 자신이 맡은 일에 고요히 몰두하며 주변 사람들에게 영감을 주는 역할로 등장하는데 매우 미묘하고 존재감 있는 포스를 풍긴다.

일본영화를 좀 본 사람이면 곧 기억을 떠올릴 수 있을 것이다. 뒤로 단정히 묶은 머리에 도수 높은 뿔테 안경을 쓰고 원불교의 총무를 연상시키는 수수한 복장에 현실에서 약간 괴리된 무표정을 기본으로 장착하고 거의 연기를 안 하는 듯한 연기를 하면서 고도의 흡인력을 발휘하는 바로 그 배우다. 반드시 주연이 아니고 이렇다 할 사건이 일어나지도 않는 일상적 삶 속에서도 그녀만의 나이와 경험이 주는 극도로 정제되고 고요한 자존감은 마치 선(禪)의 분위기처럼 알 수 없는 신뢰감과 신비함을 준다. 배우로서, 할머니로서 그녀의 아우라 넘치는 존재감은 나이 듦이 결코 그냥 세월을 흘려보내는 것과는 다른, 각자의 고유한 체험과 그 축적임을 확인하게 해준다.

자기정체성과 할머니

할머니들을 둘러싼 얘기들은 대체로 생활적이며 부산하다. 할머니들은 일상 속에서 부지런히 몸을 놀리며 주로 가족들에 둘러싸여 다양한 사람들과 관계를 맺고 있다. 이십세기 말 이후 서구 연극에서는 조금씩 예외가 나타났었지만 할머니가 주인공이면서 추상적이며 관념적인 분위기가 지배하는 영화는 드물다. 그럼에도 이번에는, 삶의 디테일을 갖추고 있는 할머니를 주 인물로 하면서도 그 할머니가 어떤 깨우침이나 성찰을 거치거나 자기정체성에 관심을 가지는 영화 몇 편을 골라본다.

꽤 오래 전 영화이지만 가히 페미니즘 영화의 정전이라고 할 수 있는 마를린 호리스 감독의 〈안토니아스 라인, 1995〉을 그냥 지나갈 수 없다. '정체성'이라는 지적이고 딱딱한 개념보다는 그 자체로 풍요하고 신비한 느낌의 영화다. 덴마크 시골의 할머니 안토니아가 부지런히 농사지으면서 자손을 낳고, 연애도, 섹스도 하고, 마을 사람들과 잘 지내는 평범한 얘기인데, 그런 할머니의 삶 자체가 비현실적일 정도로 자기 충족적이고 행복한 기분을 준다. 사건이나 갈등이 별로 없는데도 지루하지도 않고 안토니아의 주변을 감싸는 당당함과 긍정과 베풂이 관객의 마음까지를 왠지 편하게 만들고 따뜻하게 데우고 풍성하게 한다.

기골이 장대한 아름다운 여장부 형의 할머니는 밭에 씨를 뿌리고 주변의 소외된 이웃이나 장애인, 미혼모, 동성애자, 파계한 신부들을 자연스럽게 품어 함께 생활하고, 쓰잘 데 없는 철학에 빠져 우울해하는 이웃남자를 보살펴주고, 어쩌다 성의 욕구가 생기면 섹스도 한다. 결혼, 애틋한 연애, 살뜰한 모성은 드러나지 않지만 여자들은 성적 자기 결정권을 가지고 있으며 봄이 되면 꽃이 피고 가을에 열매 맺듯 영화 속 많은 사람들이 섹스를 하고 아이를 낳는다. 안토니아의 주변에서 사람들은 어떤 권력도 억지스러운 약속도, 위계도, 폭력도, 결핍도 없이 자연스럽게 모여 행복한 공동체를 이르며 산다. 유일하게 예외가 있다면 손녀가 이웃 마을 군인에게 강간당한 사건이다. 군인은 할머니 안토니아스의 격렬한 저주를 받고 이웃들에 의해 제거된다. 강간 장면은 묘사되지 않는다. 〈안토니아스 라인〉은 삶의 사실적 모사가 아니라 모계중심사회라는 페미니즘의 유토피아가 펼쳐지는 일종의 판타지나 시적 매니페스토에 가깝다. 가부장제도에 대한 명백한 비판일 뿐 아니라 할머니 안토니아스를 비롯한 여자들이 하나같이 잘나고 현명하고 긍정적인데 비해 남자들이 대체로 못나고 무력하고 악하다는 이분법이 너무 강해서 일부로부터는 비판받을 수도 있을 것이다. 그러나 젊은 시절이 영화를 봤을 때 여성성이 지닌 생명과 풍요와 평화의 부드러움에 압도되었던 기억을 잊을 수 없다.

〈드라이빙 미스 데이지, 1989〉도 좀 세월은 지났지만, 까다로운 백인 할머니와 흑인 운전기사 사이의 우정을 그린 연극 원작의 아카데미 수상작이다. 상업영화에서 할머니가 주인공으로 설정되면서 대중적인 주목을 받기는 아마도 이 영화가 거의 처음이 아닐까 싶을 정도로 드문 일이었다. 흑인 기사의 따뜻한 인간미도 인상 깊지만 90대 할머니가 인간관계를 넘어 사회적, 정치적 깨달음을 얻어가는 과정이 담백하게 그려진다. 전후의 경제 붐에 흥청거리던 1950년대의 미국 남부 아틀란타, 그러나 아직 흑인이 백인과 같은 화장실을 쓸 수 없었던 시대다. 면직공장으로 부유하게 된 아들을 둔 80대의 미스 데이지 할머니가 차 사고를 내면서 어쩔 수 없이 흑인 운전기사 호크를 고용하게 된다. 미스 데이지는 독일계 유대인으로 이루 말할 수 없이 까탈스럽지만 자신은 검소하며 편견 없으며 세상의 변화를 받아들이는 사람이라고 자부하고 있다. 붙임성 있고 무난한 성격의 호크는 수 십 년간 미스 데이지를 모시면서 둘은 점차 신뢰하는 사이로 발전하는데 할머니의 까다로운 경계심을 완전히 풀기란 쉽지 않다. 영화의 마지막 무렵 미스 데이지는 마르틴 루터 킹의 연설 중 '악한 자들의 나쁜 짓보다 선한 자들의 침묵하는 무관심이 더 문제'라는 연설을 들으며 움찔한다. 마지막에 요양병원에 간 미스 데이지는 치매가 왔음에도 불구하고 인종과 계층을 넘어 호크를 진정한 친구로 받아들인다.

〈더 레이디 인 더 밴, 2015〉은 영국의 배우이자 극작가인 앨런 베넷이 자신이 겪은 실화를 소재로 만든 런던의 노숙자 할머니에 관한 영화이다. 할머니는 80~90대의 고령으로 보이고 신체적으로나 정신적으로나 점점 하강곡선에 있으며 극의 마지막으로 가기 전까지 할머니의 과거나 정체가 드러나지 않는다. 따라서 교만할 정도로 자존심을 내세우지만 약삭빠르게 생존 여건을 챙기는 이 할머니가 과연 어떤 삶을 추구하는지 분명히 말하기는 어렵다. 셰퍼드 부인으로만 불리는 노숙자 할머니는 낡은 미니밴을 타고 다니면서 남의 집 앞에 불법주차하고 그 속에서 살다가 떠나고를 반복하는데, 어느 날 베넷의 집 앞마당에 얼렁뚱땅 주차한 후 화장실이 급할 때는 베넷의 집을 이용하는 등, 아주 눌러앉았다. 처음에는 질색하던 소심한 베넷이 본의 아니게 할머니의 보호자이자 친구처럼 지내는 세월이 15년이나 계속된다. 이 영화를 일단 살아있게 만드는 것은 매기 스미스가 연기하는 노숙자 할머니의 천연덕스럽고 뻔뻔한 생존능력이다. 그리고 근거를 알 수 없는 자만감이다. 영화의 나머지 부분들은 상당 부분 모호함을 전제로 받아들이는 듯하다. 셰퍼드 부인은 한 때 유망한 피아니스트였고, 수녀가 되려고도 했으며 전시에는 운전기사였고, 교통사고를 저질렀다는 망상도 있으며, 가족에 의해 정신병원에 수감되기도 한 전력을 가지고 있으나 모든 인과관계와 사회적 맥락은 불명확하다. 작가 베넷에게는 할머니와 비슷한 나이지만 먼저 치매에 걸려 요양원으로 모신 어머니가 있으며 작가는 할머니를 도와줄까 말까하는 갈등 속에서 두 인물로 분화되어 늘 혼잣말을 한다.

이 영화는 노숙자 할머니의 불안한 삶을 그리는 것 같지만 어쩌면 노숙자를 바라보는 런던 중산층의 불안감과 죄책감과 숨겨진 혐오감을 더 효과적으로 보여준다. 영화 속에서 영국의 중산층 이웃들은 적어도 겉으로라도 셰퍼드 부인에게 친절을 베푸는 척하며, 빈곤노인들을 위한 영국의 사회적 안전망은 한국보다는 나은 것 같다.[4]

'더 레이디 인 더 밴'을 주인공으로 한 영화가 한 편 더 있다. 아시아계 미국인 여성감독 클로이 지오가 감독하고 프랜시스 맥도맨드가 주연한 최근작 〈노매드랜드, 2021〉인데, 드물게도 노인 여성 주체의 존재론적 질문과 고뇌 그 자체를 길게, 느리게 드러내는 영화였다. 베니스 영화제 황금사자상과 오스카를 비롯해 세계적인 영화상들을 각 부문에서 휩쓸기도 했지만 과연 묵직한 여운이 오래 가는 작품이었다.

나이를 잘 알 수 없는 아줌마/할머니인 펀은 낡은 밴 하나를 끌고 오래 정붙이고 살던 네바다를 떠나게 된다. 2008년 세계금융위기 후 네바다의 석고보드 공장지역이 폐쇄되고 생산직 기술자였던 남편도 죽자 자식도 없던 그녀는 무작정 그곳을 떠날 수밖에 없었다. 아마존 물류센터, 캠프촌의 잡역부, 햄버거 요리사 등 시급노동을 하며 무료로 주차할 곳을 찾아 미국 서부의 캠프촌을 떠돈다. 이 영화는 내러티브도 서사도 갖추지 않았다. 영화는 시종일관 황량하고 쓸쓸하지만 펀의 방랑과 탈주와 자유, 그 중간의 어디쯤을 그냥 모호하게 보여준다. 카메라는 계속적으로 아름다움과 황폐함이 함께 녹아든 황혼 무렵, 미 서부지역의 허허벌판과 자연들을 배경으로, 맥도맨드의 알 듯 말 듯한 표정들을 역광으로 흐릿하게 잡는다. 펀은 호수에서 알몸으로 수영하며 충만함과 평화를 맛보기도 하고 캠프촌을 드나들며 많은 노매드들과 만나고 헤어진다. 그들 역시 배제되고 소외받고 상처를 지닌 부류들이지만 또한 어느 만큼은 그 고통으로부터 벗어나 있는 노인들이다. 그중 누군가 말한다. '이런 생활이 좋은 것은 누구와도 진짜로 이별하지 않기 때문'이라고. 그녀는 잠시 어떤 따뜻한 가족으로부터 동거의 제안을 받기도 하고 죽은 남편과 살던 빈 집을 찾아가 보기도 하지만 영화가 끝날 즈음, 관객도 이미 알게 된다. 그녀가 더 이상 아기냄새 밴 네모난 어둑한 '방'에서 다시 살 수 없음을.

요즘 넷플릭스를 보면 자신감 넘치고 용감한 서양 할머니를 주인공으로 하는 낙관적이거나 유쾌한 영화도 심심찮게 보인다. 〈나이애드의 다섯 번째 파도, 2023〉는 실화를 바탕으로 만든 영화로 63세에 쿠바 하바나에서 플로리다 키웨스트까지의 바다를 다섯 번의 도전 끝에 안전장치 없이 헤엄쳐 완주한 수영선수 다이애나 나이애드(아네트 베닝)와 여성 코치(조디 포스터)의 이야기다. 영화는 단조로울 정도로 주인공의 도전과 승리, 그리고 코치와의 협업이라는 플롯라인을 힘차게 따라가는데, 베닝이 바다와 사투를 벌일 때 나이 들어 힘겨워하는 근육이 시종일관 화면에 가득하다. 얼핏 할머니와 거리가 있는 듯한 단일 목표를 향한 직진, 그리고 신체적 힘의 승리는 할머니가 쟁취할 수 있는 자기정체성의 또 다른 모습을 보여준다. 촬영 당시 65세였다는 베닝의 실제로 잘 훈련된 몸과, 연기자로서의 투지가 대단하다.

어떤 할머니 코미디들은 개방적이며 진보적인 주제에도 불구하고 한국의 정서나 문화와 너무 달라서 공감하기 쉽지 않은 경우도 있다. 〈무빙 온, 2022〉은 제인 폰다가 연기한 주인공 할머니가 친구(릴리 톰린)의 도움을 얻어 과거에 자신을 성폭행했던 남자를 통쾌하게 복수하는 얘기다. 남자를 권총으로 사살할 결심을 하지만 권총을 구하지 못해 조명탄 총을 사용하는데 남자는 때마침 심장마비로 진짜 죽어준다. 늙었더라도 개인적 의지와 자신감을 표출할 수 있는 서구사회, 게다가 낙관적이고 용감한 행동력을 지닌 할머니들, 그들에게 힘을 실어주는 것은 여성끼리의 우정과 연대라는 것이다. 〈그랜마, 2015〉는 페미니즘 색채가 짙은 인디영화다. 인텔리 레즈비언 할머니가 남자친구와 헤어진 손녀의 유산 수술을 하기위해 필요한 돈을 구하러 하루 종일 뛰어 다닌다. 코미디언이기도 한 릴리 톰린이 또 주인공을 맡았으니 언뜻 유쾌한 로드무비처럼 보인다. 그러나 가슴이 아릴정도로 씁쓸함이 남는 영화다. 과거 남자들과 여자 애인을 넘나들며 달콤함과 죄와 시행착오의 화려한 과거를 누렸던 레즈비언 할머니는 돈 600불을 빌릴 곳이 없어서 손녀의 손을 잡은 채 옛 연인과 지인들의 문 앞에서 하루 종일 수모와 모욕을 당한다. 할머니 동성애자에게 세상은 호의적이지 않다. 고단했던 하루는 잔인하고 '엿 같지만' 할머니는 활기를 잃지 않는다.

남녀 노인들을 주인공으로 해서 늙어 감을 낙관주의와 용기로 극복하는 영화들도 있다. 그중의 하나로 '황혼판 〈러브 액츄얼리〉'로 불리며 흥행에도 성공한 〈베스트 엑조틱 메리골드호텔, 2012〉을 들 수 있다. 갖가지 사연과 상처를 안은 일곱 명의 노년 남녀가 인도 우다이푸

르의 낡은 호텔에 모이게 된다. 그들은 낯선 인도문화에 경악하고 호텔 시설에 실망하지만 용기를 내어 각자의 사랑, 욕망, 일, 재활, 옛 애인 찾기 등에 재시동을 건다는 내용이다. 이들은 모두 자신의 나이 듦을 인지하고 있으며 일부는 죽거나 미국으로 돌아가기도 한다. 그러나 대부분 낯선 도시에서 설레는 마음으로 삶을 재출발한다. 매기 스미스, 주디 덴치, 빌 나이, 톰 윌킨스 등 쟁쟁한 노익장 배우들이 조금은 어설픈 에피소드들에 생기와 질감을 부여한다.

마지막으로 할머니는 오늘의 관점에서 만든 사극 영화에도 주인공으로 등장한다. 물론 여왕으로서 할머니가 될 때까지 오랜 기간 통치한 경우가 그 대상이다. 70년간 재임했고 2002년 96세의 나이로 사망한 엘리자베스 2세에 대해서는 다큐로 그린 〈퀸 엘리자베스〉, 극영화 〈더 퀸〉, 드라마 〈크라운〉 들이 있다. 워낙 오랜 기간에 걸쳐 통치했다보니 얘깃거리는 궁전 안팎으로 무궁무진하다. 재위기간도 짧고 여러 가지 지병으로 오십 가까운 나이에 죽었지만 〈더 페이버릿: 여왕의 여자, 2019〉는 18세기 초 스튜어트 왕조의 마지막 군주였던 앤 여왕의 불행했던 사생활과 권력을 탐하는 주변 여성들과 얽힌 욕망의 관계를 실화에 입각해 현대적 감각으로 풀어내기도 했다.

*

1 같은 제목으로 번역된 멜리나 메르쿠리와 앤서니 퍼킨스 주연의 1962년 작 프랑스 영화도 있었다.

2 장 아메리, 『자유죽음: 살아가면서 선택할 수 있는 유일한 것에 대하여』, 김희상 옮김, 위즈덤하우스, 2022. 죽음을 선택할 자유를 치열하게 사유한 현대 자살론의 고전으로 알려져 있다.

3 한국에 실제로 고려장이라는 풍습이 있었는가에 대해 의문을 제기하는 국내 학자들이 많다고 한다.

4 매스컴을 통해 알려진 바에 의하면 한국에도 셰퍼드 부인과 비슷한 고학력 여성노숙자가 있는데, 광화문 맥도날드 햄버거 매장에서 숙식을 해결하는 '맥도날드 할머니', 고 권하자씨와 고려대 중앙광장 도서관에서 기거하다시피 하는 중광할머니 송선희씨가 있다.

드라마(TV, OTT)

한국 (TV) 드라마 속 할머니들

한국의 경우 TV가 일반가정에 보급된 1960년대부터 곧 TV 드라마가 제작되어 인기를 끌기 시작했다. 안방극장이라고 불리던 TV 드라마는 관객들이 굳이 극장까지 가지 않더라도 연속극 형식으로 드라마를 가정에 제공했다. 정해진 시간에 TV 앞에 모여 앉은 가족들을 대상으로 제작되었으며 새로운 미디어의 사회적 영향력은 대단해서 인기 있는 드라마가 방영될 때는 저녁 길거리가 조용했다고 한다. 그 후 수십 년간 TV 드라마는 대중 오락물로 소비될 뿐 아니라 때로는 한국사회를 움직이는 집단 무의식과 정동(情動)[1]의 주요 원천이라고 해도 과언이 아닐 정도로 대다수 한국인들의 정서와 가치관 형성에 영향을 끼쳤다.

물론 한 때 영화산업 까지 위협했던 TV 드라마도 디지털 시대가 열린 이후에는 위상에 변화가 생겼다. 디지털 영상이 일반화되면서 영화건, TV 드라마건, OTT에서 자체 제작한 드라마건, 영상제작물들을 소비자의 요구에 맞춰 스트리밍해주는 OTT 플랫폼들이 생겨나기 시작했다. 구독자들이 아무 때나 아무 곳에서나 마음대로 전 세계의 영화, 드라마들을 골라볼 수 있는, 소위 넷플릭스 시대로 불리는 스트리밍 서비스의 시대가 열린 것이다. 동시에 유튜브나 각종 소셜미디어를 통한 개인들 간의 초연결시대가 열리면서 전 세계인들이 〈오징어게임〉〈케이팝 데몬 헌터스〉와 같은 한국계 글로벌 콘텐츠에 함께 열광하기도 하는 시대가 되었다. 언젠가 전 세계인들이 'K할머니'에 열광한다는 내용의 유튜브가 휴대폰에 뜰지도 모를 일이다.

TV 드라마는 아무래도 한 가족 내의 전 구성원을 의식하고 제작되었으며 가정에 머무르는 시간이 많던 여성들을 주요 타깃으로 하다 보니 가족을 배경으로 하는 드라마가 많았다. 따라서 청춘이나 중장년 위주로 돌아가던 영화에 비해 홈드라마, 멜로드라마, 사극 등 많은 드라마에서 할머니들도 조연급으로 더 자주, 구석구석 등장하게 되었다. TV 드라마는 장소성이나 내용의 일상성 면에서 영화보다 관객에게 더 심리적으로 밀착되는 면이 있으며 이는 탤런트라고 불리기 시작했던 안방극장의 배우들이 일반 대중들의 매일의 정서와 친밀하게 교감할 수 있었기 때문이기도 하다. 1960년대부터 TV 방송국들이 드라마를 방영해 인기를 끌기 시작하자 연극 무대, 영화 스크린, 라디오 방송극으로부터 많은 연기자들이 유입되었다. 당시 할머니 역을 맡았던 할머니 배우들로 무대와 영화에서 실력을 다져왔던 복혜숙, 한은진, 황정순, 정애란 등과 그 다음 세대로 강부자, 반효정, 정혜선, 김용림, 여운계, 그리고 성우로도 활발히 활동했던 김영옥, 나문희 등의 기억이 어렴풋이 떠오른다. 언젠가부터 이들이 할머니 연기자에 대한 수요를 채우지 못하자 당시 비교적 젊었던 김혜자, 김수미 같은 연기자들도 노인 분장을 하고 뛰어들기도 했다. 연극이나 영화에서 실력을 쌓았던 중장년의 연기자들로 채워졌던 이 시기의 풍부한 연기자 풀은 반세기 후 〈디어 마이 프렌즈〉와 같은 무르익은 할머니 배우들 주연의 TV 드라마를 가능하게 하지 않았나 생각해본다.

〈전원일기〉, 그 이전

사극은 TV 드라마의 일상성과는 조금 거리가 있지만 안방극장의 마르지 않는 이야기보따리로서 초기부터 한국 TV 드라마의 인기 아이템으로 꾸준히 인기를 끌었다. 1983년 MBC의 〈조선왕조 오백년〉 시리즈를 본격적인 시작으로 해서 역사적 사실에 기반 했거나 영감을 받은 드라마가 현재까지 백편 내외에 달한다고 한다. 2000년대까지는 소위 정통 사극, 2010년대 이후에는 팩션이나 퓨전 사극이 인기를 끌고 있다. 가끔 삼국시대나 고려시대도 있지만 시기적으로 가깝고 각종 사료도 풍부한 조선왕조의 궁중역사가 주를 이룬다. 사극은 주로 남성들의 왕위 세습 쟁탈전의 형식으로 진행되지만 궁중사극에서 할머니는 대왕대비며 나이든 상궁 등으로 반드시 필요한 존재였다. 사극이 주로 권력투쟁을 통한 왕위 세습전 위주로 전개 되다 보니 궁중여성들의 역할도 작지 않고 극적 흥미를 위해 오히려 과장되는 경우도 있다. 여성들은 세손을 낳는 왕비 뿐 아니라 성인의 된 왕의 어머니는 대왕대비라는 타이틀로 등장하고 수많은 상궁과 궁녀들이 왕족의 시중을 들며 궁중암투에 참여하게 된다. 이중에는 할머니 인물들도 꽤 있다. 조선시대의 평균수명이 오십 세 전후 였고 왕실의 인물들은 더 일찍 생을 마감하는 경우가 많았다지만 잘 알려진 여성 인물들 중에도 정희왕후, 인수대비, 자순대비(정현왕후), 문정왕후 등은 육십 대 중후반까지 수를 누렸다고 한다. 가장 불행했던 궁중여인의 하나인 단종의 왕비 정순왕후는 동대문 밖 초가집에서 염색을 하며 81세까지 살았다는 기록도 있다.

드라마 속에서 이들 왕족할머니들의 인생 코스는 크게 보아 대동소이하다. 십대에 궁녀나 후궁이나 세자빈, 왕비 간택 등으로 궁에 들어와 천신만고 끝에 왕위를 이을 아들을 낳고, 어린 세자의 생명을 정적으로부터 지키는 과정에서 궁 안의 온갖 암투와 권모술수에 휩쓸리게 되며, 친정이 힘이 있거나 본인의 권력의지가 강하면 외척들과 함께 세를 불려 당파싸움의 중심에 서기도 한다. 나아가 때로는 어린 왕을 대신한 수렴청정으로 대왕대비로서 권력의 맛에 길들여지다가 며느리와 파워게임을 벌이기도 하는, 비슷비슷한 생애사적 과정 중의 일부를 밟는 것이다. 구중궁궐 속에서 여성인물이 겪는 이런 다양한 시련들은 훌륭한 드라마로 재탄생하기에 충분한 자료가 된다. 인수대비(연산군 할머니), 정현황후(연산군의 계모), 문정왕후(중종의 세 번째 부인)처럼 파란만장한 궁중암투들 속에서 고통을 받으면서도 강한 성품과 의지, 그리고 저서집필이나 불교중흥 등 각자의 개성과 능력과 업적을 갖춘 할머니 인물들이 없지 않다.

그러나 한국 사극들은 지나치게 권력 추구와 궁중 잔혹사에 집중되어 있고 그러다보니 주제나 인물들이 다소 평면적이다. 개인적으로 내가 사극을 즐겨보지 않는 이유다. 셰익스피어 사극도 한국의 조선왕조처럼 셰익스피어 당대로부터 한 백 년 전 시기의 왕위쟁탈전들을 그렸는데 그의 사극이 비극 못지않은 평가를 받는 이유는 그가 그 역사 사료에 입체적인 인물과 삶에 대한 성찰과 향기로운 대사를 입혔기 때문이다. '정통사극'을 표방한 TV 드라마의 경우 대중적 인기에 영합하느라 역사에 대한 고증과 해석도 부족하다는 학계의 비판도 가끔 들린다.

궁중사극은 아니지만 지난 시대를 배경으로 여성일대기를 그린 드라마들은 계속 인기를 모았다. 할머니가 주인공이라고는 할 수 없지만 TBC가 1970년에 제작해 TV 드라마 최초로 빅히트를 쳤던 일일드라마 〈아씨〉는 일제 강점기를 배경으로 어려운 시댁어른들을 모시고 자식을 낳고 키우면서 기생들과 외도를 계속해 가산까지 탕진하는 남편을 만주까지 찾아다니며 삼종지도를 지켜낸 한 많은 여인의 인생스토리였다. 김희준이 여주인공 역할을 맡았고 이미자가 주제가를 불렀으며 TV가 아직 귀했던 시절에 남의 집 툇마루에 모여 어깨너머로 시청하던 여성들의 눈물샘을 자극하며 공전의 인기몰이를 했으나 어디까지 철저히 희생과 인내 중심의 상투적이고 복고적인 여성상에 기반 했다. 그 후 박경리 소설 원작을 여러 번 극화한 〈토지〉라든가 제주도 출신 여성 상인을 그린 이미연 주연의 〈거상 김만덕, 2010〉 들은 강인하고 창의적인 여성들이 당대의 사회적 인습과 격랑을 헤쳐 가는 과정을 보여줬지만 역시 한창 시절의 주인공들을 중심으로 전개되며 본격적인 할머니로서 사는 단계까지는 길게 보여주지 못했다. 할머니로 오래 살기에는 당시의 평균수명이 짧기도 했거니와 안방극장의 주역으로 할머니라는 존재는 그리 길게 환영받지 못했을 수도 있다.

사극의 프레임 속에 있거나, 흰머리 분장하고 잠시 누워 앓다 죽거나, 젊은이들을 받쳐주는 단역이 아니라 현대를 살아가는 할머니라는 존재들이 그 자체로 조금씩 인기를 끌고 매력을 발하기 시작한 것은 좀 뜻밖의 드라마를 통해서였다. 그것은 1980년부터 2002년까지 최장수로 방영되며 '국민 드라마'로 자리매김 된 〈전원일기〉가 아닐까 한다.

〈전원일기〉는 양촌리라는 서울 근교 농촌 마을의 몇몇 가족을 중심으로 해서 주변의 생활 에피소드로 매 회 얘기를 꾸려가는 농촌드라마였다. 농사일에 전념하며 농촌에서 따뜻하고 평화롭게 살아가는 대가족을 그린 〈전원일기〉는 사실 현대 한국 농촌의 현실과는 괴리가 있다는 점에서 도시인을 위한 농촌 판타지라는 놀림을 받거나 제5공화국의 정치적 폭력을 비껴간 '정서 순화용 드라마'라는 비아냥도 받았다. 그러나 차범석, 김정수 작가의 맛깔진 대본과 최불암, 김혜자, 김수미 등 노역 연기자들의 구수하고 찰진 연기는 〈전원일기〉를 한국인이 가장 사랑하는 드라마로 만들었다. 이 전설적인 농촌 드라마에서 두 평범한 시골 할머니 '김회장댁(김혜자)'와 '일용엄니(김수미)'는, 브라운관에서 할머니도 꽤 리얼하고, 매력 있고, 경쟁력이 있는 존재가 될 수 있다는 가능성을 처음으로 보여주기 시작했던 것 같다.

농촌조합회장 출신으로 마을의 정신적 어른이기도 한 김회장(최불암)의 조신한 안사람으로, 은근히 까탈스러운 시어머니(정애란)를 모시면서 결혼한 두 아들과 손주들을 거느린 김혜자는 전형적인 농촌 어머니/할머니다. 그러면서도 상투성을 벗어났다. 별 큰 사건 없이 진행되는 드라마 속에서도 김회장댁은 여러 얼굴을 품고 있는데, 희끗한 쪽머리(가발)에 허름한 한복치마 위에 스웨터를 입고 집 한 켠에 있는 듯 없는 듯 자리 잡은 고운 존재감, 남편과 시어머니와 자식들 사이에서 맞추는 대가족의 중심으로서의 절묘한 균형감, 순종적으로 보이지만 잔소리와 싫은 내색도 가끔은 내비치는 개인적 성정, 초등학교 중퇴의 학력이지만 나름대로 세상사에 대해 지닌 예민한 판단, 때로는 소녀 같은 교태와 감성, 이런 요소들이 모여 김회장댁이라는 유니크한 할머니 캐릭터를 구성했다. 다소 미화된 역이기는 했으나 김혜자는 성숙기에 진입한 무르익은 연기를 통해 한국의 어머니/할머니로서의 보편성과 함께 일상의 리얼리티 속에서 살아있는 개별적 할머니 캐릭터를 만들어낸 것이다. 이는 작가의 능력도 있지만 상당부분 김혜자라는 연기자의 개성과 연기력이 빚은 결과라고 본다.

이웃에 사는 과부 할머니 일용엄니는 이런 김회장댁을 부러워하고 조금은 시기하며 호기심 많고 욕심도 많은 외로운 할머니인데 여러 면에서 복 많은 김회장댁 김혜자와 흥미로운 대조를 이룬다. 당시 젊은 나이로 다소 어색한 분장을 했음에도 불구하고 김수미 역시 이 유별나고 흥미로운 할머니 캐릭터를 뛰어난 노역연기로 구현했다.

1970년대부터 2010년대 초반까지 극작가 김수현은 자타가 공인하듯 TV 드라마계의 여왕이었다. 그녀는 여성극작가가 드물었던 당시 1972년 MBC의 일일연속극 〈새엄마〉를 통해 등장해 그 이듬해까지 일일극 사상 최장수 방영을 기록하며 돌풍을 일으켰다. 〈새엄마〉는 말 많은 대가족 가정에 소위 재취 자리로 들어간 여성이 의붓엄마에 대한 선입견을 뒤집는다는 내용이다. 특별한 극적인 사건 없이 가정을 배경으로 일상적 내용을 그리면서도 특유의 감칠맛 있고 톡 쏘는 화려한 만연체 대사로 안방의 여성 시청자들의 마음을 휘어잡음으로써 김수현의 시대를 열었다. 그 후 김수현의 손끝에서 매직처럼 흘러나온 〈사랑과 진실〉 〈사랑과 야망〉 〈청춘의 덫〉 〈내 남자의 여자〉 같은 멜로드라마, 〈사랑이 뭐길래〉 〈목욕탕집 남자〉 등 그녀의 주장기인 대가족 드라마들은 수 십 년간 한국의 여성들의 무의식과 집단적 정서를 쥐고 흔들며 안방극장에 군림했다고 해도 과언이 아니다. 가난하지만 자존심 높고 새로운 욕망을 지닌 똑 부러지는 성격의 미모의 여주인공과 냉정하고 호락호락하지 않은 '나쁜 남자' 사이의 치명적인 밀고 당기기, 윗세대 중심의 보수적 가치관과 신세대의 개방적인 라이프스타일이 혼재하는 대가족의 애환을 감칠맛 있게 그려냈다.

김수현은 보수와 진보적 가치관 모두에 거리를 두는 양비론적 관점을 견지한다. 공감과 냉소가 교차하는 이 대가족 드라마에서 비록 주인공의 자리에 서지는 못했으나 까탈스러운 시어머니나 인자한 친정어머니를 맡은 할머니들은 김용림, 사미자, 여운계, 남능미, 등 실력파 연기자들이 연기했다. 이들은 파트너인 할아버지와 함께 노년의 지혜로움과 위트를 잃지 않으며 존재감을 발휘하고 무게중심을 잡아준다.

노희경 작가의 등장—할머니도 내면이 있다

김수현이 쌓아올린 멜로드라마와 가족드라마의 철옹성은 21세기로 접어들면서 김은희, 김은숙, 박해영 등, 보다 트렌디한 감각의 여러 여성 드라마작가들에 의해 허물어지기 시작했는데 그 중 이 책의 주목을 끄는 작가는 단연 노희경이다. 노희경의 몇몇 드라마를 통해 한국의 할머니는 비로소 새 생명을 얻고 드라마의 주인공으로 재탄생했다고 해도 과언이 아니기 때문이다.

노희경은 1996년 MBC특집극으로 암투병 하는 엄마와 가족을 그린 〈세상에서 가장 아름다운 이별〉로 이름을 알렸다. 이후 〈꽃보다 아름다워〉 〈굿바이 솔로〉 〈그들이 사는 세상〉 〈괜찮아, 사랑이야〉에서 따뜻한 인간관계와 긍정적 인생관을 펼쳐낸다. 그녀의 드라마는 일상을 세밀하게 들여다보는 특유의 느린 템포, 그리고 배려와 공감이 담긴 독특한 대사를 통해 팍팍한 인생살이와 삭막한 인간관계에 소위 힐링을 제공해주는 것으로 평가되고 있으며 방송작가로서는 드물게 마니아층을 형성하고 있다. 2010년대 중후반 이후부터는 장애인이나 성소수자들, 환자, 노인, 미혼모 같은 소외층과 사회적 약자에 주목하면서 윤리적이며 정치적인 문제를 제기하려는 경향도 보인다. 특히 각자 다른 형편의 삶을 사는 여고동창 여성노인 다섯 명을 집단적으로 정면에 배치한 〈디어 마이 프렌즈, 2016〉는 할머니라는 의외의 묵은 소재를 충격적으로 신선하게 요리해냄으로써 노희경의 독자적인 존재감을 재확인하게 한 동시에 시청자들의 마음에 '할머니란 무엇인가?'라는 질문의 싹을 트게 한 작품이라고 하겠다.

남편을 먼저 보낸 후 혼자 살면서 치매증세가 심해져 혼란을 겪는 조희자(김혜자), 가부장적이며 인색한 남편 밑에서 고생하지만 세계일주의 꿈을 품고 사는 문정아(나문희), 시골 노부모와 장애인 동생을 강한 생활력으로 돌보는 장난희(고두심), 난희를 배신한 과거가 있으며 여러 번 이혼했고 암에 걸린 배우 이영원(박원숙), 지적 허영심으로 예대 교수들에게 이용당하며 사는 중졸 카페여주인 오충남(윤여정)들은 혹독한 사회변동과 경제성장기를 거친 70대를 전후한 할머니들로서 현실에 충실하면서도 각자 자신의 삶에 관해 성찰하며 때로는 용감하게 기존의 가치관과 이데올로기들로부터 벗어나려고 시도하고 실천하며 살아간다. 작가는 다섯 명의 할머니들 각자가 나이 들어가면서 겪는 고독, 노화와 질병, 가족관계, 친구관계, 가부장제도나 결혼 이데올로기 등 기존 가치관과의 부딪침, 주체적 삶의 문제, 그리고 노년(여성)들 사이에 형성되는 짙은 연대감을 생동감 넘치게 그려냈다.

드라마는 번역 작가인 고두심의 딸 박완(고현정)의 관점을 통해 진행된다. 완이는 자신의 엄마 고두심 뿐 아니라 엄마 친구 모두를 '이모'라고 부르며 모녀처럼, 친구처럼 지내며, 사고로 장애를 얻게 된 애인(조인성)과의 가슴 아픈 사랑 얘기로 극을 꿰는 서사의 끈 노릇을 한다. 시도 때도 없이 불러대는 이모들에게 끊임없이 투덜대기는 하지만 완이는 엄마들과 미래를 이어주는 다리다. 이 재미난 드라마를 보지 않은 사람은 드물겠지만 다섯 명의 할머니 친구들을 키워드 별로 기억을 살려 다시 정리해보자. 작가가 얼마나 다양하고 균형 있고 섬세하게 인간관계의 태피스트리를 짰는지 확인할 수 있다.

고두심[2]의 키워드는 현실의 무게다. 그녀는 다섯 친구 중에서도 왠지 중심에 선 것 같은 느낌을 준다. 내레이터인 박완의 엄마이기도 할뿐더러 자질구레한 고민과 갈등에 가장 많이 얽혀있기 때문이다. 항상 화가 나거나 지쳐있고 소리 지르고 미간을 찌푸린 모습으로 등장하며 어찌 보면 친구들 중에서 가장 덜 행복한 삶을 살고 있다. 음식점을 경영하는 자영업자로서 하루 종일 몸을 움직여야 할 뿐 아니라 근교 시골에 사는, 역시 행복하지 못한 부모님과 장애인 동생까지 돌봐줘야 한다. 죽은 남편이 과거 친구와 외도를 했는데 알려주지 않았다는 이유로 박원숙을 용서하지 못하며 마지막에는 간암으로 수술까지 한다. 누구한테서도 사랑받고 보호받지 못했던 탓인지 딸과 최소한의 경계를 긋지 못하고 지나치게 의존하며 간섭하며 갈등했지만 마지막에는 역시 힘들어하던 딸과 화해하고 삶의 부담에서 탈출을 시작한다.

나문희의 키워드는 좀 상투적이지만, 꿈과 실천이다. 나문희는 70대의 친구들 중에서는 가장 가시적으로 주체적인 삶의 행보를 보인다. 오충남 정도를 제외하면 가장 젊게, 적극적으로 산다고도 할 수 있다. 친정엄마의 죽음을 계기로, 그녀는 이기적이며 폭압적인 남편을 피해 작은 집을 사서 가출을 감행한다. 한국 할머니 열이면 일고여덟이 꿈꾸는 상상을 실제로 실천에 옮긴 것이다! 실천에 옮겼다는 이 점이 중요하다. 손가락 하나 안 움직이고 소리만 지르는 지긋지긋한 남편 신구와 살면서도 오직 세계일주 시켜준다는 약속을 믿고 견뎠을 정도로 자신만의 삶을 추구하려는 면이 있기에 가능한 실천이었을 것이다. 결국 남편이 뉘우치고 개과천선해서 일이 그런대로 나쁘지 않게 해결되기는 했지만 말이다.

김혜자의 키워드는 돌봄과 다정함이다. 김혜자에게는 자주 소녀적이고 보호본능을 불러일으키는 역할이 주어진다. 아마도 작가들은 그녀의 꿈꾸는 듯한 눈과 느리고 나긋한 말투를 상상하며 글을 쓰는 것 같다. 그녀가 원하는 것은 다정함이고 그 태도는 주변인들의 돌봄 욕구를 자극하는데 심지어 변호사에 매너도 괜찮은 노신사의 구애를 받는 복까지 누린다. 그런데 그게 문제가 아니다. 김혜자의 진짜 문제는 원래 남편의 죽음 등으로 인해 우울증과 신경증이 있는데다가 치매 증세가 점점 깊어진다는 점이다. 혜자는 문희와 가장 친하다. 혜자는 문희에게 의지하고 돌봄 능력이 있는 문희는 혜자를 보호함으로써 둘은 궁합이 맞는 친구인 셈이다. 둘이 밤 운전을 하다가 노루를 친 후 인명사고를 낸 줄 알고 겁에 질려 대처하는 에피소드는 두 할머니의 우정이 진짜임을 멋지게 증명해낸다. 그래도 결국 그녀는 혼자가 된다. 치매가 깊어진 혜자는 인형 하나를 들쳐 업고 혼자 과거로의 여행을 떠나고 만다.

박원숙의 키워드는 병과 몸과 용서다. 박원숙은 외국물을 먹은 성공한 영화배우로서 여러 차례 이혼했음에도 불구하고 사랑에 진심인 여인이다. 다른 인물들과의 맥락에서 조금 튀는 듯하지만 병든 몸뚱이가 다른 인물들과 그녀를 이어주는 매개가 된다. 고두심은 오랫동안 박원숙의 배신을 용서 못했지만 암에 걸린 박원숙의 가발과 수술한 몸뚱이를 보고 용서하게 된다. 나중에는 고두심도 간암에 걸리게 된다. 평등하게 병들어가는 몸은 모든 노인들을 다시 한 번 친구로 묶어준다.

윤여정이 연기한 오충남은 유일한 독신이며 약간은 현대적이며 모호한 면이 있는 캐릭터다. 다른 친구들에 비해 자신이 뭘 원하고 뭐가 비어있는지 잘 모르는 인물로 보인다. 알 수 없는 불안과 결핍이 있으므로 그녀의 욕망은 갈지자이고 헛다리도 많이 짚는다. 그녀의 키워드는 결핍과 욕망이 될 것이다. 중졸이라는 학력 콤플렉스를 가지고 있어서 대입학력고사에 미련을 두기도 하지만 여정은 머리도 좋고 쿨하고 통도 크다. 부동산으로 돈을 좀 벌어 교외에 카페를 운영하고 있으며 근처 미술대학의 교수 나부랭이들과의 교류를 즐기고 있다. 교류라지만 실은 공짜로 그들에게 카페음식을 제공하고 그들의 그저 그런 작품들을 사주는 등 그들에게 이용당하고 있는 것이다. (여정이 안목이 높아 실은 그 도자기들이 예술성이 높은 것으로 밝혀진다는 좀 미심쩍은 반전이 있기는 하다) 조금은 스스로 냉소적이었지만, 자신이 지식인, 예술가들과 교류하고 있다는 여정의 환상과 착각은 그녀가 한 밤에 급성 맹장염에 걸리면서 여지없이 깨지게 된다. 그리고 나이든 여인은 젊은 친구들을 떠나 같은 또래의 늙은이들 곁으로 일단 돌아온다. 윤여정은 혜자에게 구애하는 주현에 예전부터 마음이 있어 잠시 질투를 부리기도 하지만 그들 할머니들의 우정은 크게 영양가 없는 연애 정도는 가볍게 뛰어넘는다.

그밖에 과거 자신을 학대했던 남편을 학대하는 고두심의 친정어머니 오쌍분 여사, 혜자를 사모하는 변호사 할아버지 주현, 나문희의 지긋지긋한 남편 역의 신구, 고두심이 즐겨 다니는 콜라텍의 웨이터 할머니 남능미, 이들의 영정사진을 미리 찍어주는 이웃의 멋쟁이 사진작가 다니엘 헤니 등 흥미로운 인물로 가득하다.

이들 60~70대의 여성들은 각자 삶의 색깔과 스타일을 잃지 않으면서도 외롭고 상처받고 결핍된 일상들을 서로 보듬고 위로하고 공감하며 살아간다. 그 과정에서 치열한 현실에 발붙였다기 보다는 자존감과 유머와 쿨한 균형감각 등의 면에서 서구적 세련미까지 풍기기도 한다. 따라서 그런 삶들이 얼마나 리얼하며, 얼마나 또래의 한국 할머니들 일반을 대변해주고 있는가에 대해서는 약간의 이견들이 있을 수도 있다.

우선 이 다섯 명의 친구들은 먹고 사는데 별 걱정이 없는 중산층 이상의 경제적 기반 위에 있다. 생활을 위해 진짜 노동을 하는 할머니는 극중 작은 에피소드로 밀려나있다. 그래서인지 할머니들은 하나같이 그늘 없는 선한 심성과 많이 오염되지 않은 소녀적 감성들을 지니고 있는데 이 점은 노희경 휴먼 드라마의 매력이자 한계가 아닐까 한다. 또한 아무리 고향 학교 동창들이라고 하지만 그 나이에 그처럼 바닥까지 신뢰하고 교감할 수 있는 친구가 하나도 아니고 여럿 있다는 것은 현실에서 여간해서 누리기 어려운 행운이다. 이런 점에서 이 드라마는 여성주의적 자매애에 관한 판타지처럼 느껴지기도 한다. 이 밖에 여유 있는 삶과 상호 돌봄이 가능한 중산층 이상의 노인들의 생활을 이상적으로 그렸다는 점, 난희의 딸이자 작가인 완의 시점으로 진행되고 있으며 그녀가 자신의 인생고민에도 불구하고 모든 엄마 친구들의 딸이 되어준다는 점에서 이 드라마를 부모 돌봄 의무에서 벗어나고 싶어하는 자식 세대들의 상상력의 산물로 해석한 글도 있었다.[3]

이런 일부의 의견에도 불구하고 〈디어 마이 프렌즈〉는 마침 존재감을 드러내기 시작했던 베이비부머와 그 직전세대의 할머니들을 극의 주인공이자 이 사회의 주요한 구성원으로 재발견하게 하는데 큰 공헌을 했다. 작가가 창조한 각 인물들은 배역을 맡은 여배우들의 실제 캐릭터와 하나가 되며 다채로운 에피소드를 엮어감으로써 할머니들이 흥미로운 주인공이 되었다는 기념비적 결과를 만들어냈다. 노희경은 연기자와 특별한 유대를 가지면서 편하고도 심도 있는 연기를 끌어내는 작가로 알려져 있다. 아마도 작품을 쓸 때 연기자를 생각하며 디테일을 만들어가지 않나 생각한다. 노희경의 휴머니즘이 나이 든 연기자들의 무르익은 연기 내공과 결합함으로써 그동안 안방 드라마에서 만나기 힘들었던 할머니 주인공들이 단체로 빛을 발했던 특별한 작품이 되었다.

역시 노희경 작가의 〈우리들의 블루스, 2022〉는 제주도의 푸릉이라는 지역을 중심으로 이곳에서 태어나고 자랐거나 인연을 맺은 열네 명의 인물들끼리 이리저리 얽히고 풀리는 에피소드들을 옴니버스 형식으로 엮었다. 극중 인물들은 대부분 매우 불행한 어린 시절의 상처를 지니고 있고 극단적으로 힘든 상황을 헤쳐가고 있는 인물들이다. 그들은 어린 시절 부모를 잃었고 가난과 외로움과 주변의 배척 속에서 살아왔으며 현재에도 결핍, 절망, 분노 등에 시달리고 있다. 그럼에도 이 작품을 빛나게 하는 것은 노희경다운, 인간에 대한 따뜻함과 긍정과 배려가 담긴 시선, 등장인물등 사이의 상호 배려, 그리고 무엇보다 여성들 사이의 연대감이다.

여성들 사이의 연대감의 중심에는 70대 초반의 고참 해녀 춘희(고두심)의 존재가 있다. 그녀는 해녀로서 가장 고령일 뿐더러 마을의 여성들 전부의 인생의 멘토 역할을 하고 있다. 남편과 세 아들을 잃고 막내아들까지 뇌사상태에 빠지게 된 불운한 가정사를 지닌 할머니지만 그 고난을 이겨내고 자신의 삶을 당당히 살아내고 있으며 남들의 삶까지 헤아리는 성숙한 면모를 지니고 있기 때문이다. 춘희의 단짝인 옥동(김혜자) 역시 70대 중반으로 이런 춘희의 그림자 같은 존재다. 춘희 못지않은 비참한 가족력을 지닌 할머니이지만 춘희와 서로를 비춰주고 의지하는 거울로 작용한다. 옥동은 거침없는 춘희와 달리 방어적이고 자폐적인 방식으로 자신을 응징하는데 스스로의 불행에 대처하는 서릿발 같은 엄혹함에서는 일관성과 자기 확신과 어떤 위엄마저 느껴진다.

십대와 청년층, 사오십 대의 장년층, 칠팔십 대라는 여러 세대가 고루 섞인 이 드라마에서 두 명의 '과부 할머니'들의 존재감과 생명력은 젊은 세대들에게 절대 밀리지 않는다. 물질하던 해녀가 물 위로 올라와 숨비소리를 내듯이 이 두 할머니를 중심으로 공동체는 숨을 쉰다. 할머니는 해녀 조직을 이끌고, 가족과 애인 관계들의 아픔들을 못 본 척

하면서도 따뜻한 시선으로 보살필 뿐 아니라 장애인들까지를 적극적으로 팔을 뻗어 공동체의 품으로 안는다. 단 장애 여성을 그리는 작가의 관점이, 종래의 남성적 시선을 통한 낭만화된 대상에 머문다는 점에서 멜로적 한계를 벗어나지 못했다는 지적도 있다.[4]

노희경의 드라마에서는 여성들이 눈길을 끄는 경우가 많다. 〈디어 마이 프렌즈〉나 〈우리들의 블루스〉나 남성들보다는 난관을 씩씩하게 헤쳐 가는 여성들의 연대가 빛나는 드라마다. 하지만 노희경은 전투적 페미니스트는 아니며 남성을 배제하지도 않는다. 타인의 아픔에 누구보다 민감하면서도 노희경의 관점은 대체로 체제 내적 테두리 안에 자리한다. 안방드라마라는 장르의 한계일수도 있고 작가의 긍정적이며 낙관적인 세계관 때문이기도 할 것이다. 노희경의 드라마는 다양한 관점의 평가 이전에 우선 그 존재 자체로 의미가 있다고 본다. 무엇보다 노희경은 할머니들도 젊은이들 못지않은 아픔과 설렘, 욕망과 결핍, 수치심과 분노, 그리고 삶의 아름다움을 느낄 수 있는 풍부한 내면세계를 지닌 존재라는 점을 아마도 처음으로 드러내 준 한국 드라마작가라는 점에서 그렇다.

김혜자, 윤여정과 할머니 연기자들의 무게

할머니의 존재가 주목을 끌게 되면서 〈눈이 부시게, 2019〉 〈수상한 그녀, 2024〉처럼 소녀가 시간이동을 통해 갑자기 할머니가 되거나, 할머니가 마술처럼 젊은 시절로 돌아가거나 하는 내용의 드라마가 인기를 끌기도 했다. 전반적으로 타임 슬립의 유행을 타기도 한 이 두 드라마는 분위기는 다르지만 늙음 속에 감춰진 젊음에 대한 동경과 회한과 아쉬움을 드러낸다는 점에서 공통된다.

이남규·김수진 극본, 김석윤 연출의 〈눈이 부시게〉는 할머니의 삶을 전면에 배치하면서도 노희경의 〈디어 마이 프렌즈〉 못지않게 대중성과 작품성을 인정받고 화제가 되었던 작품이다. 이 드라마는 김혜자의 신들린 듯 몰입도 높은 연기에 힘입어 일관성과 완성도를 견지하기는 했지만 실은 세 가지 정도의 이질적인 주제들이 마지막 부분의 반전을 통해 어렵사리 결합되는 양상을 보이고 있다. 1회부터 9회까지는 갑자기 늙어 할머니가 된 가엾은 소녀가 벌이는 애틋하지만 희극적인 소동이 이어지고, 10회부터는 극적인 반전에 의해 이 모든 것이 치매 걸린 할머니의 혼돈과 환상이었다는 점이 충격적이면서도 설득력 있게 밝혀지며, 12회에서는 할머니의 과거 플래시백을 통해 치매환자가 된 주인공 김혜자의 삶이 한국근대사의 격랑 속에서 모질고 힘든 것이었음이 밝혀진다. 그리고 마지막은 이처럼 힘든 삶이지만 눈이 부실만큼 아름답고 의미 있는 것이니 여러분들은 하루하루를 소중하게 살아내라는 실존적 메시지로 마무리된다.

이 중에서 시청자들을 극적으로 가장 강하게 끌어들인 부분은 첫 번째일 것이다. 아직 드라마 전체의 묵직한 의미를 알아채지 못한 시청자들은 어느 날 갑자기 할머니의 외피를 입은 20세 소녀가 주변을 당혹 시킬 수밖에 없는 애절하고 안타까운 상황들에 웃으면서도 가슴을 졸이게 된다. 그리고 이 부분은 뒤집어 바라보면, 작가가 의도했든 안 했든, 어느 날 소녀가 뒤집어쓰게 된 '할머니'라는 외피가 얼마나 사람들에게 무시와 동정의 대상이 되는가 하는 점을 폭로한다. 또한 그처럼 혐오와 멸시를 받고 그것을 감내하는 할머니의 마음속에도 얼마나 여리고 섬세한 젊음과 외로움 같은 것이 남아 있는가 하는 점을 깨닫게 한다. 실제 우리네 삶에서 시계바늘은 거꾸로 돌아가지 않으며 늙음과 젊음의 순간들은 공존하지 않는다. 늙음의 외피를 쓴 김혜자의 연기, 치매가 허용하는 무제한의 상상적 설정, 매우 효과적인 반전 테크닉과 비교적 논리적인 과거 복구작업도 좋았지만, '늙음의 이런 불가역적인 부분'들이 주는 애틋함과 슬픔 같은 것이 〈눈이 부시게〉를 눈부신 드라마로 만든 요인이 아니었나 생각해본다.

〈수상한 그녀〉는 마술적 힘에 의해 갑자기 처녀가 된 할머니의 한바탕 소동을 그린 희극으로, 결국 할머니는 마술의 힘으로 원위치로 돌아간다는 얘기다. 젊은 처자의 외모를 지니고 '할머니스러운 언어와 행동거지'를 천연덕스럽게 수행한 심은경의 연기가 화제를 모았다. 〈수상한 그녀〉에서 '젊은 처자라는 외모'는 그보다 더 심층에 자리 잡은 '할머니스러운 언동'이라는 변치 않는 요소와 충돌을 일으켜 가벼운 웃음을 자아낸다. 이에 비해 〈눈이 부시게〉는 알츠하이머라는 장치를 빌리기는 했지만, '할머니'라는 것이 생물학적인, 그리고 사회적 타자들이 만들어 낸 외피일 수 있으며 그 거죽을 들쳐보면 할머니에게도 복잡하고 섬세한 감정과 욕망들이 있다는 중층성을, 치매라는 장치를 빌어,

더 무겁지만 눈부신 미소와 찬란한 슬픔으로 제시한다. 할머니도 인간이라는 것이다.

작가들이 할머니들에게도 섬세한 내면이 있음을 작품으로 썼다면 특별한 할머니를 연기로 구현한 건 탁월한 연기자들이다. 흔히 우리나라는 작가, 연출가 보다 연기자군의 실력이 더 뛰어나다는 말을 듣는다. 그중에서도 할머니 연기자라고 할 수 있는 현재 70~80대에 이르는 일군의 노년 여성 연기자의 수준은 메릴 스트립이나 고(故) 매기 스미스와는 또 다른, 장인급의 은근한 숙성미와 감칠맛을 지니고 있다. 현재의 젊은 여성연기자 중에 이런 수준의 할머니 연기자로 연기를 계속할 수 있도록 성숙을 거듭할 역량이 있는 배우가 몇명이나 있을까 생각해 볼 때도 있다.

그중 한국인들의 사랑을 유별나게 받는 연기자로, 소위 '국민배우'로 추앙받는 김혜자라는 연기자에서 잠시 머물다 가고자 한다. 김혜자는 신비롭다는 평을 들을 만큼 다채롭고 깊이를 알 수 없는 배우지만 일단 전원일기의 김회장댁 연기로 온 '국민'의 '어머니'로 자리매김 되었다. 그러나 앞에서도 말했듯이, 김회장댁 은심의 내면과 행동 속에는 이미 켜켜이 쌓인 스펙트럼이 깃들어있었고 그 다양한 얼굴들은 그 이후, 자기세계를 고집하는 중년의 엄마(《청담동 살아요》 〈엄마가 뿔났다〉)를 거쳐, 아들에 대한 광적인 집착을 보이는 동물적 본능의 모성(《마더》), 소녀로부터 할머니까지 시간을 넘나들며 치매의 눈부신 스펙트럼과 환상을 보여준 작품(〈디어 마이 프렌즈〉 〈눈이 부시게〉)들, 삶의 맨 밑바닥을 긁으며 고통을 감내하는 할머니(〈우리들의 블루스〉)로 찬란하게 피어났다.

보통은 젊은 배우 시절에 뜨거운 욕망에 허우적대다가 나이 들어 가라앉고 푸근한 할머니 역을 맡는다면 김혜자는 흥미롭게도 나이 들수록 오히려 욕망이 더 드러나는 과정을 밟는다. 그녀의 깊은 곳에는 소녀, 조신함, 끈적거림, 교태, 보호본능 자극, 욕망, 광기, 치매 들이 함께 존재한다. 그녀 자신이 전원일기를 오랜 기간 찍는 동안에도 자신이 이런 양순한 어머니 이미지에 갇히면 어떡하나 하는 회의와 두려움을 느꼈고 그래서 김수용 감독의 〈만추〉와 봉준호 감독과 〈마더〉를 찍으면서 희열을 느꼈다고 했다.[5]

편의상 도식적으로 표현하면 연기자는 이성적인 계산 형과 감성적인 몰입 형으로 나뉠 수 있다. 김혜자는 후자에 가깝다. 스스로도, 자신은 보통 때는 뭔가 흐릿한 상태에 있는 편인데 좋은 대본을 만나 연습하고 연기할 때 자기도 알 수 없는 '몰입의 순간'들이 오고 극중 인물에 일치하게 되며 이것이 자신의 연기의 핵심이나 연기하는 기쁨이라고, 여러 인터뷰에서 말하고 있다. 김혜자는 자신이 극중 인물이 될 때까지 연습을 거듭하고 계산 보다는 극인물과 일체화되는 그 순간의 느낌에 따라 연기한다고 한다. 그러나 그녀에게도 객관화의 관점이 없는 것은 아니다. '집에서 편하게 저녁 시간을 보내는 시청자들을 생각하면, 일일드라마에서는 까무라칠 정도의 감정을 느껴도 그것을 너무 진하게 쏟아내는 것을 자제해야한다[6] 라는 식의 자기통제의 감각도 있다.

작품을 선택하는 안목도 뛰어날 뿐 아니라 자신에 대한 엄격한 관리를 통해 총체적 균형감각을 잃지 않는다.

김혜자는 연기자로 뿐 아니라 인간적으로도, 나이 들어가는 할머니로도 존경을 받는다. 매 작품 연기에 자신을 소진하고, 아프리카 어린이를 후원하는 일[7] 외에는 거의 외출도 안 하는 외길을 간다. 그러면서도 젊은이들 사이에서 '혜자스럽다'라는 표현은 푸근하고 베풂이 있는 그 무엇을 의미한다.[8] 사람들은 김혜자로부터 연기자 뿐 아니라 품위와 자존감과 휴화산 같은 저력을 품고, 조용하지만 힘 있게 늙어가는, 정체성 분명한 한 할머니의 한 모델을 본다.

어느 분야에나 늘 동시대를 사는 맞수가 있게 마련이다. 맞수란 흔히 실력이나 사회적 영향력의 무게는 비슷한데 성향은 거의 반대인 경우를 말한다. 지금 이 시대 한국 여자 연기자로 김혜자의 맞수라면 아마도 윤여정을 들 수 있지 않을까 한다. 김혜자가 연기미학에 몰입하는 존재론적 배우라면 윤여정은 연기를 통해 사회적 담론을 창출하는 배우다. 김혜자가 감성적이고 뜨겁고 배역에 몰입하는 연기자라면 윤여정은 이성적이고 차갑고 배역과 자기 사이에 거리를 두는 연기자라고 할 수 있다. 윤여정은 20대부터 역량을 인정받은 영화배우로, 미국에서 귀국한 후에는 한동안 안방 드라마에서 탤런트로 활동하다가 최근에는 국내의 예술성 있는 독립영화에 자주 출연했는데, 그중 미국의 독립영화인 〈미나리〉를 통해 아카데미 여우조연상을 수상함으로써 한국 연기계에 획을 긋는 대 사건을 터뜨렸다. 윤여정은 〈윤식당〉 〈꽃보다 누나〉같은 예능프로그램을 통해 까칠한 진정성을 지닌 윤여정 자체로 대중에게 어필하기도 했다.

윤여정은 자신의 연기에 관해 논리적으로 말 하는 많지 않은 (노년) 연기자 중 한 명일 것이다. 언젠가 한 인터뷰에서 이런 내용의 말을 한 적이 있다. '나는 역과 나와의 거리를 유지하려고 노력하며 스스로의 연기를 의식하고 컨트롤하려고 생각한다. 나는 자신을 잊고 격정적인 연기를 하는 타입은 아니다. 오히려 최소한으로 절제된 연기를 지향한다. 그래서 영화를 볼 때도 다큐멘터리 영화를 즐겨보며 사람들이 실제로 어떤 행동을 하는가를 살핀다.' 출처를 끝내 찾지 못했는데 대강 이런 내용으로 기억한다. 실제로 윤여정의 연기가 빛을 내는 것은 따뜻하고 감동적인 장면보다는 무심한듯하면서 어떤 경지를 넘어선 듯한 그런 순간들이다. 단, 윤여정이 더 진짜 매력적일 때는 배우 이전의 그녀 자신의 목소리로 시니컬하면서도 핵심을 찌르는 언변을 발휘해 세상의 허위성과 허풍과 위선들을 격파하는 멘트를 날릴 때이지만 말이다. 한 인터뷰어는 윤여정을 인터뷰한 글에서 똑 떨어지는 그녀의 말솜씨를 '타자기로 된 혀'라고 표현했다.[9] 그는 자신을 노예근성이라고 표현할 정도로 맡은 일에 노력을 퍼붓는 모범생이자 실용주의자라고 말하는데[10], 이는 그녀 특유의 냉소주의나 재치 있는 독설과 매우 독특한 조화를 이뤄낸다.

윤여정은 연기자로서 뿐 아니라 '꼰대답지 않게', '쿨하고 세련되게', '자기 생각을 가지고' '솔직하게' 늙어가는 여성의 모델로서 젊은 추종

자들까지 아우르게 된 한국사회 최초의 할머니일 수 있다. 할머니로서는 드물게 세련된 이미지의 상업광고들에까지 등장함으로써 '윤여정 신드롬'의 파워를 과시했다. 통념을 깨뜨리는 그녀 특유의 직설적 입담뿐 아니라 패션 감각, 영어능력을 포함한 국제 감각, 성실한 사생활 등이 젊은 층의 호감까지 산듯하다. 최근에는 동성결혼에 대한 한국사회의 거부감을 아주 세련된 방식으로 완화시키는 계기를 마련하기도 했다. '쿨한 할머니'로 요약될 수 있는 '윤여정 신드롬'은 한국에서 할머니라는 존재를 동시대성, 혹은 모더니티의 감각과 최초로 연결시킨 문화적 사건으로서, 과거 '신여성'이나 '자유부인'의 등장만큼이나 시대적 의미를 지닌다면 과장일까.

21세기에 들어 한국사회에서 할머니들의 이미지들이 제고되고 다양화되고 의식면에서 열리게 된 데에는 학술적 담론이나 사회지도층 인사들의 계도가 아니라, 대중 매체인 드라마의 안과 밖에서 연륜과 재능을 과시한 노년의 여성 연기자와 탤런트들의 역할이 오히려 더 컸지 않았나 생각한다. 김혜자나 윤여정 외에도 연극이나 영화나 드라마 속에는 명인, 혹은 소위 '연기의 신' 급의 노년 여배우들이 은하수를 이루고 있다. (물론 이순재[11], 신구, 박근형 등 할아버지 연기의 신들도 계시다.) 이들은 본연의 영역인 연기로 승부하는 외에도 다양한 할머니의 이미지를 대중에게 제공하기도 한다. 김영옥, 나문희, 고두심, 박원숙, 김수미, 선우용여 등은 배역 연기 뿐 아니라 매체를 통한 다양하게 확장된 활동을 통해 할머니라는 개념을 새로고침 하고 확장시킨 예다.

1938년생인 김영옥은 일찍이 성우로 데뷔해 〈태권 V〉 같은 유명 애니메이션의 소년 역 성우로 명성을 날렸고 젊은 시절부터 주로 노역 탤런트로 현재까지 엄청난 다작을 자랑하며 최근에는 EBS의 〈건축탐구: 집〉에서 정감 그득한 목소리로 나레이션의 새 영역을 개척하는 등, 아마도 활동 중인 최고령 여성 연기자로서 놀랍도록 건강하며 대체 불가한 존재감을 발휘하고 있다. 나문희는 이천년 대 이후 연극과 영화 드라마를 통해 동시대적이고 진취적이고 실험적인 역할을 맡으며 새로운 영역과 대중적인 인기에 끊임없이 도전한다. 〈아이 캔 스피크〉에서 영어에 도전하는 위안부 할머니, 〈디어 마이 프렌즈〉에서 세계일주와 델마와 루이스를 꿈꾸는 할머니, 〈수상한 그녀〉에서 젊은 처녀로 변신하는 할머니뿐 아니라 AI가 만든 단편 5편을 묶은 영화인 〈나야, 문희, 2024〉에서는 오토바이로 질주하고, 전투기를 조종하며 우주인으로 변신한 나문희의 모습을 볼 수 있다. 김영옥과 나문희는 실제로 선후배 짝궁 사이로 예능 〈진격의 할매들〉에서 젊은 세대들의 고민을 오픈 마인드로 위로하는 상담자로 등장하기도 했다. 얼마 전 작고한 김수미는 〈전원일기〉에서의 일용엄니 이후 한국의 할머니로서는 매우 튀는 강렬한 캐릭터 자체를 과시하면서 각종 영화와 예능과 성격 코미디에서 활약했다. 걸진 욕설과 솔직한 인간미와 요리솜씨로 〈수미네 반찬〉 같은 예능프로를 이끌었으며, 〈마파도〉, 〈가문의 영광 시리즈〉, 〈육혈포강도단〉, 〈헬머니〉 같은 흥행영화에서 처절한 그로테스크함까지 풍기는 '미친 존재감'으로 한국 할머니의 고답적인 이미지를 파괴하는데 앞장선 바 있다. 〈박원숙의 같이 삽시다〉라는 프로그램은 나이 들어 혼자가 된 여성 연예인 몇몇

이 남해의 박원숙의 집에 모여 가족관계를 넘어선 새로운 공동체 생활을 시도해본다. 고두심은 〈엄마의 여행: 고두심이 좋아서〉라는 여행 프로그램을 맡고 있다. 선우용여는 구독자 30만이 넘는 유튜브 채널로 인기를 끌고 있다고 한다. 예능 자체의 비중이 커진 탓도 있고 예능이란 것이 대부분 상업적인 목적과 기반으로 유지되지만 아무튼 할머니 연기자들이 본업인 연기 외에도 진행을 맡으며 어떤 '할머니 문화'를 이끌고 있다는 점은 주목해야 한다. (왠지 몰라도 할아버지 연기자의 경우는 〈꽃보다 할배〉 이후 그들 개인이 주도하는 예능프로는 별로 못 본 것 같다.)

이십 세기에는 순수예술과 대중예술을 명확히 구분하고 대중문화를 경시했다. 그러나 탈근대사회의 문화연구(cultural studies)에서는 문화 자체를 한 사회를 움직이는 동력으로 파악했고 특히 대중문화를 사회구조와 정치의식에 영향을 미치는 요인으로 중시하기 시작한다. 스타나 배우에 대한 팬덤이야 어느 나라에나 있겠지만 현재 한국에서 배우나 연예인의 영향력은 점점 커지고 있는 것 같다. 좁은 땅덩이에 거의 단일민족으로 구성되어 있으며 인구는 대도시에 몰려있고 각종 미디어는 극도로 발달하다 보니, 그리고 원래 흥이 많고 남에 대한 호기심과 질투도 많고 드라마를 즐겨보는 사람들이 많다 보니 언젠가부터 전국민이 드라마 평론가이고 연기전문가가 되는 느낌이다. 특히 소셜미디어와 유튜브의 확산 이후 배우들의 사생활과 일거수일투족이 관심의 대상이 되기도 한다.

한국에서 연예인으로 산다는 것, 대중문화시대의 아티스트로 산다는 것은 본업 이상의 사회적 영향력을 미칠 수밖에 없다. 정치는 아노미 상태로 치닫고 물질만능과 극도의 기술주도 사회 속에서, 소비와 쾌락과 자기과시가 삶의 유일한 동기이자 목표가 된 아마도 사람들은 그만큼 자아가 허약해지고 있다. 그리고 그 텅 빈 자아를 채우는 것의 하나는 드라마의 캐릭터나 스타나 아이돌이 주는 환상이나, 환상과 현실을 넘나드는 존재감이다. 반드시 팬심이나 덕질에 함몰되어 있지 않더라도 그만큼 연기자가 대중들의 내면과 무의식에서 차지하는 비중은 클 것이라는 얘기다.

젊은 시절에는 팬심을 가져도 각자 자기 일로도 바쁘다. 그런데 할머니가 되면 대부분 손주 보는 일이나 친구들과 여행 다니는 일 정도가 남는다. 젊은 시절에는 사회 각 분야에서 관심의 대상이 되고 서로의 롤 모델이 될 인재들이 넘친다. 이에 비해 특히 한국사회에서 할머니의 롤 모델은 많지 않다. 노년의 여성 정치인들은 롤모델이 되기는 커녕 대체로 당혹감을 주는 경우가 많고 본 받을만한 여성 노인들은 예술이나 학문 같은 전문영역에서나 가끔 기사화될 뿐이다. 이런 상황에서 이들 할머니 연기자들의 존재가 보통 할머니들의 무의식이나 정동에 차지하는 영역은 생각보다 클 수 있다. 이들의 활동은 새로운 사회적 변화를 예고하는 일종의 '감정구조'[12]를 형성한다고도 볼 수 있다. 이들 할머니 연기자들은 할머니의 다양성과 가능치를 넓혀놓았다.

외국의 경우를 선진국이라면서 예로 드는 것은 이젠 별로 먹히지 않는다. 그러나 몇몇 외국의 경우는 자기 실력으로 정상급 위치에서 활발한 활동을 하고 있는 할머니 정치인, 할머니 사회운동가 들이 훨씬 더 많은 것이 사실이다. 2차 대전 직후 1950년대부터 연극무대 등에서 차곡차곡 경륜을 쌓아 온 70~90대의 할머니 배우들 역시 많은데 노익장으로 연기활동을 하는 외에도 사회적 영향력을 미치는 경우가 많다. 제인 폰다나 바네사 레드그레이브 할머니처럼 급진적인 정치적 행동으로 자주 언론에 오르내리는 것은 특별한 경우라고 하더라도 수잔 서랜든, 헬렌 미렌, 제시카 랭, 릴리 톰린, 글렌 클로즈, 프랜시스 맥도먼드 등은 예술, 인권, 여성, 젠더, 난민, 환경 등에 관한 자신 만의 의견을 내고 자신 만의 행동을 실천함으로써 영향력을 미치고 있다.

현재 한국은 활발한 사회활동을 하는 할머니들 숫자도 적지만 특히 연예인이나 예술가 인사들은 정치적 성격의 의견을 내는 것이 거의 불가능한 상황이다. 어느 '편'으로 몰려 봉변을 당하고 매도당한다. '정치' 자체가 원래의 의미를 잃고 서로 혐오를 부추기는 패거리 싸움으로 변질되었기 때문이다. 조금만 자기 의견을 드러내면 집단적 혐오의 표적이 되는 오늘의 한국에서 혹시라도 대중 예술인들에게 정치적인 의사표명을 기대한다는 것은 무리다. 다만 드라마라는 대중적 성격의 예술과 그 담당자들이 오늘날의 사회에서 생각보다 큰 영향력을 미치고 있다는 점을 강조하는 중이다. 언젠가 한국사회에서도 정치가 본래의 의미를 찾게 된다면 할머니 배우들을 포함해 세대를 망라한 예술가들이 작품을 넘어 시민으로서 현실 속 타인의 삶에 대한 관심과 공감과 연대의 영역을 넓혀줬으면 하는 바램을 가져보기도 한다.

*

1 정동(情動, Affect)은 탈근대의 문화이론에서 사용되는 개념으로, 감정으로 형성되기 이전의 전(前)개인적이거나 비언어적 단계로서 사회적 감염과 변화와 행동을 유도할 수 있는, 정서적, 신체적으로 잠재된 상태를 말한다.

2 이 작품에서는 작중인물들을 익숙한 텔런트 이름으로 지칭함.

3 김은하, 「늙은 여자의 시간과 주체화」, 『여성이론』 35호, 도서출판 여이연, 2016, 207쪽.

4 왕환, 「노희경 드라마 장애 여성 서사에 관한 연구」, 『문화와 융합』, vol. 45, No. 12, 한국문화융합학회, 2023, 407-414쪽.

5 김혜자, 『생에 감사해』, 수오서재, 2022, 71, 162쪽.

6 같은 책, 170, 319쪽.

7 수십 년 째 월드비전과 함께 봉사활동을 해오고 있다.

8 편의점에서 파는 도시락 브랜드의 이름에서 유래한 것이기는 하다.

9 김지수, 「배우 윤여정: 난 공부는 못해도 숙제는 해갔어요」, 『자기 인생의 철학자들: 평균나이 72세, 우리가 좋아하는 어른들의 말, 김지수 인터뷰집』, 어떤 책, 2018, 14쪽.

10 같은 책, 19-20쪽.

11 배우 이순재는 이 원고의 마지막 교정을 보던 2025년 11월 25일 향년 90세로 별세했다.

12 'structure of feeling'. 문화연구가 레이먼드 윌리엄스의 잘 알려진 이론. 그는 문화 분석에서 제도권의 공식 언론이나 교육 같은 이데올로기가 포착하지 못한 감정이나 경험이 특정시기의 일상속의 말투, 취향, 대중문화나 예술적 표현 속에 잠재되어 변화를 이끌어 낼 만한 시대적 분위기의 흐름을 형성하며 서로 긴장, 저항, 교차할 가능성에 주목했다.

해외 (OTT) 드라마 속 할머니들

〈그레이스 앤 프랭키〉

동서고금을 훑어 온 긴 여정의 마지막으로, 할머니가 주인공으로 나오는 해외 드라마를 말하라면 우선 한 편의 미국 드라마가 떠오른다. 넷플릭스 오리지널 시리즈로 최장 방영기간과 최고의 에피소드 숫자를 자랑하는 〈그레이스 앤 프랭키, 2015-2022〉다. 남편들의 동성애로 인해 이혼당한 7080의 나이의 미국 할머니 두 명이 우정과 독립적인 삶을 지키기 위해 땀과 눈물과 웃음으로 뒤범벅된 채 고군분투하는 액션활극 수준의 코미디다.

영화가 완성된 예술적 결과물로 최소한의 보편성이라는 거리를 견지하는데 비해 TV 드라마나 OTT 드라마는 나날의 일상에 진행형으로 밀착된다. 그만큼 그 드라마가 제작되는 생활환경이나 생활 속에 스며든 가치관을 직접적으로 반영하게 된다. 특히 일상생활을 배경으로 한 코미디의 경우 더 그러한데 해외 작품의 경우 그만큼 이질적인 느낌도 지우기 힘들다. 3040대의 부유한 뉴욕 여성친구 네 명이 마음껏 패션과 브런치와 섹스를 즐기는 HBO제작 미국 씨트콤 시리즈 〈섹스 앤 더 시티, 1998-2004〉는 2000년대 한국의 젊은 여성들에게 큰 인기를 끌었지만 어딘지 밀착해서 공감하기 어려운 부분이 있었다. 2010년대의 〈그레이스 앤 프랭키〉도 마찬가지다. 두 드라마는 자신의 욕망을 위해 거침없으면서도 끈끈한 우정을 지속하는 부유한 미국 여성들을 보여준다는 점에서 비슷하다. 그러나 은근히 보수적인 얼굴로 어중간하게 양다리를 걸쳤던 캐리와 친구들에 비해 이 할머니들은 훨씬 과격해졌다. 그레이스 앤 프랭키는 한 손에 알코올과 한 손에 바이브레이터를 들고 끝까지 간다. 할머니와 할아버지들이 주인공인데도 18금으로 출발한다. 그만큼 문화적 갭과 충격은 더 커졌는데 그것을 뛰어넘는 더 큰 미덕도 있다. 워낙 시리즈가 길다 보니 중간에 지루한 반복도 없지 않지만 그들의 전투에는 생존을 위한 일종의 장대함이 있었다.

40년간 가깝게 지낸 두 부부의 남편들이 지난 20년간 몰래 관계를 지속해온 게이 커플임이 밝혀지고 남편들은 어느 날 결혼을 공포한다. 날벼락을 맞은 채 각자 집에서 나올 수밖에 없게 된 그레이스(뷰티 회사 대표, 제인 폰다 분)와 프랭키(히피 화가, 릴리 톰린 분)는 어쩔 수 없이 과거 그들 부부들이 공동 구매했던 바닷가 별장에서 함께 살게 되는데…. 성격은 정반대에다가 욕심도 많고 감정표출도 매우 적극적인 이 두 할머니는 계속 티격태격하면서도 각종 사업을 시도하고 각자의 연애 활동을 펼친다. 그들의 사업 아이템은 예컨대 여성 노인들의 약한 손목을 고려해서 특별한 손잡이로 디자인된 바이브레이터와 천연재료로 만든 윤활유, 허벅지 근육이 약화된 노인을 위해 배설 후 엉덩이를 밀어 올려 자동으로 일어서게 해주는 변기 등이다. 이 과정에서 자식세대 사업가들과의 이권 다툼도 마다 않는다.

물론 그들은 성공의 기쁨만큼이나 늙어감의 한계도 안다. 바이브레이터의 과다사용으로 인해 심장마비로 죽은 할머니 고객이 발생해 사업에 제동이 걸리며, 불치병에 걸린 친구의 불법적인 안락사를 몰래 도와주다가 고인의 유골의 일부가 실수로 그레이스의 입으로 날아 들어오는 장면도 있다. 슈퍼마켓에서 직원에게 유령취급을 당하며. 노인들이라고 인테리어 업자에게 사기를 당하기도 한다. 그러나 포기하지 않는다. 그레이스는 늙어서 허리를 삐끗하고 무릎에 인공관절을 심어 엉덩이로 밀고 다니면서도 하이힐에 대한 미련을 버리지 못하고, 프랭키는 뇌졸중의 후유증으로 약간 치매기가 왔는데도 실험적 그림그리기와 애인 만들기를 그치지 않는다. 20년 이상 배신을 때려온 것은 밉지만 늙고 착한 두 게이 변호사 전남편들도 은근하게 공감을 준다. 그들 역시 사회적 약자이기 때문일까. 은퇴한 그들은 기가 쎈 전 와이프들의 궂은일 치다꺼리에 불려오거나 평소에 꿈꿔온 게이 뮤지컬에 배우로 출연했다가 보수단체들의 항의를 받기도 하며 늙어간다.

〈그레이스 앤 프랭키〉의 할머니들의 에피소드들이 웃음과 감동을 주면서도 문화적 충격과 당혹스러움을 주는 이유는 우선 이 드라마가 기반 한 젠더이슈, 성의식, 가족관계 및 인간관계들이 한국의 경우와 다르기 때문일 것이다. 미국의 교육받은 상류층인 아내들은 남편들이

게이로 밝혀져도 배신감은 느낄지언정 일체 반감이나 혐오감을 느끼지 않고 오히려 성소수자들의 감정을 배려하는 등 '정치적 올바름'이 체화되어있다. 이혼 후에도 친구처럼 지내며 독립한 자식들과 적절한 거리를 두고 입양에 대해서도 매우 열려있다. 그리고 무엇보다 이 미국 할머니들은 노인의 한계를 인정하면서도 노인이라고 기죽지 않고 끝까지 욕망을 솔직하게 추구하기 때문일 것이다. 늙어서도 사업을 키워 돈을 벌려는 욕망이 있고, 성형을 거듭하고 짙은 화장을 하는 것이 흉이 아니며, 7080이 되도록 연애와 섹스를 즐기는 것은 개인의 능력이다.

솔직히 넷플릭스의 시대에 각종 글로벌한 영상 콘텐츠로 면역되었다고 자부하던 나이지만 문화적 충격을 받지 않을 수 없는 장면들이 많았다. 같은 나이의 할머니로서 연방 웃음을 터뜨리면서도 저렇게까지 젊음에서 밀려나지 않으려고 몸부림쳐야 하나? 아무리 젊음을 미덕으로, 늙음을 실패로 받아들이는 미국 사회라지만 나이 듦을 좀 조용히 받아들일 수는 없나?, 이런 '한국 할머니다운' 생각이 들었던 것도 사실이다.

그런데 흥미로운 점은 더 있다. 같은 노인들끼리 보기에는 망측했을지 몰라도 한국의 젊은 여성 시청자들은 〈그레이스 앤 프랭키〉를 보면서 미래의 희망을 봤다는 것이다. 반드시 기존의 가족제도 안에 성공적으로 안착하지 않아도 즐겁고 재미있는 노년이 가능하구나 하는 희망 말이다. 2022년 기후관련 시위로 경찰에 체포되어 유치장에서 밤을 보냈던 당시 84세의 제인 폰다는 보그 잡지와의 인터뷰에서 중요한 것은 나이가 아니라 건강이며 나이가 들더라도 삶은 여전히 '가능성으로 가득 찬 왕국'이라고 말했다고 한다.

그럼에도 늙어 감은 간단치 않다. 〈그레이스 앤 프랭키〉의 마지막 시즌 7의 결말 부분은 죽음과 기억에 관한 에피소드들이다. 세상의 전투를 뒤로 하고 집 앞 해변으로 돌아온 그레이스 앤 프랭키는 곧 다가올 죽음에 관해 생각한다. 프랭키는 그만 죽음을 수용하고 싶어 하지만 그레이스는 "앞으로 더 좋은 일이 생길지 누가 아느냐"고 한다. 그레이스의 전남편은 치매에 걸려 기억을 잃어가면서 그렇게 사랑했던 게이 파트너와의 첫 만남조차 기억하지 못한다. 그들에게서 무력감이 주는 평온함과 쓸쓸함이 함께 배어 나왔다.

〈올리브 키터리지〉

원래 해외 OTT 드라마는 이 한 편으로 끝내려고 했는데 뒤늦게 너무 멋진 노년 드라마를 만나게 되었다. 그래서 진짜 마지막으로, 한 편을 더 추가하지 않을 수 없었다. HBO가 2014년 제작한 4부 작 미니시리즈 〈올리브 키터리지〉가 그것이다. 2009년 퓰리처상을 받았던 엘리자베스 스트라우트의 소설 일부를 극화한 것이며, 찾아보니 이 드라마는 각본상을 포함한 제67회 에미상 미니 시리즈 8개 부문 수상작이기도 하다. 〈파고〉 〈쓰리 빌보드〉 〈노매드랜드〉에서도 입증되었지만 프랜시스 맥도먼드의 연기는 이미 당시 최고였다.

〈그레이스 앤 프랭키〉가 일종의 조증 환자들의 파티라면 〈올리브 키터리지〉는 크고 작은 우울함과 우울증 환자들의 대잔치다. 유전적 요인으로, 부모의 정서적 학대 때문에, 나이가 들면서, 주변 사람들과 사별하면서, 외로워서, 뇌졸중 쇼크나 알츠하이머의 경계선상에서… 이 드라마의 거의 모든 인물들은 일종의 우울증을 앓고 있다. 그런데 그 우울증은 대단히 특별하고 드라마틱한 것이라기보다 인간으로 태어난 존재들의 기본 값처럼 일상적이고 투박하고 친숙하게까지 그려진다. 그것이 이 드라마의 매력이다. 우울함과 우울증은 불안, 분노, 공격성, 여러 번의 자살과 자살시도, 살인, 우발적 사건들의 모습으로 나타나지만 이 작품은 그 우울함과, 그것들이 가져오는 불행과, 사이사이의 가벼운 안도까지도, 일종의 관조적 거리를 통해, 우리네 삶의 알 수 없는 변덕의 일부 같은 것으로 보고 있다는 점이다. 괴팍하고 냉담하며 주변인들에게 상처를 주는 것이 장기인 올리브는 다채로운 우울의 증상들 사이를 헤엄치며, 그 중에서도 '외로운 할머니로 늙어감'이라는 난코스의 30년을 견디고 통과한다. 그리고 거의 결승점을 바라보는 그즈음부터 조금씩, 아주 조금씩 변해간다. 우울의 사막을 터벅터벅 걸으며 성장하는 할머니를 그린 이 드라마는 그다지 미국적이지도 않다. 올리브를 한국의 경상도나 강원도 어느 척박한 소도시에 사는 할머니로 치환해도 웬만큼 잘 스며들 것이다.

미국의 변방이라고 할 수 있는 동북부 끝 메인 주의 작은 해변 마을, 드라마는 어느 이른 봄 날 아침, 할머니 올리브 키터리지가 마을 숲에 담요를 깔고 권총자살을 하려던 그 순간에서 일단 멈추고 카메라는 위쪽으로 향하며 투명한 하늘을 잡는다. 그런 다음, 그로부터 30년의 전의 시간으로 되돌아간 후, 다시 조금씩 밀고 당기듯 현재로 되돌아온 이후에, 아주 조금 더 그녀의 남은 시간을 덧붙여 보여주는 식으로 진행된다. 그 지난 시간들 속에서 그녀를 둘러싼 인물 군상들, 약사인 남편, 아들, 학생, 약국 직원, 며느리, 사돈, 기타 마을 사람들의 우울, 이기심, 극단적 불행들, 아슬아슬한 행복, 불가항력의 우연 들이 잔잔하게 뒤섞인 일상의 순간들을 보여준다. 원작 소설을 이루는 13개의 연작 단편들이 '약국', '밀물', '다른 길', '여행' 등 네 편의 소제목을 단 시리즈로 재구성되어 극화되어 있다. (원작 소설보다 못하지 않다.)

약국: 올리브 부부가 중년 정도였던 가장 젊은 시기의 에피소드이다. 수학교사였던 올리브는 학생이건 남편이건 아들이건 눈앞의 누구에게나 냉정하고 싫은 소리를 서슴지 않는다. 그것은 악의라기보다는 자신만의 기준에 맞지 않는 남들의 언행을 참지 못하는 편협성에 가깝다. 그녀는 명석하고 사물을 꿰뚫어 볼 줄 알며 일말의 따뜻함을 품지 않은 것도 아니고 꽃밭도 정성스레 가꾸지만, 보통 사람들의 표현의 상투성과 감정의 낭비에 대한 경멸을 감추지 못하며, 무엇보다 이유 없는 선의라는 것을 인정하지 않는 편이고, 남들의 소소한 기분을 배려할 줄도 모른다. 센스가 있고 말이 통하는 학교 동료 교사 한 사람과는 연애 감정 비슷한 것을 느끼지만 자기만을 사랑해주는 고지식한 약사 남편은 함부로 대하고, 아이들을 귀찮아해서 아들 크리스토퍼에게도 면박만 준다. 다만 자신의 아버지가 부엌에서 엽총으로 자살한 아픔이 있기에 아들도 우울증일까 봐 속으로 걱정을 하기는 한다.

이 에피소드에서는 누구에게나 한없이 착하고 성실한 남편 헨리가 새로 취직한 말라깽이 젊은 여성 약사 데니즈에게 설레는 마음을 품는다는 내용이 주를 이룬다. 데니즈의 남편이 엽총 사고로 갑자기 죽게 되고 헨리의 애틋함은 깊어지며 올리브는 그들을 비웃는다. 그런데 올리브와 유일하게 마음이 통했던 남교사 역시 어느 날 밤 음주운전으로 죽는다. 올리브는 가족이 보는 앞에서 처음으로 괴성을 지르며 운다.

밀물: 올리브가 유일하게 아꼈던 총명한 학생 케빈이 정신과 의사가 되어 고향에 잠시 들린다. 케빈의 어머니는 심각한 조울증을 앓는 약물 중독자였고 엄마와 혼자 살던 케빈 역시 우울증의 영향권 아래 있다. 올리브와 케빈은 우연히 동네 아가씨가 절벽에서 사고로 추락하는 것을 목격하고 구해준다. 늘 죽음을 꿈꾸며 사는 스승과 제자가 우연히, 위험을 무릅쓰고 이웃 여자를 구하는 장면의 뜻이 뭔지 생각해 볼 만하다. 마을은 올리브의 아들 크리스의 결혼준비로 한창이다. 그 역시 의사가 되어 동료 여의사가 결혼하게 되었다. 올리브는 결혼준비 과정에서 체면 차리기 좋아하는 사돈과 사사건건 부딪치며 며느릿감의 인간됨을 한 눈에 파악하고는 자신을 험담하는 신부의 귀걸이와 구두를 훔치는 유치한 심술을 부리기도 한다.

다른 길: 마을 친구와 식사 후 집으로 돌아오던 올리브 부부는 올리브의 갑작스러운 변의로 동네 병원에 들리게 된다. 그리고 약물을 훔치려는 괴한들에 의해 몇 시간 감금당하는 매우 이례적 사건을 겪게 된다. 그 과정에서 공포에 질린 올리브 부부는 심한 말다툼을 하며 서로에게 상처 주는 말까지 하게 된다. 올리브는 남편을 '착한 척 하는 지겨운 단순남'이며 아들 크리스가 집을 나간 것도 그 때문이라고 몰아

붙이고, 생전 착하기만 했던 남편 헨리도 올리브의 '끔찍한 평가질'이 일생 동안 자신과 크리스를 힘들게 했다고 소리친다. 올리브는 '그 남자'와 살고 싶었지만 그가 죽는 바람에 못했다는 말까지 한다.

사건이 끝난 후에도 부부의 앙금은 가시지 않고 올리브는 처음으로 남편에게 사과한다. 하지만 정원 일을 거들던 헨리는 뇌출혈로 쓰러지고 올리브는 식물인간이 된 그를 요양원에 입원시킨다. 아들 크리스가 뒤늦게나마 문병 왔지만 역시 올리브와 싸우고 가버린다. 올리브는 점차 자신을 되돌아보며 때때로 약한 모습을 보이기 시작한다. 올리브는 주변 사람들의 동정어린 시선을 귀찮아하지만 남들의 더 큰 불행을 통해 자신의 불행을 위로받으려는 자신을 발견하며 부끄러워하기도 한다. 이 시리즈는 체홉 희곡의 4막 구성과 비슷하다. 3막이 가장 어둡고 암울하며 4막에 가서 다시 희미한 생명력이 움직인다.

여행: 요양원에 맡기기는 했지만 올리브는 예전과 달리 남편을 다정하게 살핀다. 4년이 흘렀지만 자주 들려 씻기고 음식도 먹여주며 요양사를 까다롭게 다그치기도 한다. 눈이 먼 채 듣지도 못하기는 하지만 남편의 귀에 속상한 일을 속삭이거나 이어폰을 꽂아놓고 오래 전화통화를 하기도 한다. 재혼한 크리스로부터 아이를 봐달라는 부탁을 받고 뉴욕으로 간 올리브는 어린 시절에 대해 불만이 폭발한 아들과 대판 싸우고 메인으로 돌아왔는데 그 사이 남편은 요양원에서 죽었다.

반년 정도의 시간이 흐른 후 올리브에게 어떤 우연한 일이 일어난다. 산책길에 베케트의 연극에 나오는 것 같은 코믹한 형상으로 벤치 옆에 쓰러져있는 잭 할아버지를 발견하고 도와준 후 친구가 된 것이다. 그러나 하버드 교수였지만 레즈비언 딸 때문에 우울해하고, 공화당 지지파면서도 냉소적인 잭과는 쉽게 가까워지지 않는다. 잭과도 심하게 다투고 반려견마저 무지개다리를 건넜으며 손자의 탄생 소식을 자동응답기로 냉랭하게 전달받은 어느 날 아침, 올리브는 오랜 계획을 실천하러 숲속으로 들어간다. 카메라는 올리브가 심호흡하며 올려다보는 투명한 하늘을 다시 한 번 보여준다(그러니까 여기서부터 일종의 에필로그라고 볼 수 있다). 그런데 담요를 펴고 권총을 시험해보는 순간 우연 하나가 또 발생한다. 올리브가 별로 좋아하지 않는 동네 꼬마들이 나타나 '피크닉을 왔으면 '쓰레기'를 두고 가지 말라'고 경고하고 떠난 것이다. 올리브는 머쓱해졌다가 문득 폐부를 쥐어짜는 길고 소리 없는 울음을 오래 토해낸다. 그날 오후 올리브는 직접 기른 튤립 꽃을 들고 무작정 잭의 집으로 간다. 겉으로 툭탁거렸지만 두 노인은 단박에 서로가 통한다는 것을 알고 있었다. 올리브가 잭의 집으로 찾아가자 침실에 누워있던 잭은 올리브에게 옆에 와서 앉으라고 하고, 아예 그의 곁에 누워버린 올리브는 창밖으로 보이는 수평선과 구름 떠있는 푸른 하늘과 끼룩대는 갈매기들을 보면서 이 두 문장을 중얼거린다. "나는 이 세상을 이해할 수 없어요" (그래서) "아직은 떠나기 싫네요"

대부분의 사람에게 늙음은 더 깊어가는 우울함의 긴 여정이다. 그럼에도 외롭고 지루한 삶을 지속하게 해주는 이유의 하나는 삶이 아직도 완전히 이해할 수 없는 그 무엇이라는 사실 때문이다. 동의한다. 그렇다고 누구에게나 올리브에게처럼 마지막 고비에서 새로운 만남이라는 우연의 순간이 찾아오는 것은 아니다. 그 우연은 감미롭되 겨울 햇

살처럼 너무 잠시만 머물지도 모른다. 그러나 그 잔인함이라도 고맙게 받아들일 만큼 올리브는 조금 성숙한 것이다.

나가며: "무사히 할머니가 될 수 있을까?"

지금까지 이리 뛰고 저리 뛰며 연극, 영화, 드라마 속 동서고금의 수많은 할머니들을 만나봤다. 적어도 수 천 년이 넘는 인류 문명사 중 할머니가 예술작품 속 의미 있는 인물로 자주 등장하게 된 것은 고작 이십 년 남짓에 불과하다는 점이 끝내 낯설다. 물론 영화나 드라마의 경우 역사가 백 년 미만이라는 점을 고려하더라도 놀라운 일이다. 연극의 경우 그리스 비극 이래 이천년 가까이 연극무대에서 여성 연기자 자체를 볼 수 없었고, 19세기 말의 사실주의극 무렵 여성 인물이 희미하게 존재를 드러내다가, 할머니의 존재는 아이러니컬하게도, 모든 것이 무의미하다는 20세기 중후반의 부조리극에서 갑자기 대접을 받게 된다. 할머니는 탈근대사회의 흐름 속에서 고개를 들기 시작한 20세기 후반 페미니즘, 신역사주의, 문화연구 등의 관점으로 재조명받을 기회를 얻기 시작했지만 21세기를 넘기 전까지 할머니는 젊음 위주의 문화와 상업 자본이 주도하는 분위기하에서, 심지어 여성학 내에서도 관심을 받지 못했다. 다만 한국의 경우 할머니는 지식인의 의식의 변화를 중시하는 서구와 달리 피식민 체험, 가난, 전쟁이라는 밑바닥 현실을 버텨 온 구체적 존재로서 20세기 후반 연극에서 강한 존재감을 과시했다. 영화의 경우 외국영화들이, 실험영화를 제외하면, 21세기의 다양성 영화의 시대가 올 때까지 할머니들에 별 관심을 가지지 않았다면 한국의 경우는 1990년대 일본군 위안부 사태의 점화와 함께 할머니는 각종 다큐멘터리 영화의 주인공으로 조금 이르게 빛을 발하며 자기만의 궤적을 창조했다. 고령화시대에 접어들면서 국내외를 막론하고 21세기는 감히 '할머니의 시대'라고 할 정도로 연극, 영화, TV 드라마, OTT 드라마 등에서 다양한 할머니 주인공들을 만날 수 있었다. 할머니는 더 이상 희생하고 베풀기만 하는 존재가 아니라 저항하고, 욕망하고, 고통 받고, 환희하는 삶의 주체로서 다양한 모습을 드러냈다.

이제 책 내용으로부터 거리를 두고 다시 가만히 생각해 본다. 현실적으로 어떻게 사는 것이 할머니로서 잘 사는 것일까? 어떤 할머니로 사는 것이 가장 행복한 것일까? 어떻게 살면 잘 늙어가고 있는 할머니라는 말을 들을까? 몸 안 아프고, 자식이건, 손주건, 친구든, 남편이든, 주변에 몇 명이라도 좋은 사람이 있고, 사랑이든, 정이든, 돈이든, 베풀면서 늙어가는 것이다. 텃밭을 가꾸던, 여행을 다니던, 자기 일이나 소일거리라도 있으면 더욱 좋고 말이다. 그런 의미로 보면 이 책에서 작품 속에 등장한 할머니들은 팔자가 드센 할머니들이다. 원래 너무 무탈하고 다복하고 평탄한 삶을 사는 사람이 드라마의 주인공이 될 리는 거의 없지 않은가?

그래서 연극과 영화와 드라마는 말해준다. 세상에는 진짜 팔자 좋고 복 많은 할머니들이 생각보다 그리 많지 않다는 것을. 많다고 하더라도 그 충족감과 평화가 영원히 지속되지는 않더라는 것을. 살다보면 낯설지만 어떤 행동을 선택하고 실행에 옮겨야 할 시련의 시기가 누구나에게 온다는 것을. 특히 죽음은 누구에게나 반드시 찾아온다는 것을. 삶의 환경은 끊임없이 변한다는 것을. 더구나 이제 심각하게 문제가 되는 것은 오늘날 65세의 할머니 앞에 길게는 30~40년이라는 시간이 펼쳐져 있으며, 그 시간 동안 어떤 생태적, 사회적, 기술과학적으로 거대한 변수가 출현하고 인류를 시련에 들게 할 본질적 변화가 올지 예측하기 힘들다는 점 아닐까.

이제 얼마 전 내 마음을 움직였던 몇 개의 에피소드로 이 어지러운 책을 마무리하려고 한다.

몇 년 전, 세상을 보는 모두의 눈을 바꿔버렸던 코로나의 질곡에서 막 벗어나려던 무렵, 작은 충격을 받은 적이 있다. 젊은 세대들이 부르는 노래 중에 '자연사(自然死)하자'의 가사를 들은 후다. 동요처럼 밝고 맑은 노래 가사에 자연사? 잘못 들었는 줄 알았는데 아니다. '장기하와 얼굴들' 뒤에서 춤추고 노래하다가 독립한 13년차 인디음악 걸그룹 '미미 시스터즈'가 2018년에 발표했던 노래라고 한다. 2021년 '김어준의 뉴스공장'의 금요음악회에 나온 후 나를 포함한 모든 세대의 많은 사람들을 이상한 감정에 휘말리게 했다는 것이다. 젊은 여성들의 소망이 자연사라니?

5분 뒤에 누굴 만날지
5년 뒤에 뭐가 일어날지
걱정하지마 기대하지마
사람이 하는 일이 아니야
걱정마 어차피 잘 안될거야

우리 자연사하자
우리 자연사하자
혼자 먼저 가지마
우리 자연사하자

세상일은 한치 앞을 모르지만 일단 오래 살고 보자고 한다. 너무 열심히 일하지 말고 아플 때는 의사를 찾기보다 퇴사하라고 한다. 이렇게 힘들게 사는 젊은이들이 그나마 바라는 것은 아무튼 삶을 지속하다가 자연스럽게 죽는 자연사라고 한다. 살다보면 어떻게든 될 테니 자살하지 말고, 혼자 먼저 가지 말고, 우리 함께 버텨보자는 것이다. 맑은 톤의 노래에 담긴, 힘든 삶의 절규다. 성폭력 피해자의 힘겨운 일상을 그린 어떤 에세이집 제목도 〈내 꿈은 자연사〉였다.

이 무렵, 미래에 대해 불안을 떨치지 못하는 젊은 여성들이 비슷한 맥락에서 '우리가 온전히 할머니가 될 수 있을까?'하는 질문을 품고 있다는 사실도 알게 되었다. 미래에 대한 불안의 바다를 헤치며 사는 그들에게는 그냥 평범한 할머니가 되도록 큰 재앙 없이 사는 것 자체가 부럽게 느껴진다는 것이다. 정치인이자 다큐멘터리 영화감독인 장혜영이 장애인 동생에 관해 만든 영화 〈어른이 되면〉 중 나오는 노래 중에 "무사히 할머니가 될 수 있을까?(장혜영 작곡, 작사, 장혜영·이슬아 노래)"라는 노래가 있다.

무사히 할머니가 될 수 있을까?
죽임당하지 않고 죽이지도 않고서
굶어 죽지도 굶기지도 않으며
사람들 사이에서 살아갈 수 있을까

나이를 먹는 것은 두렵지 않아
상냥함을 잃어가는 것이 두려울 뿐
모두가 다 그렇게 살고 있다고
아무렇지도 않게 말하고 싶지는 않아

우리 할머니들이 살고 있는 것만으로도 누군가의 부러움이 된다는 놀라운 얘기다. 아무 생각 없이 할머니임을 누리며 살고 있는 할머니인 내가 부끄럽고 미안한 생각이 들었다. 늘 생각하지만 일제강점기와 육이오전쟁과 빈곤의 시절을 겪었던 나의 엄마 세대에 비하면 베이비부머 근처 세대는 성장의 과실을 독식했다고 욕까지 먹으면서 적어도 아직까지는 죄송할 정도로 안락한 삶을 영위해오고 있다. 그러면서 늙는다고 불평까지 하고 있다. 모든 할머니가 편한 조건에서 사는 것도 물론 아니지만 말이다. 그런데 한편에서는 젊은 친구들이 자연사가 궁극적 희망이라고 한다. 그 때까지 무사하게 살아서 포용과 염치와 배려를 아는 상냥한 할머니가 될 수 있을까 하는 우려 섞인 희망을 노래하고 있다. MZ가 기존 세대를 바라보는 기본 감정은 '경멸'이라고 한다. 할머니 역시 당연히 경멸의 대상이거니 했었는데 할머니를 부러워한다는 것이다. 물론 이때 '할머니'는 추상명사일 것이며 그만큼 젊은이로 살기 힘든 세상이라는 절규의 뼈 때리는 표현이겠지만 말이다. 신승은 역시 '장래희망이 할머니'라면서 다만 빈곤하지 않고 안전하고 소외받지 않는 할머니가 되고 싶다고 말한다.[1] 이 상황에서 오늘의 할머니는 무슨 생각을 하면서 어떻게 살아야 하는 걸까?

이 책의 서두를 할머니에 대한 정의를 내리는 것으로 시작했었다. 책을 쓰면서 이 글, 저 글을 뒤적거렸는데 가장 오래 마음에 남은 부분이 있었다. 한 여성학자의 강연이 끝난 후 청중 한 사람이 노인의 정의가 무엇이냐고 질문했다. 그 여성학자는 "일단 노인의 정의는 없다고 생각해요. 노인을 정의하지 않을 때, 노인에 대한 차별이 없어진다고 생각해요. 노인의 정의 같은 건 없어요. 그리고 원래 저는 정의를 싫어해요"[2]라고 답했다. 할머니도 마찬가지다. 할머니의 정의를 내리지 않아도 된다면, 그냥 제 몫을 하는 '한 사람'으로 살다 죽을 수 있다면 그게 가장 좋은 세상일 것이다.

*

1 신승은, 앞의 책, 62, 75쪽.

2 정희진, 「노인은 누구인가」, 『나이듦 수업』, 앞의 책, 81쪽.

작품명 색인

ㄱ

가문의 영광 시리즈 225

가을 소나타 170

간병 179–182

갈머리 118

강건너 너부실로 104

거상 김만덕 206

거울 72, 170

거주자 79

겨울나그네 84

계춘할망 149

고도를 기다리며 69, 71

괜찮아, 사랑이야 209

굿바이 솔로 209

귀향 112, 140, 141

그대를 사랑합니다 146, 172, 178

그들이 사는 세상 209

그랜마, 2015 196

그레이스 앤 프랭키 11, 17, 230–234

그리움과 함께 사는 법 173

그을린 사랑 97

기록을 찾아서: 연기를 해야지 교태만 떨어서 되겠느냐 130

꽃보다 아름다워 209

ㄴ

나라야마 부시코 187, 188

나야, 문희 225

나이애드의 다섯 번째 파도 195

낮은 목소리 139, 140, 143

내 남자의 여자 208

내 사랑 히로시마 83

노라가 남편을 떠난 후 일어난 일, 또는 사회의 지주들 83

노매드랜드 44, 194, 234

농녀 104

누가 버지니아 울프를 두려워하랴? 78

눈길 140–141

눈먼 사람 70

눈이 부시게 44, 217–221

님아 그 강을 건너지 마오 146

ㄷ

다 잘 된거야 182, 183
달아 달아 밝은 달아 106, 111, 114
달집 102, 103
달콤한 인생 170
더 레이디 인 더 밴 193, 194
더 퀸 197
더 페이버릿: 여왕의 여자 197
델마와 루이스 151
도라의 초상 82
동경 이야기 189
동물원 이야기 78
드라이빙 미스 데이지 168, 192
디어 마이 프렌즈 44, 203, 210–215, 217, 218, 221, 225
뜻대로 하세요 58

ㄹ

러브 액츄얼리 196
레이디 맥도날드 132
로맨스 그레이 137
로미오와 줄리엣 58
롤링 앤 롤링 133
루나사에서 춤을 90
룸 넥스트도어 183
리어왕 41, 58, 61
리처드 3세 59

ㅁ

마더 220, 221
마지막 레슨 44, 184
마파도 225
만선 43, 102
만추 221
말괄량이 길들이기 58
말, 그리고 연극 131
말임씨를 부탁해 152
메카로 가는 길 91, 92
목욕탕집 남자 208
무빙 온 196
물보라 119
미국의 꿈 78
미나리 11, 154, 155, 167, 222

ㅂ

바다로 가는 기사들 67
바커스의 여신도 56
밤에 우리 영혼은 172, 173
벚꽃 동산 62, 63
베니스의 상인 58
베스트 엑조틱 메리골드호텔 196
보이스 오버 131
복수의 여신들 53
불안은 영혼을 잠식한다 169
뷰티 퀸 오브 리넨 90, 91
비네가 탐 87, 92
빛나는 순간 149

ㅅ

사라방드 170
사랑과 야망 208
사랑과 진실 208
사랑의 족쇄 180
사랑이 뭐길래 208
사바나 베이 83
사일런트 하트 184
사추기 120, 123
산골 사투리 77
산수유 119
삼월의 눈 123
새엄마 208
샌드박스 78
세상에서 가장 아름다운 이별 209
세일즈맨의 죽음 41, 65
섹스 앤 더 시티 231
셰익스피어 인 러브 58
소풍 44, 151
수상한 그녀 217, 219, 225
수영장 189
시 44, 45, 156, 157–159, 162
시련 87
시인할매 148
시즈위 밴지는 죽었다 92
실내 70
쓰리 빌보드 234

ㅇ

아무르 43, 44, 180–182
아씨 205
아이 캔 스피크 44, 150, 151, 225
아일랜드 67, 90, 91, 92
안경 72, 189

안드로마케 55, 60
안토니아스 라인 30, 190, 191
앙 189
어디서 무엇이 되어 만나랴 106, 114
어머니 68, 95, 121
억척어멈과 그 자식들 68
엄마가 뿔났다 220
엄마는 오십에 바다를 발견했다 94
에이미 95
엔드 게임 71
연인 83, 86, 138
옛날 옛적에 훠어이 훠이 106, 108, 110–114, 134
오구 121
오이디푸스왕 41, 97
오지게 재밌는 가시나들 148
오징어게임 202
올리브 키터리지 234–239
완벽한 가족 185
완벽한 사랑 44
우리가 사랑이라고 믿는 것 175, 176
우리도 사랑한다 178
우리들의 블루스 215, 217, 221
위기의 여자 94
유령 8, 62, 63, 73, 74
육혈포강도단 225
응, 잘가 96
인디아 송 83
인형의 집 62

ㅈ

자기 앞의 생 93
자전거 119
재키 84
전원일기 43, 203, 206, 225
정희정 129
제향날 101
조선왕조 오백년 203
존 왕 59
죽어도 좋아 145, 146, 178
죽여주는 여자 11, 16, 45, 156, 159–162
집에서 동물원에서 78
집으로 143, 144, 145, 149

ㅊ

천년의 수인 119
첫여름 166

청담동 살아요 220

청춘의 덫 208

춘희막이 126, 148

칠곡가시나들 147

ㅋ

카모메 식당 189

캐스 맥과이어의 사랑 90, 92

케이팝 데몬 헌터스 202

쿠쿠 133

퀴스터스 부인의 천국 여행 170

퀸 엘리자베스 197

크라운 197

클라라 S.의 음악적 비극 83

클라우드 나인 84, 85, 87

키 큰 세 여자 78, 79

ㅌ

탄원하는 여인들 56

토지 205

틈입자 70

ㅍ

파고 137, 234

패딩턴 발 4시 50분 168

페드르 60

폐지의 역사 130

플랜 75 187, 188

ㅎ

하나코 127, 128

하늘만큼 먼 나라 104

한국연극의 역사 133

할머니의 먼 집 148

해롤드 앤 모드 93

허스토리 140, 142

헤카베 11, 55

헬머니 225

황금연못 168

히스테리 앵자이어티 춤추는 할머니 130

숫자

8과 1/2 170

19 그리고 80 93

45년 후 175

69세 45, 156, 162–164

할머니들

그리스 비극에서 넷플릭스까지

초판 1쇄 인쇄 2025년 12월 24일
초판 1쇄 발행 2025년 12월 30일

지은이 김방옥
펴낸이 박성복
펴낸곳 도서출판 월인
주 소 01047 서울특별시 강북구 노해로25길 61
등 록 1998년 5월 4일 제6-0364호
전 화 (02)912-5000
팩 스 (02)900-5036
홈페이지 www.worin.net
전자우편 worinnet@hanmail.net

ISBN 978-89-8477-760-6 93680

값은 뒤표지에 있습니다.